力　6　　Q4 扱う課題　7　　Q5 授業の特徴　8

Q8 道徳との関連　12　　Q9 特別活動との関連　13

Q12 学校行事との関連　18

教師の力量　22　　Q16 研修組織のあり方　24

の支援　31　　Q22 事前の準備　32　　Q23 勤労者外部講師の手続き　33

いや願いや要望　40　　Q28「学力の低下を招く」のか　42

のとらえ方　46

学習環境　50　　Q33 校内の学習活動の場の工夫　52　　Q34 校外の学習活動の場の工夫　54

師やボランティアに対するお礼　60　　Q38 保護者へのお礼　61

生活の中からの教材　66

学習課題　72　　Q44 子どもと教師のギャップ　74

の主体性を生かす教師の指導性　78

Q49 横断的・総合的な課題　82　　Q50 学習課題設定の視点　84　　Q51 単元の具体的展開　85

54「情報」の学習課題　90　　Q55「環境」の学習課題　92　　Q56「福祉・健康」の学習課題　93

題　97　　Q59 学校や地域の特色に応じた課題　98

留意点　102　　Q62 年間指導計画の立て方のポイント　104　　Q63 一単元の時間数　105

導案の書き方　108　　Q66 総合的な学習の単元の特質　110　　Q67 カリキュラム全体への位置づけ　112

Q70 学校の規模に応じた単元設定　116

時間の組み込み方　121　　Q74 時間割についての保護者の理解　122

割　126

Q79 低・中・高学年ではぐくむ力　130

護教諭や学校栄養職員等とのT.T.　138　　Q83 保護者や学校外の教育者とのT.T.　140

態　143　　Q86 集団学習と個別の学習　144　　Q87 異年齢集団による学習形態の工夫　146

育成　150　　Q90 子どもの興味・関心の引き出す方法　152　　Q91 子どもが設定した課題の扱い方　154

見通しをもった課題設定　158

ーネットを活用した課題追究　162　　Q96 図書資料による課題追究　164　　Q97 映像資料を使った課題追究　166

　170　　Q100 個々の多様な課題に対する教師の応え方　172　　Q101 家庭での課題追究　174

76　　Q104 発達段階の考慮　178　　Q105 次の学習への見通し　180

後の学習への意味づけ　184

表　188　　Q110 グループ間の交流　190　　Q111 学習成果の交流の方法　192　　Q112 発表形態の工夫　194

別に配慮を要する子ども　198　　Q115 危険防止マニュアル　200　　Q116 指導行政の支援　202

師による活動時に起きた事故への対応　205　　Q119 活動の見通しをもたせるための工夫　206

Q122 関心・意欲の評価　212　　Q123 自己評価や相互評価の活用　213　　Q124 子どもへの評価の返し方　214

がる評価　218　　Q127 保護者・地域からの評価　220　　Q128 思考の高まりや自ら学ぶ力の評価　222

留意点　226　　Q131 学習成果の蓄積の仕方　228　　Q132「指導要録」と「通知表」　230

の評価の生かし方　234　　Q135 教師の支援や学校の取り組みについての評価　236

小学校 ウェビングによる
総合的学習
実践ガイド

児島邦宏・村川雅弘 編

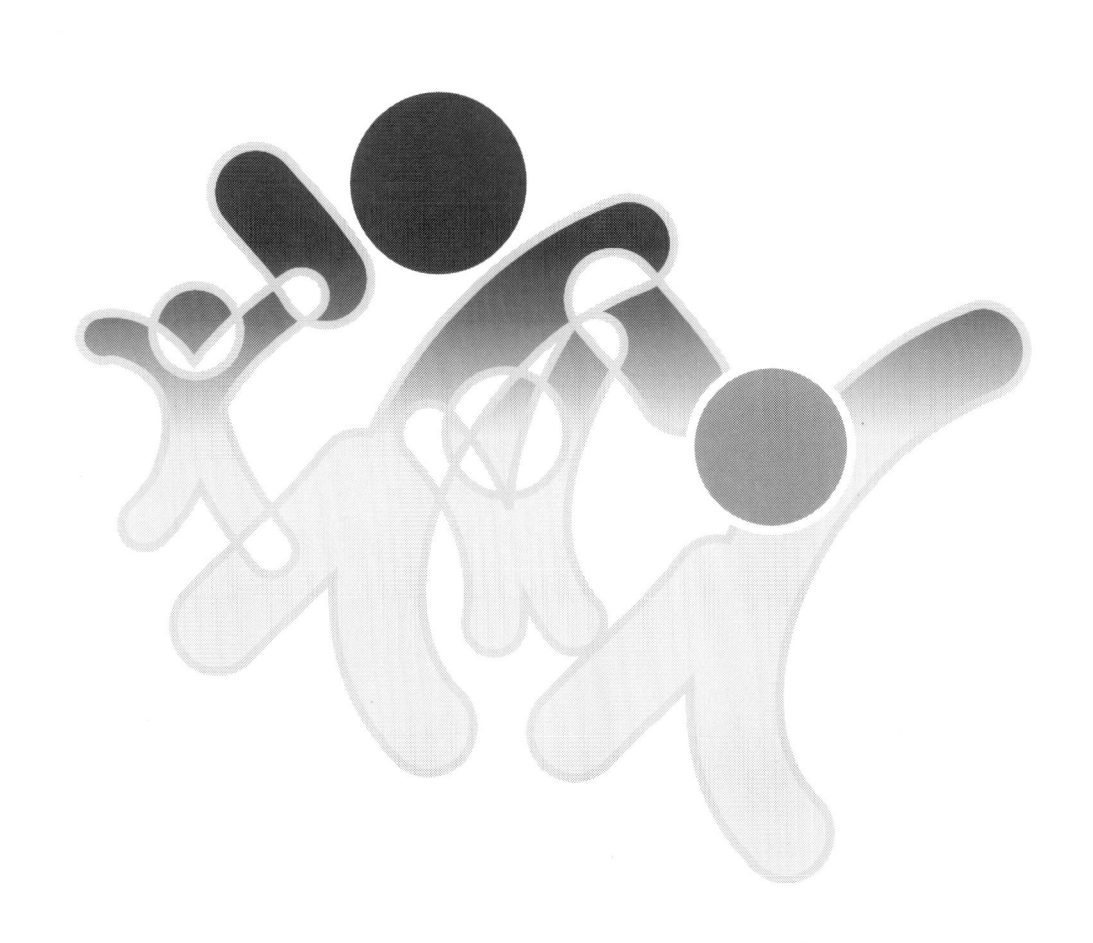

教育出版

編者・執筆者一覧

【編　者】
児島邦宏　東京学芸大学
村川雅弘　鳴門教育大学

【執筆者】 50音順

相澤昭宏	神奈川県横浜市立日枝小学校	田口　隆	秋田県秋田市立川尻小学校
青野敏樹	上越教育大学附属小学校	田島治子	千葉県千葉市立打瀬小学校
秋山敬子	前徳島県鳴門市立大津西小学校	田代　孝	上越教育大学附属小学校
安彦忠彦	名古屋大学	田中　力	筑波大学附属小学校
阿部　勉	上越教育大学附属小学校	田中博史	筑波大学附属小学校
天笠　茂	千葉大学	田中陽一	鹿児島県鹿児島市立西田小学校
石黒和仁	上越教育大学附属小学校	常山昭男	新潟県南魚沼郡塩沢町立中之島小学校
石田謙二	香川県観音寺市立観音寺南小学校	坪田耕三	筑波大学附属小学校
石堂　裕	兵庫県揖保町立神部小学校	出口和生	神奈川県横浜市立川和東小学校
伊藤栄二	秋田県秋田市立土崎小学校	寺崎千秋	東京都練馬区立開進第三小学校
内山　隆	東京学芸大学附属世田谷小学校	外山善正	大阪教育大学附属平野小学校
浦野紀和	長野県伊那市立伊那小学校	中澤和仁	新潟県中頸城郡頸城村立南川小学校
浦野　弘	秋田大学	中西　治	兵庫県加古郡播磨町立播磨西小学校
遠藤かおる	上越教育大学附属小学校	中野博之	東京学芸大学附属世田谷小学校
大竹裕範	新潟県上越市立稲田小学校	成瀬雅海	和歌山県和歌山市立高松小学校
大西洋史	神戸大学発達科学部附属明石小学校	二瓶弘行	筑波大学附属小学校
大野晏且	東京都台東区立田原小学校	長谷川康男	筑波大学附属小学校
岡田　学	香川県綾南町立陶小学校	林　廣明	千葉県千葉市立打瀬小学校
尾身浩光	上越教育大学附属小学校	福保雄成	上越教育大学附属小学校
鎌田和宏	東京学芸大学附属世田谷小学校	藤井鉄也	兵庫県明石市立二見西小学校
鬼頭　学	愛知県東浦町立緒川小	牧野　守	愛知教育大学附属岡崎小学校
國元慶子	上越教育大学附属小学校	牧原勝志	鹿児島大学教育学部附属小学校
熊谷ミヨシ	福岡県八女市立忠見小学校	間地洋介	大阪教育大学附属平野小学校
熊澤義夫	東京学芸大学附属大泉小学校	松橋浩行	秋田県秋田市立中通小学校
栗田稔生	大阪教育大学附属平野小学校	三浦信宏	千葉県千葉市立打瀬小学校
古閑晶子	上越教育大学附属小学校	村川雅弘	鳴門教育大学
児島邦宏	東京学芸大学	村松　晋	長野県諏訪市立高島小学校
小嶋利之	愛知教育大学附属岡崎小学校	八木秀文	上越教育大学附属小学校
小島　宏	東京都台東区立根岸小学校	山本昌猷	石川県鳥屋町立鳥屋小学校
小林俊江	大阪府河内長野市立天野小学校	吉田啓子	香川県綾南町立陶小学校
近藤隆司	上越教育大学附属小学校	吉田祐示	愛知教育大学附属岡崎小学校
佐藤真市	新潟県五泉市立巣本小学校	吉永健夫	静岡県島田市立相賀小学校
佐藤孝哉	秋田県秋田市立築山小学校	吉浜幸雅	琉球大学教育学部附属小学校
佐藤俊幸	熊本大学教育学部附属小学校	吉村和代	上越教育大学附属小学校
鈴木秀幸	静岡県立島田高等学校	渡辺由紀	上越教育大学附属小学校

まえがき

　平成 8 年 7 月の中央教育課程審議会の第 1 次答申に始まった今次の一連の教育改革は，平成12年12月の教育課程審議会答申「児童生徒の学習と教育課程の実施状況の評価の在り方について」をもって一応の区切りがついたといえよう。このことは，学校にとっては一連の教育改革をどのように実施に移していくかという学校改善の始まりでもある。すでに平成14年度からの本実施に向けて，意欲的にその取り組みが各学校で展開されてきた時期でもある。

　その中でも，最も意欲的に取り組みが開始されつつも，また最も頭の痛い実践的課題は，「総合的な学習の時間」をめぐってであろう。その大要は学習指導要領に示されたものの，それはあくまで「総則」レベルであり，「各論」は何ら示されていない。というよりも，指導の目標，指導の内容，さらに指導の方法にかかわる「各論」は，学校の創意工夫に委ねられ，各学校が実践によって積み上げ，埋めていかねばならない。

　そのことは，学校にとって最も意欲をそそられる実践的課題である半面，さて何をどうすればいいのかと，不安や悩みを生み出す因ともなっている。そのために，ためらいが生まれ，最初の一歩をなかなか踏み出せない状況もある。さらには，各学校が思い思いの方向に踏み出し，「総合的な学習，何でもあり」「いったい，総合的な学習とは何をする学習なのか」という拡散した状況，焦点がぼやけてしまった姿すら生じつつある。

　こうした状況を生み出している「不安や悩み，疑問」を集め，ウェビングの手法で系統化をはかり，それをどう乗り越えていくべきかを示唆する本をまとめてみることにした。編者らが各学校や先生方と接するなかから出される不安や悩み，疑問を書きとめ，まとめるとともに，実際に先生方に幾多の疑問を提示いただくことにした。100ぐらいの疑問になるかと予想していたところ，実際はそれをはるかに超えた。それだけに，疑問や悩みの広がりと深さを実感できた。

　そこで，これらの不安や悩み，疑問に答えていくこととしたが，もとよりそこにこうしなければならない，こうとらえなければならないという「正解」があるわけではない。何しろすべては初めての経験であるし，最初から創り出していかなければならないものだからである。そこで，先進的に取り組んでこられた先生方や学校にお願いして，どう乗り越えてきたか，どこにどんな工夫と配慮すべき点があるか等について，実践的に提示していただくことにした。

　不安や悩み，疑問やお互いの研究実践の情報を集め，交換する中で克服し，新しい地平を切り拓きたいと考えたからである。これらが，多くの学校の実践に応え，新たなる実践の礎となれば幸いである。そのためにも，ご批正をいただきたいと願っている。

　2001年 夏

編　者

目　次

Base

A　総合的な学習のとらえ方
- Q1　創設の趣旨　　・総合的な学習はどのような趣旨や経緯のもとで創設されたのか。 2
- Q2　ねらい　　・総合的な学習のねらいをどうとらえたらよいか。 4
- Q3　培う力　　・総合的な学習でどんな力を培うか。 6
- Q4　扱う課題　　・総合的な学習で扱う課題にはどのようなものが考えられるか。 7
- Q5　授業の特徴　　・総合的な学習の授業の特徴はどこにあるか。 8

B　教科等との関連
- Q6　各教科との関連　　・各教科との関連をどう考えればよいか。 10
- Q7　生活科とのつながり　　・生活科とのつながりをどう考えればよいのか。 11
- Q8　道徳との関連　　・道徳との違いや関連をどう考えればよいか。 12
- Q9　特別活動との関連　　・特別活動との関連をどう図るか。 13
- Q10　クラブ活動との関連　　・クラブ活動との関連をどう図るか。 14
- Q11　自由研究との関連　　・夏休みの自由研究との関連はどうしたらよいか。 16
- Q12　学校行事との関連　　・学校行事との関連をどう図るか。 18

C　研修
- Q13　現代社会の要請　　・現代社会の要請をとらえるためにはどうしたらよいか。 19
- Q14　教職員の共通理解　　・総合的な学習についての教職員の共通理解をどう図るか。 20
- Q15　求められる教師の力量　　・総合的な学習を実践する教師の力量として何が求められているか。 22
- Q16　研修組織のあり方　　・総合的な学習を進めるのにふさわしい研修組織のあり方をどうするか。 24
- Q17　校内研修の進め方　　・総合的な学習についての校内研修をどう進めるのか。 26
- Q18　教材研究のための時間の工夫　　・教師が教材研究のための時間（施設・安全などの下見，教師の打ち合わせ）を取るためにどのような工夫をしたらよいか。 28

D　人材活用
- Q19　人材発掘の工夫　　・学校外の人材を発掘するためにはどのような工夫が必要か。 29
- Q20　人材活用の留意点　　・学校外の人材の活用を行うための留意点は何か。 30

Q21	保護者の支援	・保護者に支援していただく場合，どんなことに留意したらよいか。 31
Q22	事前の準備	・保護者や学校外の協力者にどのように依頼し，事前の準備を進めるか。 32
Q23	勤労者外部講師の手続き	・外部講師が勤労者だった場合には，事業主からの理解を得る必要があるが，その手だてをどうするか。 33
Q24	地域の教育ボランティア	・地域の教育ボランティアを学校づくりにどう活用するか。 34
Q25	継続的な支援	・学校外の人材から継続的に支援をいただくためにどんなことに留意したらよいか。 36

E 保護者や地域の協力

Q26	保護者や地域の理解	・保護者や地域の総合的な学習についての理解をどのように図るか。 38
Q27	保護者や地域の思いや願いや要望	・学校教育に対する保護者や地域の思いや願いや要望などをどのように汲み取っていけばよいのか。 40
Q28	「学力の低下を招く」のか	・「基礎学力の低下を招くのではないか」という意見に対して，学校はどう答えればよいのか。 42
Q29	保護者や地域との協力体制	・学校と保護者や地域との協力体制をどのようにつくっていったらよいか。 44
Q30	地域の特性のとらえ方	・地域の特性をどのようにとらえればよいのか。 46

F 学習環境

Q31	意欲を喚起する学習環境	・総合的な学習への意欲を喚起する学習環境をどうつくるか。 48
Q32	個々の学習課題に対応する学習環境	・子ども一人ひとりの課題に対応できる学習環境をどう構築すればよいか。 50
Q33	校内の学習活動の場の工夫	・校内に学習活動場所をつくり出すためにどんな工夫をするか。 52
Q34	校外の学習活動の場の工夫	・校外で学習活動場所をつくり出すためにどんな工夫をするか。 54
Q35	児童の安全の確保	・児童の安全を確保するために配慮すべきことは何か。 56
Q36	予算面の問題	・材料費・環境整備費・活動費などの予算面の問題をどうすればよいか。 58
Q37	外部講師やボランティアに対するお礼	・外部講師やボランティアに対するお礼をどうするか。 60
Q38	保護者へのお礼	・保護者が学習活動にかかわった場合，お礼をどうするか。 61

G 素材の見つけ方

Q39	地域素材の教材化	・地域素材をどのように教材化すればよいか。 62
Q40	教材化の視点	・総合的な学習のためのよい素材の条件や教材化の視点は何か。 64
Q41	生活の中からの教材	・子どもの身のまわりの生活の中から教材をどうつくり出すか。 66

Plan

H 児童理解

Q42	子どもの実態や意識の把握	・学習課題や内容を決めるとき，子どもの実態や意識をどう把握し，受けとめていくか。 70
Q43	興味・関心を踏まえた学習課題	・子どもの興味・関心を踏まえて，学習課題をどのように設定していくか。 72
Q44	子どもと教師のギャップ	・子どもの生活経験や生活環境と教師が意図する今日的な課題とのギャップをどううめていくか。 74

I 子どもの主体性と教師の指導性

Q45	子どもの動機づけ	・いかにして子どもの動機づけを図り，高めていけばよいか。 76
Q46	子どもの主体性を生かす教師の指導性	・子どもの主体性を生かすために，教師はどのように指導性を発揮すればよいか。 78

J 学習課題

Q47	教科の課題との違い	・教科における課題を総合的な学習における課題の違いはどこにあるか。 79
Q48	三つの学習課題の相互関連	・横断的・総合的な課題，子どもの興味・関心に基づく課題，学校や地域の特色に応じた課題の相互関連をどう図ればよいか。 80
Q49	横断的・総合的な課題	・横断的・総合的な課題をどうとらえ，具体的なテーマとしてどのように取り上げるか。 82
Q50	学習課題設定の視点	・国際理解や環境等の例示があるが，どのような視点で決めればよいか。 84
Q51	単元の具体的展開	・単元の展開は具体的にどのようになっていくか。 85
Q52	教師が示す学習課題	・教師から学習課題を示す場合，どのような出し方をすればよいか。 86
Q53	「国際理解」の学習課題	・「国際理解」を学習課題としてどのように取り上げるか。 88
Q54	「情報」の学習課題	・「情報」を学習課題としてどのように取り上げるか。 90
Q55	「環境」の学習課題	・「環境」を学習課題としてどのように取り上げるか。 92
Q56	「福祉・健康」の学習課題	・「福祉・健康」を学習課題としてどのように取り上げるか。 93
Q57	「英会話」の学習課題	・「英会話」を学習課題としてどのように取り上げるか。 95
Q58	子どもの興味・関心に基づく課題	・子どもの興味・関心を学習課題としてどのように取り上げるか。 97
Q59	学校や地域の特色に応じた課題	・学校や地域の特色に応じた課題をどうとらえ，具体的なテーマとしてどのように取り上げるか。 98

K 教育課程

Q60	学校の特色を生かした教育課程	・学校としての特色をどのように教育課程に出せばいいのか。 100
Q61	指導計画作成上の留意点	・指導計画作成にあたってどのような事柄を押さえたらよいか。 102
Q62	年間指導計画の立て方のポイント	・子どもの興味・関心を中心においた年間指導計画の立て方のポイントはどこにあるか。 104
Q63	一単元の時間数	・一単元の時間数をどのくらいと考えればよいか。 105
Q64	異学年合同，交流，全校縦割り活動の位置付け	・異学年合同，異学年交流，全校縦割り活動などを，教育課程にどう位置づけたらよいか。 106
Q65	指導案の書き方	・指導案の書き方の特徴とそのポイントはどこにあるか。 108
Q66	総合的な学習の単元の特質	・総合的な学習における単元の特質はどこにあるか。 110
Q67	カリキュラム全体への位置づけ	・総合的な学習の時間をカリキュラム全体の中でどのように位置づけたらよいか。 112
Q68	弾力的な学習集団の運営	・弾力的な学習集団の運営をどのように図っていけばよいか。 113
Q69	弾力的な時間運営	・弾力的な時間運営をどのように図っていけばよいか。 114
Q70	学校の規模に応じた単元設定	・学校の規模に応じた単元（カリキュラム）設定の工夫をどう図るか。 116

L 時間割

Q71	時間割の編成	・総合的な学習の時間を時間割としてどう位置づけ，編成していけばよいか。 118
Q72	日課表の工夫	・日課表をどのように工夫したらよいか。 120
Q73	まとまった時間の組み込み方	・まとまった時間を必要とするとき，時間割にどのように組み込み調整していくか。 121
Q74	時間割についての保護者の理解	・日程や時間確保について，保護者からの理解をどのようにして得たらよいか。 122
Q75	長期休業時間の活動	・長期休業時間にはどのような活動を行うことができるか。 124
Q76	学年ごとに実施する場合の時間割	・学年ごとに総合的な学習を実施する場合，どのように時間割の編成を行うか。 126

M 系統性

Q77	学年間の系統性	・学年間の系統性をどう考えればいいか。 127
Q78	各校種間（小・中・高）の系統性	・総合的な学習の時間のねらいを踏まえ，各校種間（小・中・高）でどこまで育てればよいのか。 128
Q79	低・中・高学年ではぐくむ力	・低学年・中学年・高学年ではぐくむべき力は何か。 130

Do

N 支援体制

Q80	教師の相互理解	・総合的な学習についての教師の相互理解をどう図っていくか。 134
Q81	校長や教頭の協力	・校長や教頭などとの授業における協力関係をどう図るか。 136
Q82	養護教諭や学校栄養職員等とのT.T.	・養護教諭や学校栄養職員等とのT.T.のあり方をどう図るか。 138
Q83	保護者や学校外の教育者とのT.T.	・保護者や学校外の教育者とのT.T.のあり方をどう図るか。 140

O 学習組織・形態

Q84	学習組織・形態の弾力化	・学習組織・形態の弾力化をどう図るか。 142
Q85	個人差に対応した学習形態	・個性・個人差に対応するために，学習形態の工夫をどう図るか。 143
Q86	集団学習と個別の学習	・大集団や小集団による学習と個別の学習を，どのように生かしていくか。 144
Q87	異年齢集団による学習形態の工夫	・異年齢集団による学習形態の工夫をどう図るか。 146

P 課題設定

Q88	よりよい課題に高める教師の支援	・よりよい課題に高めるために教師の支援はどうあったらよいか。 148
Q89	課題設定の力の育成	・課題発見や課題設定の力をどう育てたらよいか。 150
Q90	子どもの興味・関心を引き出す方法	・子どもの興味・関心を引き出すにはどんな方法があるか。 152
Q91	子どもが設定した課題の扱い方	・子どもが設定した課題をどこまで認めたらいいのか。 154
Q92	グループでの課題設定と個人の課題設定の扱い方	・グループでの課題設定と個人での課題設定とをどう考え，扱っていけばよいか。 156
Q93	見通しをもった課題設定	・見通しをもった課題を設定させるためにはどんな手だてが必要か。 158

Q 課題追究

Q94	インタビューやアンケートによる課題追究	・インタビューやアンケートによる課題追究をどう進めるか。 160

Q95	インターネットを活用した課題追究	・インターネットを活用した課題追究をどう進めるか。　*162*
Q96	図書資料による課題追究	・図書資料を活用した課題追究をどう進めるか。　*164*
Q97	映像資料を使った課題追究	・映像資料を活用した課題追究をどう進めるか。　*166*
Q98	実験観察や見学による課題追究	・実験観察や見学による課題追究をどう進めるか。　*168*
Q99	学習履歴の残し方	・子どもの学習履歴をどのような方法で残していけばよいのか。　*170*
Q100	個々の多様な課題に対する教師の応え方	・子ども一人ひとりの多様な課題に教師はどう応えるか。　*172*
Q101	家庭での課題追究	・家庭での課題追究をどのように扱ったらよいか。　*174*

R 学習のふり返り

Q102	学習ファイルの作成	・学習ファイルを作成する場合,どのような点に配慮すべきか。　*175*
Q103	ふり返りの方法	・学習のふり返りにはどのような方法があるか。　*176*
Q104	発達段階の考慮	・ふり返りの際に発達段階を考慮する必要はあるのか。　*178*
Q105	次の学習への見通し	・学習をふり返り,次の学習の見通しにどうつなげていくか。　*180*

S 学習のまとめ

Q106	学習のまとめとその方法	・学習のまとめの価値づけ,意味づけにはどのような方法があるか。　*182*
Q107	情報の整理と事後の学習への意味づけ	・学習場面で出てきた情報をどう整理し,事後の学習に意味づけるか。　*184*

T 表現

Q108	プレゼンテーション能力の育成	・プレゼンテーション能力の育成をどう図るか。　*186*
Q109	地域や保護者への発表	・地域や保護者に対する発表の留意点は何か。　*188*
Q110	グループ間の交流	・発表会のときにグループ間の交流をどう図るか。　*190*
Q111	学習成果の交流の方法	・仲間との学習成果の交流の方法にはどのようなものがあるか。　*192*
Q112	発表形態の工夫	・児童に飽きのこない発表形態の工夫としてどんなことがあるか。　*194*

U 活動面での配慮

Q113	興味・関心に応じた校外活動の保障	・子ども一人ひとりの興味・関心に応じた校外活動をどう保障するか。　*196*

Q114 特別に配慮を要する子ども	・「特別に配慮を要する子ども」を外部講師などにどのように伝えながら学習を進めていくか。 *198*
Q115 危険防止マニュアル	・危険防止マニュアルの作成など，安全対策をどう講じるか。 *200*
Q116 指導行政の支援	・総合的な学習を進めるために，指導行政はどのように学校を支援していけばよいか。 *202*
Q117 校外活動時の安全面への配慮点	・子どもだけで校外で活動するとき，安全面など配慮すべき点は何か。 *204*
Q118 外部講師による活動時に起きた事故への対応	・外部講師に協力をいただいた活動時に起きた事故に，どのように対応保障すべきか。 *205*
Q119 活動の見通しをもたせるための工夫	・子どもに活動の見通しをもたせるために学習の手引き（ノート・プリント）をどのように用意し，工夫するか。 *206*

See

V 子どもの評価

Q120 評価の方法	・具体的な評価方法としてどのようなものがあるか。	208
Q121 評価の観点や項目の設定	・評価の観点や項目としてどのようなことを設定すればよいか。	210
Q122 関心・意欲の評価	・子どもたちの関心・意欲をどのように評価すればいいのか。	212
Q123 自己評価や相互評価の活用	・自己評価や相互評価の方法をどう生かしていくか。	213
Q124 子どもへの評価の返し方	・評価をどのような方法で子どもに返したらよいか。	214
Q125 保護者への評価の伝達	・評価をどのような方法で保護者に返したらよいのか。	216
Q126 自己の生き方につながる評価	・自己の生き方につながる評価をどのようにしたらよいか。	218
Q127 保護者・地域からの評価	・保護者・地域からの評価をどのように得たらよいのか。	220
Q128 思考の高まりや自ら学ぶ力の評価	・子どもの思考の高まりや自ら学ぶ力をどのようにして評価していくのか。	222
Q129 ポートフォリオ評価とは	・ポートフォリオとは具体的にどのような評価方法なのか。	224
Q130 多面的な評価への留意点	・多面的な評価をするために心がけることは何か。	226
Q131 学習成果の蓄積の仕方	・学習成果をどう蓄積していったらよいか。	228
Q132「指導要録」と「通知表」	・「指導要録」や「通知表」の記載は,どのようになるのだろうか。	230

Ⅵ カリキュラム評価

Q133 カリキュラム評価の方法	・カリキュラム評価をどのような方法で行ったらよいか。	232
Q134 子どもからの評価の生かし方	・子どもからの評価をどのような視点で改善に生かしたらよいのか。	234
Q135 教師の支援や学校の取り組みについての評価	・教師の支援のあり方や学校全体の取り組みについての評価をどう進めるか。	236
Q136 教科等へのフィードバック	・総合的な学習の評価を教科等にどのようにフィードバックするか。	238

Base

A 総合的な学習のとらえ方

Q1 創設の趣旨

総合的な学習はどのような趣旨や経緯のもとで創設されたのか。

> **point**
> 1 激しく変化する社会を「生きる力」
> 2 「生きる力」と総合的な学習
> 3 なぜ「時間」なのか
> 4 教科と総合的な学習との基本的関係

1 激しく変化する社会を「生きる力」

総合的な学習の創設を提言したのは、第15期中央教育審議会の第1次答申「21世紀を展望した我が国の教育の在り方について」(平成8年7月)においてである。

この答申では、21世紀という今後の社会はこれまで以上に変化が激しく、しかもどのように変化していくかを予測できない不透明な社会になるだろうととらえた。その激動の社会を生きていく子どもたちにとって、これまで以上に生きづらい世の中になるだろうと思われる。

そうであるだけに世の荒波に翻弄されて押しつぶされたり、押し流されたり、ただ荒波に身をまかせるのではなく、荒波を受けとめ泳ぎ抜いていってほしい。その力を育てるのが我々おとなの次世代に対する責任だとしたわけである。さらに、荒波を泳ぎ抜き、自分の力でしっかりと世の中を生きていく力を「生きる力」と称した。そして第1次答申は、次のように述べる。

「子供たちに〔生きる力〕をはぐくんでいくためには、いうまでもなく、各教科、道徳、特別活動などのそれぞれの指導に当たって様々な工夫をこらした活動を展開したり、各教科等の間の連携を図った指導を行うなど様々な試みを進めることが重要であるが、〔生きる力〕が全人的な力であるということを踏まえると、横断的・総合的な指導を一層推進し得るような新たな手だてを講じて、豊かに学習活動を展開していくことが極めて有効であると考えられる」

つまり、「生きる力」を培ううえで「一層重視される教育活動」として、総合的な学習が位置づけられたわけである。

2 「生きる力」と総合的な学習

そこで問題は、総合的な学習は、なぜ生きる力を培ううえで一層重視される教育活動として位置づけられたのかである。そこには大きく二つの理由がある。

一つは、社会の側からの理由である。第1次答申では、激しく変化する社会の側面として、国際化、情報化、環境問題、科学技術の進展、さらに少子高齢化(第2次答申)などが取り上げられた。

これらの今日の社会的問題は、複雑、多様で入り組んでおり、また、絶えず変容していく。こうした社会的問題に主体的に対応する力をどう育てるかである。その力を育てていかなければ、荒波に子どもは呑み込まれる。

こうした社会的問題は、教科等を中心とした学校の教育課程からみると、教科をまたぎ(横断的)あるいは教科を越えてしまう(総合的)。したがって、教科等のこれまでの枠組みで扱うことにすると、各教科に分散し、問題を構造的、動態的にとらえることが難しくなる。

そこで、前述のように「新たな手だて」を講じることを提案したわけである。教科等とは別に、総合的な学習の「時間」を設け、社

会的問題を取り出し，丸ごと扱おうというわけである。

もう一つは，子どもの側からの理由である。はたして，今日の子どもは，こうした社会的問題に主体的にかかわり合いながら，社会的に自立しているかである。もしそうだとしたら，あえて総合的な学習を学校で行う必要はないわけである。

現実には，大学における大量留年問題，モラトリアム人間，高卒・大卒者の短期大量離職問題，ピーターパン症候群等々，自立の遅れが大きな問題となり，社会的問題を主体的に引き受ける方向へと向かっていない。むしろ現実の世界から逃避し，ヴァーチャルな世界へと向かいつつある。

こうした子どもの育ち方からみて，社会の現実と向かい合う，世の中を見てとり，問題解決に向かう態度や力を育てることが必要となってきた。

3 なぜ「時間」なのか

このように，現実の世の中と子どもとが直接的に向き合い，子どもが社会的に自立し，一人前になっていく学習として，総合的な学習が設けられた。

しかも，その総合的な学習は，扱う対象が教科等をクロスしたり，越えているために新たに時間として設定された。そこでもう一つの問題は，なぜ「教科等」ではなく「時間」なのかである。

その大きな理由は，各教科等に見られるように，指導の目標や内容が定かでなく，したがって各学校の創意工夫に委ねた点にある。そこにはまた大きく二つの理由が考えられる。

第一は，個々の子どもと現実の世界の中とが向き合う学習であり，しかも体験的に行う学習であることから，全国一律版を作っても意味がなく，子どもやその生活の場に即して，両者をとらえうる学校・教師に委ねざるを得ないというこの学習自体の性格がある。

第二は，ある程度まで目標や内容を大綱的に示せればよいのだが，研究開発学校等における試行にもかかわらず，まだそこまで示すに至らなかったという事情もうかがわれる。

といって，あと10年先まで先延ばしできない学習であることから，「歩きながら実践を積み重ねつつ，創り上げていく」という方策がとられたわけである。

4 教科と総合的な学習との基本的関係

現実の世の中の問題は，各教科等に分散してしまうため，あえて総合的な学習の時間を設け，そこで現実の世の中と子どもとが直接的に向き合い，おとなになっていく学習としたわけであるが，このことは，教科と総合的な学習とが対立したり，無関係であることを意味するものではない。

全くその逆である。教科と総合的な学習とは相補の関係にあり，支え合う関係にある。教育課程審議会答申では，「知の総合化，知の実践化」として両者の関係をとらえた。

つまり，各教科等で身につけた科学的，合理的な物の見方，考え方，概念や知識，表現力等を総動員して現実の世の中の問題に対処しなければ，世の中の問題は手強い。逆に，現実の問題に対処する中で，各教科等で学んでいることの意味，教科の力を知ることができる。

したがって，総合的な学習を重視するとともに，もう一方で各教科等における「基礎・基本の徹底」が，一連の今次の教育課程の改訂の中で強調されていることに，十分に留意する必要がある。教科と総合的な学習との関係からなる学校教育課程の構造化，編成こそ出発点である。

（児島邦宏）

A 総合的な学習のとらえ方

Q2 ねらい

総合的な学習のねらいをどうとらえたらよいか。

point
1 教課審答申におけるねらい
2 学習指導要領におけるねらい
3 現実の社会と向き合う
4 学校知の転換
5 生き方の確立

1 教課審答申におけるねらい

中央教育審議会第1次答申（平成8年7月）の横断的・総合的な学習の創設の提案に基づいて，教育課程審議会答申（平成10年7月）は新たに「総合的な学習の時間」の創設を提示した。その総合的な学習の時間のねらいとして，次のように示した。

「『総合的な学習の時間』のねらいは，各学校の創意工夫を生かした横断的・総合的な学習や児童生徒の興味・関心に基づく学習などを通じて，自ら課題を見つけ，自ら学び，自ら考え，主体的に判断し，よりよく問題を解決する資質や能力を育てることである。また，情報の集め方，調べ方，まとめ方，報告や発表・対論の仕方などの学び方やものの考え方を身に付けること，問題の解決や研究活動に主体的，創造的に取り組む態度を育成すること，自己の生き方についての自覚を深めることも大きなねらいの一つとしてあげられよう。これらを通じて，各教科等それぞれ身に付けられた知識や技能などが相互に関連付けられ，深められ，児童生徒の中で総合的に働くようになるものと考える」

2 学習指導要領におけるねらい

この教育課程審議会の示したねらいを踏まえて，学習指導要領では，総合的な学習の時間のねらいを次のように示した。

「総合的な学習の時間においては，次のようなねらいをもって指導を行うものとする。
(1) 自ら課題を見付け，自ら学び，自ら考え，主体的に判断し，よりよく問題を解決する資質や能力を育てること。
(2) 学び方やものの考え方を身に付け，問題の解決や探究活動に主体的，創造的に取り組む態度を育て，自己の生き方を考えることができるようにすること」

以上のように，総合的な学習のねらいは，いくつかのねらいが複合的に示されており，そこに逆に，ねらいをどうとらえ，どこに焦点をおくかによって多様化し，いささか焦点が拡散してはっきりしないという面すら生じがちになっている。

そこで，教課審答申から学習指導要領に至る道程からねらいを整理してみると，次のようにとらえることができよう。

① 社会的な基底としては，横断的・総合的な現代社会の課題と取り組む。
② 学習者の基底としては，学習者の主体性を重視し，児童生徒の興味・関心に基づく問題の解決を図る。
③ 方法的な原理としては，問題解決や学び方などの方法知を重視する。
④ 教科との関連においては，知の総合化，実践化を図る。
⑤ 最終的な到達目標としては，生徒が自らの生き方を考え，その確立を図ることをめざす。

もちろん，これらのねらいはバラバラに無関係にあるのではなく，相互に深く結びついている。

3 現実の社会と向き合う

　総合的な学習の時間のねらいの社会的基底として、「いま、この世の中で何が一番大きな問題となっているのか、我々人類はどんな課題に直面しているか」という点から、子どもが現代社会の今日的な課題と直接的に向き合い、取り組み、自分の生きている世の中を知り、自らの生き方、生きる力を培うという側面が求められる。

　この現代社会の課題を具体的にどうとらえ、何をもって課題とするかは、「社会をどう見るか」の問題であり、人によって地域によって様々である。そのことを前提に、学習指導要領では、国際理解、情報、環境、福祉・健康を例示している。

　これらの現代社会の課題を、そのまま、まともにぶつければよいというのではない。もし、そのままぶつければ、課題に対して子どもは受け身になり、「社会に対する主体的な対応」は抑圧され、生きる力の育成は難しい。課題優位の引きまわしの学習となる。

　そこで学習指導要領は、「児童の興味・関心」という学習者の側の心理的基底を提示しているわけである。このことは、次のように見ることもできる。社会の側から見れば、どうしても子どもたちに考えてもらいたい今日の世の中の問題を、子どもたちが「なるほど、このことは避けて通れない大事な問題だ」と、自分自身の切実な問題として受けとめ、その問題解決に主体的に取り組んでいくという両者の交差する接点に、総合的な学習の時間は成り立っていくということである。

4 学校知の転換

　総合的な学習の時間のねらいを学校知あるいは学校の文化という点からとらえると、学び方や考える力あるいは問題解決の力の習得といった「方法知」に力点がおかれている。つまり、知の獲得の方法や態度が重視されている。

　つまり、知識や技能といった、これまで学問を通してわかった結果としての「内容知」を次世代に教育を通じて伝達していくという考え方をとっていない。もちろん、知識や技能はどうでもいいというわけではない。自ら考え、問題解決に取り組んだ結果として確かな知識は獲得されるし、知識を欠いては問題解決が困難なことも多い。つまり、単に知識を覚えればよいといった学習ではなく、方法知に重点を移動した学習が求められている。

　とくに、教科との関連でいえば、教科で学んだ知識や技能、ものの見方、考え方を総動員して、現実の社会の問題に子どもが意欲的、主体的に取り組んでいくことが求められている。この関係は「知の総合化、知の実践化」として表現されている。

　逆に言えば、教科と総合的な学習とは無関係でもなければ対立するものでもない。相互に支え合う関係にある。教科が武器となって総合的な学習を支え、総合的な学習が教科の学習を活性化する。

5 生き方の確立

　総合的な学習の最終の到達目標は、それぞれの子どもが社会とのつながりにおいて、自分の生き方を考え、しっかりした自分を確立していくところにある。つまり、「社会的自立」を図り、自分の力で、この世の中を生きていく力を育てるところにある。さらには、生涯にわたって、自己の向上に努め、よりよい社会づくりに努力していくことにある。

　そのために、小学校第3学年から高校に至るまで、そのすべての成長の過程に沿って設けられたわけである。社会を見つめ、自己を見つめ、共に生きる力をはぐくむところに到達目標がおかれている。

（児島邦宏）

A 総合的な学習のとらえ方

Q3 培う力

総合的な学習でどんな力を培うか。

point
1 「生きる力」の具現化を図る
2 学校ごとに共通理解を図る
3 具体的な活動を通して培う

1 「生きる力」の具現化を図る

　総合的な学習で育む力を設定するうえでは，第15期中教審答申で提唱された「生きる力」が基盤となっている。「生きる力」としては「自分で課題を見つけ，自ら学び，自ら考え，主体的に判断し，行動し，よりよく問題を解決する能力」「自らを律しつつ，他人と協調し，他人を思いやる心や感動する心など豊かな人間性」「たくましく生きるための健康や体力」の三つがあがっている。さらに「自信やよさの発見」を付け加えるべきである。自分自身に対する自信やよさを見出してこそ前向きに生きていける。

　「生きる力」をさらに具体化していくと，「物事に対する興味・関心や内発的な意欲」，「新しい状況の中で既有の体験や知識，技能を活用して色々試してみたり，自分で考え判断する力」「自分の思いやアイデアを表現したり，多様な人とうまくコミュニケーションを図ったり，ネットワークを結び活用する力」「自ら問題を発見し，課題を設定し，具体的な計画を立て，解決する力」「学習活動や自分の生き方を振り返り，評価し，改善していこうとする力」「多様なメディアを適切に活用し，膨大な情報の中から必要な情報を選んだり，繋げたり，メディアを介して自分の考えを発信する力」「自分自身に対する自信やよさの発見」などがあがる。

2 学校ごとに共通理解を図る

　ここで列挙した「育てたい力」は一般的なものである。大切なことは，子どもにどんな力が欠けているのか，十分に育っていないものなのかを明らかにしたうえで各学校で設定することである。子どもたちの様子を改めてじっくりと観察し，書き出したり，教師や保護者にアンケートを取ったり，広く子どもの実態をとらえることが必要になる。そのデータの整理にあたっては，KJ法を活用することを勧める。整理していく過程でしだいに生徒たちの実態が浮き彫りにされている。また，その過程で教職員が共通理解を図っていくことができる。このように，「育てたい力」を各学校で具体化し，共通理解することが重要である。

3 具体的な活動を通して培う

　そして，「このような力は，教師が教えても身に付くものでも，子どもに自由にさせておいて身に付くものでもない」ということを認識し共通理解することが大切である。これらの力は具体的な活動の中で実際に活用されることによって培われる。よって，単元やカリキュラムを設定する際，子ども一人ひとりの「知りたい」「調べたい」「まとめたい」「伝えたい」等の思いを，どう組み込むかがポイントである。具体的な課題を設定し，追究し，まとめ，表現する活動を積み重ねていくことで，学び方やものの見方・考え方を身につけ，そして，学校教育や教師の手から離れても問題解決や探究活動に主体的に取り組んでいく力，つまり，真に生きてはたらく力が子ども一人ひとりに育っていく。

（村川雅弘）

A 総合的な学習のとらえ方

Q4 扱う課題

総合的な学習で扱う課題にはどのようなものが考えられるか。

point
1 扱う課題は各学校が主体的に設定する
2 地域に根ざした課題を取り上げる

1 扱う課題は各学校が主体的に設定する

中教審答申から教課審答申,新学習指導要領告示の頃にかけては,各学校現場において「国際理解,情報,環境,福祉は全部しなくてはいけない」といった誤解があった。

その原因は,中教審答申の「この時間における学習活動としては,国際理解,情報,環境のほか,ボランティア,自然体験などについての総合的な学習や……」の記述や教課審中間まとめの中の「例えば,国際理解・外国語会話,情報,環境,福祉<u>など</u>の横断的・総合的な課題<u>など</u>について,地域や学校の実態に応じ,<u>各学校</u>が創意工夫を十分発揮して学習活動を展開するものとする。……(傍線は筆者)」にある。中間まとめにある二つめの「<u>など</u>」の意味,「<u>各学校</u>」以下の趣旨が十分に理解されていなかったのである。

平成10年版学習指導要領では,「国際理解,情報,環境,福祉・健康などの横断的・総合的な課題」「児童生徒の興味・関心に基づく課題」「地域や学校の特色に応じた課題」の三つが示されているが,あくまでも「例示」であることを理解しておくことが重要である。例えば,文部省小学校課は「(学習指導要領での例示にふれたうえで)これは,各学校で具体的な学習活動を計画し,展開する際の視点を参考として示したものである。各学校においては,この時間の趣旨やねらいに即して適切な活動を行えばよく,これらの例示にあげられた活動を全部行わなければならないわけではなく,例示された以外の活動を行うことも可能である」[1]と明記している。各学校が学校や地域,生徒の実態・特性に応じて,各学校で判断・決定することを奨励している。

2 地域に根ざした課題を取り上げる

さらに大切なことは,具体的な単元開発を進めるにあたって「国際理解」「情報」「環境」「福祉」「健康」等々とはじめから色づけをしないことである。地域の身近な課題を取り上げ,取り組むうちに,しだいに国際理解や情報,環境,福祉等々につながってくる。何よりも身近な素材を扱うことで,体験的・問題解決的な活動を取り入れやすいし,そのことに深く関与している多様な立場・世代の人とのかかわりも期待できる。また,学習成果を地域に発信することも可能で,その結果として,子どもの自信や成就感につながりやすい。

体験重視の総合的な学習において,地域はそのフィールドであり,対象である。例えば,近くを流れる川や校区を対象とした水の汚染やゴミ問題に関する学習,身近な外国人や障害者との交流を核とした学習などが考えられる。地域を対象としながらも学習課題や展開自体は一般的であることが多い。身近な地域を活用し,体験的な活動を継続的に行うことに価値がある。

(村川雅弘)

〈参考文献〉
1) 文部省初等中等教育局小学校課「総合的な学習の時間への期待」『初等教育資料』平成12年2月号,pp.10-11.

A 総合的な学習のとらえ方

Q5 授業の特徴

総合的な学習の授業の特徴はどこにあるか。

point
1. 学習指導要領における提示
2. 体験的な学習
3. 問題解決的な学習
4. 授業の弾力的運営

1 学習指導要領における提示

まず,教育課程審議会答申(平成10年7月)においては,授業にかかわって次のように述べている。

「自然体験やボランティアなどの社会体験,観察・実験,見学や調査,発表や討論,ものづくりや生産活動など体験的学習,問題解決的な学習が積極的に展開されることが望まれる」

「各学校においてこの時間を展開するに当たっては,ある時期に集中的に行うなどこの時間が弾力的に設定できるようにするとともに,グループ学習や異年齢集団による学習など多様な学習形態や,外部の人材の協力も得つつ,異なる教科の教師が協力し,全教職員が一体となって指導に当たるなど指導体制を工夫すること,また,校内にとどまらず地域の豊かな教材や学習環境を積極的に活用することを考慮することも望まれる」

この教課審答申を受けて学習指導要領では次のように述べている。

「総合的な学習の時間の学習活動を行うに当たっては,次の事項に配慮するものとする。
(1) 自然体験やボランティア活動などの社会体験,観察・実験,見学や調査,発表や討論,ものづくりや生産活動など体験的な学習,問題解決的な学習を積極的に取り入れること。
(2) グループ学習や異年齢集団による学習などの多様な学習形態,地域の人々の協力も得つつ全教師が一体となって指導に当たるなどの指導体制,地域の教材や学習環境の積極的な活用などについて工夫すること」

このように,総合的な学習の授業においてその方法的原理としては体験的な学習と問題解決的な学習があげられている。さらに,その授業の実際の展開,運営にあたっては,学習時間,学習集団や指導体制,学習の場などをめぐって全面的な弾力化,柔軟化が強調されている。

2 体験的な学習

まず,総合的な学習は,体験や実践を軸として展開される。子ども自らの活動が豊かに展開していく活動主義の学習活動ということになる。したがって,その学習活動は具体的な活動や体験を中心に組み立てねばならない。単元づくりにおいて,その点が教科と異なってくる。

体験というのは,平たく言えば「体で学ぶ」ということである。体で学ぶというのは,身体に備えている感覚器官を通して,外界の事物,事象を知るということである。視,聴,味,嗅,触覚による「感覚的認識」がそれである。

いきなり,抽象化された言語やシンボルで学ぶのではなく,体に備えている感覚器官を通して事物,事象を知る。生活の場面での学習はこうした体験的学習に大きく依存している。逆に言えば,子どもの生活が現実の社会から遊離し,体験喪失の中にあるだけに,体

験的学習が強調されたわけである。

体験は大事だが，体験のしっ放しでは困るというのが，総合的な学習をめぐる問題である。体験を通して体験を意味づけ，価値づけることが重要である。そうでなければ，そこから学びの方法，考え方，ひいては生き方を引き出すことができないからである。

そのためには，事前学習―体験―事後学習という流れが基本となる。したがって「体験を通して何を学んだか」という事後学習が重要な意味をもっている。もちろん，この体験は成功体験や失敗や挫折の体験も含まれる。後述する試行錯誤学習とも関連して，失敗に何を学ぶかも重要な意味をもつ。

3 問題解決的な学習

体験的な学習と並んで，総合的な学習においては，「問題の解決や探究活動に主体的，創造的に取り組む態度を育てる」というねらいから，主体的な学習，探究的な学習さらには問題解決的な学習といった子ども主体の学習形態が求められる。

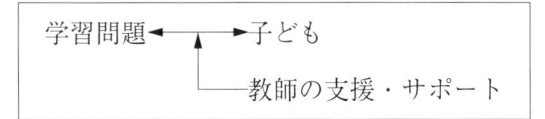

```
学習問題 ←―→ 子ども
        教師の支援・サポート
```

その授業の基本的形態は，子ども自身と学習問題・テーマとが直接的に向き合い，その両者の結びつきを強め（問題関心を強め，意欲を喚起する），子ども自身が自分で問題解決に主体的に取り組むように後押しするのが教師の役割となる。その教師の役割を支援とか援助と称している（上図）。

その学習の過程（問題解決の過程）は，問題把握→仮説の設定→仮説の検証（J. デューイ）とか，目的決定→計画→実行→評価（W. H. キルパトリック）あるいは，方向づけ→仮説化→仮説の定義づけ→探究→証拠づけ→一般化（D. オリバーなど）といったモデルが示されている。

問題解決の過程は直接的には必ずしも進まない。うまくいかないときに，なぜうまくいかなかったか，どうすればいいか，再度挑戦といった具合に，フィードバックして（ふり返り），見通し，試行錯誤を重ねることとなる。それはまた，人生そのものでもある。ここに，教科とは異なる試行錯誤的学習の可能性と意義がある。

4 授業の弾力的運営

総合的な学習においては，授業の弾力化が強く求められる。まず，授業を時間軸から見ると，毎週繰り返しの授業では必ずしもうまくいかず，集中的に行ったほうが望ましい場合，季節ごとに断続的に長期にわたって行ったほうが望ましい場合などもある。

1単位時間も，校外に出かけたり，長時間の活動時間を用意したほうが望ましい場合もあり，すべて50分が好ましいわけではない。ここには弾力性が必要となる。

また学習集団も，学年集団で興味・関心でグループ化したり，異年齢集団が社会性を育てるうえからも望ましいこともある。すべて学級集団が望ましいわけではない。

とくに教師の側の指導体制の面から見ると，総合的な学習は教師の専門性をクロスしたり超えるところから出発しているだけに，教科指導の体制では対応できないことが多い。それだけに，地域の人々の協力を仰いだり，校内でも他の専門教師・職員との協働を求めるなど「異業種・異専門」のティーム・ティーチングが不可欠である。

学習の場も，体験的学習という性格から，校外，地域等へと広げ，生活の場，自然の場を学校化することが不可欠の要件となっている。

（児島邦宏）

B 教科等との関連

Q6 各教科との関連

各教科との関連をどう考えればよいか。

point
1 「生きる力」を教育課程全体ではぐくむ
2 教科の力を問題解決に生かす
3 教科学習への興味・関心を喚起する

1 「生きる力」を教育課程全体ではぐくむ

中教審答申により「総合的な学習の時間」が提唱されて以来、附属学校や研究開発学校等の公開研究発表会で「総合」と名が付けばどっと参観者が訪れたり、「総合」と名が付けば書籍が売れる状況が以前ほどではないが続いている。新しい取り組みが導入される時期には仕方のないことであり、むしろ歓迎すべきことではあるが、その根っこには「総合的な学習は特別なもの」「従来の教科とは大きく異なるもの」といった意識が働いている。また、「『生きる力』は総合的な学習の時間で育むもの」といった考えも根強い。

いわゆる「生きる力」は「総合的な学習の時間」の中だけで育てられるものでもない。各教科・道徳・特別活動を含めた教育課程全体を通して育んでいくべきものである。「総合的な学習の時間」を核としながらも、教育課程全体を通した横断的・総合的な学習が考えられる。各教科・道徳・特別活動を通して培った資質・能力を「総合的な学習の時間」で生かす。総合的な学習の時間で体験したことを各教科・道徳・特別活動で生かす。この関連を意識しておくことで「生きる力」を育んでいくことができる。

2 教科の力を具体的な問題解決に生かす

教課審答申中の「総合的な学習の時間」のねらいについての記述の中に「これらを通じて、各教科等それぞれで身に付けられた知識や技能などが相互に関連付けられ、深められ児童生徒の中で総合的に働くようになるものと考える」の一文がある。教科学習と総合的な学習との関連を考えるうえで重要な指摘である。

両者の関係を「引き出し」に譬えると関係がもっと鮮明になる。総合的な学習の時間では設定した課題について問題解決を図る際に、自分の中にある知識や技能、体験の「引き出し」の中から関連あるものを取り出し、つなげて活用している。それらの「引き出し」の多くは教科学習を通して体系的に作られてきたものである。教科学習でも様々な問題解決の際に「引き出し」を活用するが、はじめから問題が用意されていたり、特定の教科の「引き出し」を活用する点において総合的な学習での活用の仕方と異なる。総合的な学習における問題解決は実生活における問題解決の仕方に似ている。問題発見・課題づくりの時点から、教師の指示に依らずに子ども自らが特定の教科を越えて関連する「引き出し」を開け、知識や技能、体験を取り出して活用する。

3 教科学習への興味・関心を喚起する

興味をもって取り組んでいる具体的な問題の解決に際して、教科学習等で培った知識や技能、体験を自らが活用することによって、教科学習が役立っていることを実感することが重要である。総合的な学習における関心・意欲、学ぶ楽しさが、教科学習に対する関心・意欲、学ぶ楽しさにつながっていくことが期待されている。

(村川雅弘)

B 教科等との関連

Q7 生活科とのつながり

生活科とのつながりをどう考えればよいのか。

point
1 生活科は教科である
2 生活科ではぐくんだ力を生かし伸ばす
3 生活科での豊かな共通体験が生きる

1 生活科は教科である

「生活科と総合的な学習はどこが同じで，どこが違うか」といった質問を受けることが多い。生活科は教科である。教科として目標・内容が定められている。平成10年版学習指導要領には，生活科の教科目標は「具体的な活動や体験を通して，自分と身近な人々，社会及び自然とのかかわりに関心を持ち，自分自身や自分の生活について考えさせるとともに，その過程において生活上必要な習慣や技能を身に付けさせ，自立への基礎を養う」と示されている。教科書も存在する。具体的に取り組む活動，取り上げる教材は各学校で違っても，目標・内容は共通である。

一方，総合的な学習は，学習指導要領にねらいは明記されているが，目標・内容は定められていない。学校や地域，子どもの実態等に応じて各学校で決定することが認められている。

2 生活科ではぐくんだ力を生かし伸ばす

平成6年度に徳島県教育委員会が行った生活科に関する調査では，生活科の実施により「動・植物に親しみを持つ子ども」「表現力のある子ども」「工夫する子ども」「企画力のある子ども」「協力する子ども」「自分に自信を持つ子ども」「よく気づく子ども」が増えたという結果が現れている。生活科で培ってきたこのような力を総合的な学習でさらに伸ばしていきたい。

また，逆に，総合的な学習において子どもたちが主体的かつ多様な学習を進めていくうえで必要となる力を，生活科の中でしっかりと身につけさせておく必要がある。例えば，生活科の地域学習において安全に行動する力や多様な人とかかわる力をじっくり育てておくことで，総合的な学習での地域学習がさらに多様かつ広範囲に展開でき，主体的な学習を可能にする。

3 生活科での豊かな共通体験が生きる

総合的な学習では学習課題として，国際理解，環境，情報，福祉・健康等が取り上げられているが，どのような課題を取り上げたとしても，生活科での学習が基盤となりうる。

例えば，生活科で身近な川にかかわり遊んだ体験が，総合的な学習での川を使った環境に関する活動の基盤となる。あるいは，生活科で身近な高齢者と昔遊びをしたり一緒に料理を作った体験が，総合的な学習での高齢者福祉に関する活動の基盤となる。

総合的な学習では，子ども一人ひとりが学習の記録を残し振り返る活動を重視している。いわゆるポートフォリオ作りとそれに基づく自己評価である。総合的な学習のねらいの一つである「自己の生き方を考えること」につながる活動でもある。生活科では，1年の成長にかかわる学習の中で既にファイルを作り，振り返りを行っている。様々な表現も十分に体験させている。生活科での豊かな共通体験が実は総合的な学習で展開されていく個別体験への基盤となっていく。

（村川雅弘）

B　教科等との関連

Q8　道徳との関連

道徳との違いや関連をどう考えればよいか。

point
1　道徳教育の充実を図る
2　道徳と総合的な学習との緊密な連携

1　道徳教育の充実を図る

　昨今の不登校やいじめ，凶悪な青少年犯罪や未成年者の性意識やマナーの低下などは，子どもたちが豊かな心や自尊心，よりよく生きようとする意欲や手だてを見失っていることの現れである。心の教育は極めて重要であるにもかかわらず，学校現場においてはその核となる「道徳の時間」が十分に機能していないのが実状である。副読本による読解と話し合いを中心とした道徳的価値の追求に終始し，実際の生活場面において生きて働く道徳的実践力の育成にはつながっていない。

　教課審答申（平成10年7月）は，「家庭や地域社会の教育機能の回復を願いつつ，学校も一体となり，真に一人一人の道徳的自覚を促し，自立をはぐくむ中で，人間としてよりよく生きていく道徳的実践力を育成する視点に立って，社会生活上のルールや基本的モラルなどの倫理観，我が国の文化や伝統を尊重し継承・発展させる態度や国際協調の精神の育成など，学校における道徳教育は更に充実されることが必要である」と述べ，このため「ボランティア活動や自然体験活動などの体験的・実践的な活動を積極的に取り入れる必要がある」と指摘している。

2　道徳と総合的な学習との緊密な連携

　教課審答申では，道徳教育において体験的・実践的な活動の重要性が強く述べられているが，「道徳の時間」の中にそのような活動を数多く取り入れることを述べているのではない。学校行事や教科学習，総合的な学習と連携を図ることを強調しているのである。

　とくに，総合的な学習では身近な地域を学習のフィールドとして取り組むことが多いために，家庭や地域の協力は必然である。その結果，多様な立場・世代の人から直接生き方を学ぶことにもつながる。また，自国・異国の文化や伝統，その協調を扱ったり，ボランティア活動や自然体験活動を取り入れることも多い。総合的な学習の時間のねらいの一つである「自己の生き方を考えること」は道徳教育の目標である「豊かな心をもち，人間としての生き方の時間を促し，道徳性を育成すること」と軌を一にするものである。道徳と総合的な学習との有機的な連携は極めて重要である。総合的な学習の時間での様々な体験的・実践的活動を通して気づいた道徳的価値，その意味や大切さについて深く考える時間として「道徳の時間」が位置づけられる。

　例えば，徳島県喜来小学校では，総合的学習での体験的な活動を通して子ども一人ひとりが気づいたことを書き留め綴った学習ファイル（心のファイル）を教材として取り上げ，自分自身や友達が活動を通して気づいた道徳的な価値の意味や大切さについて，さらに考え，深める「かなめの時間」として「道徳の時間」を位置づけている。

（村川雅弘）

〈参考文献〉
村川雅弘・笹田博之・徳島県松茂町喜来小学校『ふれあいが育む豊かな心〜総合的学習と道徳教育の新しい関係〜』明治図書，1999

B　教科等との関連

Q9　特別活動との関連

特別活動との関連をどう図るか。

point
1　主体的な組織づくりを図る
2　心身の健康を考え実践する力の育成
3　望ましい食習慣の形成
4　活動内容相互の関連

1　主体的な組織づくりを図る

　平成10年版学習指導要領の学級活動に関する改善点の一つが学級内の組織づくりである。子どもたち自身が「生きる力」を発揮し，問題の発見・解決に乗り出していく学級を創り出していくための子ども主体の組織づくりが求められている。

　総合的な学習では，学級運営にかかわる既成の仕事を分担・処理するだけでは対応しきれないことが起きる。取り組む活動の内容や展開によっては，様々なイベント等の企画・運営だけでなく，常に新たな問題の発見と処理が求められる。学級を解体し学年や異学年で活動することも多くなる。学年内・異学年間の組織づくりも今後重要になる。

2　心身の健康を考え実践する力の育成

　学級活動に関する改善点の二つめは日常生活や学習への適応及び健康や安全に関することの「健康で安全な生活態度の形成」の前に「心身ともに」が付け加わったことである。

　総合的な学習の時間の活動の例示に，教育課程審議会答申以降，「健康」が加わった。子どもたちなりに多くの悩みやストレスを抱えながら解決・解消のすべを持たないまま過ごしている。調査や実験，調理などの体験的な活動を取り入れ，自らの体を通して，健康の大切さ，健康を維持する具体的な方法を考え，日常的に実践する活動を組みたい。

3　望ましい食習慣の形成

　学級活動の改善点の三つめは，「日常の生活や学習への適応及び健康や安全に関すること」の項の「学校給食」の後に「望ましい食習慣の形成」が付け加えられたことである。

　かつて成人病と呼ばれた高血圧や糖尿病などの成人特有の病気が，誤った生活習慣，食習慣により低年齢化している。また，青少年の過度のダイエットも問題である。

　「望ましい食習慣の形成」は，本来，家庭の役割であるが，十分機能しているとはいえず，学校教育でも計画的に採り入れる必要が出てきている。むしろ，子どもの総合的な学習に家庭を巻き込み，家庭の食習慣形成に対する理解と協力を得ることが，結局は家庭の教育力の向上につながる。

4　活動内容相互の関連

　指導計画作成上の配慮事項として「学級活動や児童会活動，クラブ活動の内容相互の関連を図るよう工夫すること」と示されている。これまでは，歌や演奏の発表の場，修学旅行や臨海・林間学校の報告の場などに活用されてきた。今後は，児童集会等も各学級および学年における総合的な学習や学級活動，クラブ活動の成果の発表，鑑賞，相互評価の場として大いに活用したい。大勢の前でのプレゼンテーションは自信をはぐくむ。また，表現の場が与えられることで，多様な学習をまとめる意欲づけや貴重な情報やアドバイスの獲得につながり，他学年・他学級の子どもたちには，興味・関心の喚起，次年度の活動への導入につながる。

（村川雅弘）

B 教科等との関連

Q10 クラブ活動との関連

クラブ活動との関連をどう図るか。

> **point**
> 1 総合的な学習との違い
> 2 クラブ活動的発想を生かす
> 3 大津西小の実践より
> 4 より選択肢の多い学校へ

1 総合的な学習との違い

総合的な学習の時間の活動とクラブ活動とは，たいへんよく似ていて重なる部分が多い。例えば，小学校では4年生以上の同好の子どもで組織するクラブにおいて，共通の興味・関心を追求する活動である。しかも，子どもの自発的，自治的な活動である。このことは，総合的な学習にも言えることである。

では，総合的な学習とクラブ活動では，どこが違うのか，そこを明確にしておく必要がある。そのことがひいては，クラブ活動のあり方や総合的な学習との関連をどう図っていくかにかかわってくるからである。

特別活動の目標は，学習指導要領に次のように示されている。

> 望ましい集団活動を通して，心身の調和のとれた発達と個性の伸長を図るとともに，集団の一員としての自覚を深め，協力してよりよい生活を築こうとする自主的，実践的な態度を育てる。

「望ましい集団活動」は，他の教育活動の目標には見られない特別活動固有のものであり，特別活動の特質が望ましい実践的な集団活動として展開される教育活動であるといえる。このことは，クラブ活動においても同様である。クラブ活動の場合は，異年齢集団による活動を特質としており，学年や学級が異なる友人と協力して追求する活動である。

2 クラブ活動的発想を生かす

全校の子ども数が少ない学校（単学級や複式学級）では，学年での総合的な学習の指導者が1人か，多くて2人であり，子どもの活動のあり方も，学級や学年の特色を生かした活動であり，子どもの多様なニーズや個性への対応という点では自ずと限界がある。

クラブ活動は，異年齢集団による共通の興味・関心を追求する活動である。この趣旨を生かした総合的な学習はできないものかと考えた。その理由は，まず，異年齢集団の長所が生かせること，全校の教師が一斉にかかわれるので，選択肢が多くなり，子どものニーズに応じることができやすいことなどである。何よりもクラブ活動の良さは，異年齢の子どもの集団であり，同年齢では得ることのできない体験をとおした学びがある。ただクラブ活動との違いは，あくまでも一人ひとりの興味・関心を大切にした課題追究型の総合的な学習である。

3 大津西小の実践より

(1) 学級内での総合的な学習の課題

鳴門市大津西小学校では，平成9年度より校内研修で「総合的な学習」のあり方について取り上げてきた。平成10年度までの実践により課題が明らかになった。

① 子どもたちの多様な興味や関心への対応
② 体験活動の選択の幅の拡大
③ 子どもの主体性や可能性の伸長
④ 自分のよさに気づく機会を増やす
⑤ 異年齢の人間関係から学ぶ機会を増やす

以上のような課題を解決するためには，11年度はどんな取り組みをすればよいか話し合った。その結果，クラブ活動の時間を活用し，その発想を生かした「分野別・異年齢総合学習」を研究的に実践した。

(2) **個性がキラリ！　わくわくワールド**

わくわくワールドでは，「国」ごとに，子どもごとに研究テーマをもち，お互いに情報交換し，協力しあいながら学習（体験）活動が展開される。そして，わくわくワールドの学習活動をとおして子どもたちが自分のよさや可能性に気づき，存在感のある学校生活を過ごすとともに，将来にわたって自分の個性を伸ばしていこうとする態度が育つものと考え，実践してきた。

- ①わくわくワールドができるまで
- ○「国」の誕生

クラブ活動を一新することに対して，子どもたちに「すごく楽しくなりそう」「一人ひとりやりたいことができる」などの期待感が高まった。そこで，名前を親しみやすいものをと，子どもたちから募集した。その中から選ばれたものが「わくわくワールド」である。

このわくわくワールドを担当できる教師が教頭・養護教諭を含めて9人であったことから，「文化の国」「生き物と科学の国」「ボランティアの国」「光の国」「アートの国」「インターナショナルの国」「家庭の国」「健康の国」「ことばの国」の九つの国が誕生した。

○わくわくワールドオープン

4・5・6年生が体育館に集まり，わくわくワールドのオリエンテーションを行った。まず，9人の教師がそれぞれ担当する「国」の紹介をした。例えば「生き物と科学の国」では，メダカとカダヤシの入っている水槽を提示し，その違いを子どもたちに質問した。「家庭の国」はクリスマスリースを，「アートの国」は，きれいな色を使った水彩画をもって，子どもたちにこれからの活動内容や可能性をアピールした。

その後，各「国」の担当教師が体育館に散らばり，子どもたちの様々な質問を受け付けた。一つの「国」にとどまり，何をしたいのか，その「国」ではどんなことができるのかを教師と話し合っている子もいれば，あちらこちらの「国」に顔を出し，体育館中を回っている子もいた。こうして，2時間かけて，子どもたちはじっくり考え，自分の所属したい国を決めたのである。

○わくわくワールドの時間設定

本校では，子どもや教師がゆとりある学校生活が過ごせないものかと考え，弾力的な時間の運用を取り入れた。一例をあげれば1・2校時，3・4校時，5・6校時をそれぞれ一つのまとまりとして，90分単位の学習活動ができるようにしている。そのため，わくわくワールドは毎月第1・第3火曜日の5・6校時を併せ90分を活動時間とし，各国ごとに，体験活動や調べ学習などの内容に合わせた弾力的な時間の運用が行われている。

4　より選択肢の多い学校へ

平成12年度より，新学習指導要領の移行措置が始まり，教育課程の学校独自化が一層進めやすくなった。そこで，従来のクラブ活動を課外クラブとし，わくわくワールドのない第2・第3火曜日の6校時より60分間を設定した。3年生以上の子どもが入部し，ドッジボール，茶・華道，金管楽器，アスレチック，野外探検等に分かれて実施している。クラブ活動は集団意識を高め，個性を伸ばす活動である。

（秋山敬子）

〈引用文献〉
大津西小・村川雅弘著『地域と共に育つ総合的な学習』
　p.18・19，明治図書，2000.

B 教科等との関連

Q11 自由研究との関連

夏休みの自由研究との関連はどうしたらよいか。

point
1. かつてはあった自由研究の時間
2. 総合的な学習を自由研究に生かす
3. 生きる力を育てる自由研究に
4. 自由研究への教師のかかわり方

1 かつてはあった自由研究の時間

戦後の新教育のめあて，あるいは手引きとなったのが昭和21年，教育改革の基本構想として文部省から出された「新教育指針」であり，昭和22年の「学習指導要領（試案）」であった。

そこでは，個性を尊重する教育と学習における自主と協同の重視が強調され，子ども自らが問題を発見し，それを解決する計画を立て，その計画を実行し，その結果を反省する自学自習の態度の形成が述べられている。

そのために，教科の学習において，もっとやってみたい，調べてみたいという子どもの要求を保障し，学習をより深く進めることができるように，小学校の4～6学年では週2～4時間，中学校では各学年をとおして，週1～4時間の自由研究の時間が新たに特設されたのである。

ここで注目したいのは，既存の教科内容を融合し，一体として学ぶ総合科としての機能をもった新教科社会科の誕生と，自由研究の時間の創設である。社会科の学習とリンクされた自由研究の時間をとおして総合的な学習が個性に応じた発展的な学習として展開されていたことである。

しかしながら，なぜか4年後の学習指導要領の改訂で，「自由研究の時間」は廃止され，昭和52年の「ゆとりの時間」の特設，そして今回（平成10年）の「総合的な学習の時間」の新設という流れをたどることができる。

おそらく自分たちの生活や経験から生じた疑問や興味を中心とした問題解決の学習に意欲的に取り組んだ子どもたちは，夏休み等の長期休業中に発展的な学習として，特設時間以外に自由研究に取り組んだに違いない。

2 総合的な学習を自由研究に生かす

総合的な学習の一般的な特徴は，形態も含めて3点に要約できる。

第1点は，自らの興味・関心に基づき自発的・主体的に探求活動を旺盛にする自ら学ぶ自己学習能力の育成である。

第2点は，屋内外での五感を十分に駆使した直接的な活動や体験の重視である。

第3点は，地域や身のまわりの自然や生活に根ざした活動の重視である。

これらの諸特徴の内容は，軽重の度合はあるが，毎夏全国の子どもたちが，夏休みに取り組んでいる自由研究の作品や活動内容と多くの重なりをもっている。改めて意識的に各校で実践している総合的な学習の検証の場として，自由研究をとらえ直して連続的に子どもにかかわっていくことにも意義がある。

その際，児島邦宏氏による多義性のある総合の意味するところを整理された5項目は，自由研究と総合的な学習の関連づけを図るうえでチェックポイントとなるので，以下にあげる。

① 教科の領域を打ち破り，すべての知識や技能を総動員して学習課題に取り組む。
② 多様な研究手法（学習の方法）を駆使し

て行われる学際的な研究である。
③ 子ども一人ひとりの個性が発揮され，それが互いに交流し，交換され，高めあう学習である。
④ 実際の生活や環境を学習の対象とするだけに，多様性，複雑さに富んでいる。
⑤ 様々な専門からなる教師や地域の人材が，それぞれの専門性を出しあい，協力しあって指導に当たる。

3 生きる力を育てる自由研究に

総合的な学習では，創意・工夫がなされて様々なアプローチが図られている。一人一課題を設定し，長期間にわたり取り組み，卒業（終業）論文としてまとめていくマイプラン学習やテーマ学習，学校周辺や移動教室で訪れる地域の自然・歴史・産業・伝統文化・人物等の中から，子どもたちが興味・関心のある素材を選択し，自ら働きかける活動をとおしてテーマを設定し，見通しをもって追求しつづける力を培うフィールドでのフリータイム学習などがある。

いずれの場合も徹底した自己学習であり，学習の深まりの具合は，自分の学習の足どりを丁寧にたどり，どこまで自分の学習が深められ，さらに，その成果を自分なりにどのように感じとっているか，ふり返る自己評価が大切になってくる。

問題はどのような観点でふり返るかであり，このふり返りの観点が身につけば，夏休みをとおして自由研究を進めるにあたっても強力な手だてとなるのは確かである。

具体的には以下の5点が考えられる。
① 自分の課題にどこまで迫ることができたかというテーマ性
② 見通しをもって，最後までねばり強く追求できたかという持続性
③ 追求活動をとおして十分な充実感，満足感が得られたかという充実感・充足感
④ 活動をとおして新たな発見や工夫が見られたかという発見の喜び
⑤ 友達と助け合ったり，励まし合ったりして活動できたかという学び合い

評価の手法としては，ふり返りカード，アンケート，SD法，感想文などの活用がある。あくまで，アウトプットされた内容の質を問うのではなく，一人ひとりの子どもたちがどれだけ個性的な追求をしたかという一人ひとりを生かす評価がそこでは求められる。

4 自由研究への教師のかかわり方

はじめに子どもありきといわれる総合的な学習でも，教師はねらいとする子どもの学習する姿をしっかりともち，ねらいに沿って子どもへ具体的に働きかけ，ふり返りカード等の自己評価情報から子どもの変容を見とり，再度フィードバックして次の新たな手だてを考えていくことになる。

例えば，自分の課題が明確に探し出せたか。また，それに対して計画的，継続的に追求できているか。さらには，その学習の成果を他の学習や次の課題に生かすことができたか等のねらいは，自由研究において教師や保護者がかかわっていく際の手だてを考えるうえで活用することが可能である。

恐竜をテーマにしてワープロで自由研究をまとめた3年生の子どもは「最初お父さんにローマ字を教えてもらい，始めました。キーの場所はわかってもローマ字はなかなかおぼえられなくてたいへんだったけれども，とても楽しかった。MとNのまちがいが多くて頭がこんがりました」と感想を記している。

ここには夏休み中の親子が共有した貴重な体験の交流・学び合いがあり，学校週5日制における総合的な学習を生かした自由研究のイメージがうかがえる。

（大野晏旦）

B　教科等との関連

Q12　学校行事との関連

学校行事との関連をどう図るか。

point
1. 遠足・集団宿泊的行事との関連
2. 学芸的・儀式的行事との関連
3. 幼児・高齢者・障害者との継続的な交流

1　遠足・集団宿泊的行事との関連

　東京学芸大附属大泉小の「フリータイム学習」は3年生以上で設定されている。3年生は学校の周辺や居住地域、4年生以上は移動教室や修学旅行先の地域を取り上げて学習する。その地域の素材（自然、歴史、産業、伝統、人物など）の中から、子ども一人ひとりが興味関心のある素材を選択しテーマを設定し、地域やその地域の人とかかわりながら追究していく学習である。

　事前学習は前年度の子どもたちの学習成果や施設や地域の資料などを参考に学校で学習する。現地では、地域の人や専門家に直接かかわりながら学習する。事後学習では、学習成果をまとめ、下学年や保護者を対象とした「報告会」で発表する。学年ティームティーチングにより、子どもの多様な興味・関心に対応しようとしている。

　このように、林間学校や臨海学校、修学旅行の活動を総合的な学習の時間を活用して子どもたちに企画させる実践は少なくない。宿泊体験行事の全行程を子どもに任せることは無理でも、ある特定の時間の企画・運営を任せてみてはどうか。4年生や5年生からの少しずつの積み上げが、6年生での子ども主体の修学旅行の実現にもつながる。

2　学芸的行事・儀式的行事との関連

　横浜市立日枝小では学級ごとにテーマを設定し1年間かけて追究する。取り組む内容・活動については学級の独自性が強い。1年間に及ぶ追究活動の山場であり、学習途中の成果を発表する場が毎年11月に行われる「日枝っ子まつり」である。その日には、子どもたちが他の学年・学級の活動の様子を見にいくだけでなく、保護者や地域の人たちも参観する。子どもたちも保護者や地域の人もいちばん楽しみな行事の一つである。

　愛知県東浦町立緒川小の「総合学習」では、各学年ごとに、活動内容を決めて取り組んでいるが、6年間を通して「生きる」の主題をもとに一主題を追究することで、連続性を持たせている。6年生の「生きる」につながる主題は「未来を見つめよう」で、卒業式を6年間にわたる総合学習「生きる」の「最後の授業」と位置づけている。一人ひとりが自叙伝を執筆し、宿泊学習「未来を語ろうの会」を経て、子どもたちの手で卒業式、卒業記念制作、謝恩会を企画・運営する。

3　幼児・高齢者・障害者との継続的な交流

　学校行事の実施において「幼児・高齢者・障害のある人などとの触れ合いを充実すること」を重視している。その際に、学校行事だけのふれあいにとどまらないようにすることが重要である。生活科や総合的な学習で継続的にかかわっていることが前提である。

（村川雅弘）

C 研修

Q13 現代社会の要請

現代社会の要請をとらえるためにはどうしたらよいか。

point
1　各種答申に学ぶ
2　マスメディアからの情報のチェック
3　多様な世代・立場の人からの意見聴取

1　各種答申に学ぶ

　中教審や教課審は，学校教育関係者や大学研究者だけでなく，今後の社会を見据え，子どもたちの実態をとらえ，教育のあり方を考えている各界の異なる分野・立場からの委員により構成されている。また，社会や子どもにかかわる様々な資料やデータが持ち込まれ，実態を踏まえた論議が展開される。さらに，様々な分野の有識者のヒアリングを行う。

　一連の教育改革の礎となった中教審第1次答申『21世紀を展望した我が国の教育の在り方について』(平成8年7月)や教課審答申『幼稚園，小学校，中学校，高等学校，盲学校，聾学校及び養護学校の教育課程の基準の改善について』(平成10年7月)，中教審中間報告『新しい時代を拓く心を育てるために・次世代を育てる心を失う危機』(平成10年3月)，中教審報告『少子化と教育について』(平成12年4月)等々を改めて繙きたい。

　子ども及び生活の現状として社会性の不足や倫理観の問題，自立の遅れ，健康・体力の問題，家庭や地域の教育力の低下などが，今後ますます重要になる社会課題として国際化や情報化，環境問題，少子高齢社会への対応などが具体的な資料とともに語られている。

2　マスメディアからの情報のチェック

　教師に対して「アンテナを張れ，チューナーを磨け」というメッセージを送ることが多い。次世代の担い手を育てている教師こそ，現在の動き，今後の展望に対して敏感であるべきである。教師自身が様々な情報メディアに対して開かれた存在でなくてはならない。新聞や雑誌，テレビ等から流される洪水のような情報の中から，子どもの学習や成長にとって価値ある情報をキャッチし活用することによって，現代社会の実態や学校教育に対する要請が自ずと明らかになってくる。

　NHK学校放送は，総合的な学習の時間に対応した番組を数多く提供している。『インターネットスクールたった一つの地球』(環境)や『地球たべもの大百科』(国際理解と食)，『みんな生きている』(生命)などは今着目されている教育課題を取り上げている。

3　多様な世代・立場の人からの意見聴取

　しかし，各種答申やマスメディアからの情報以上に重要なものは，直接に子どもたちとかかわっている保護者や地域の人々，専門家からの情報である。今後，学校に導入される学校評議員は，学校区内外の有識者，関係機関・青少年団体の代表者，保護者など幅広い分野・立場の人から選出される。このような委員から意見を聴取したり，協議することで広い視野から子どもおよび子どもを取り巻く社会の実態をとらえていくことも大切である。

　保護者や地域の人，専門家に広くアンケートを行う方法もある。子どもたちの「個人研究型」の総合的な学習のテーマや学習成果から，学校や学年，あるいは学級で共通に取り組む課題を探っていく方法も考えられる。

(村川雅弘)

C 研修

Q14 教職員の共通理解

総合的な学習についての教職員の共通理解をどう図るか。

point
1. はじめに
2. 段階（ステップ）を踏まえての研修
3. 「とかめ学習」の内容
4. 校内指導体制
5. 保護者や地域への協力体制

1 はじめに

本校は，平成9年度に，文部省「教育方法の改善に関する調査研究」の開発校としての指定を受け，総合的な学習に関する調査研究に取り組んできた。その年は，各教科・道徳・特別活動等の関連を図った「総合単元的な学習」の研究に取りかかった矢先で，いったい何がどう違うのか，疑問や不安で議論を繰り返した。指定を受けたのが2学期末，とにかくやらなければという意気込み，教職員の意識改革，そして共通理解を図るための研修に取りかかったのである。

本校の「総合的な学習」が生まれるまでの経緯と，その内容，実践，評価，成果と課題といった一連の流れの中で，いかに教職員の共通理解を図り，指導体制を整えていったかについて述べてみたい。

2 段階（ステップ）を踏まえての研修

いくつかの段階（ステップ）を踏まえての研修を積み重ねるなか，教職員の先進校への視察研修，文献・資料等での研修，各種講演会への参加，それらの報告会等，週3回の現職教育の時間を設定した。教頭，教務主任，現職教育主任等を中心とする研究推進委員会を発足させ，情報の整理や研究の方向性を探ったり，教職員からの疑問，悩みに対応するために校長も加わり，定期的に開催してきたことは，極めて有効であった。とにかく何を核にするのか，ねらいは，内容は，カリキュラムは，時間数の確保は，日課表は，といった教育課程編成上の諸問題が浮上してきた。教科書もない，指導のノウハウもない状況から新しいことを始めるには，かなり抵抗があったのも事実である。しかし，教育課程にどう位置づけるかを明確にしなければならない。

そこで，管理職としては，全体的な討議だけでなく，日常的な会話，つぶやき等を大切にしたり，他校の実情や教育関係の雑誌や研修会で得た様々な資料や情報を教職員へ提供するよう心がけたりしてきた。また，これまでの実践を切り捨てるのではなく，現在の教育活動の上に総合的な学習を新たに導入することを基本にして，内容の精選と関連を図っていくことにした。

教育目標の具現化を図るとともに，「共に生きる力」をもった陶っ子の育成を目指して「自」と「他」を考えていく〈やさしさ〉の心と態度を育てていくことを核にした総合的な学習を展開していこうとする共通目標が生まれたのである。

3 「とかめ学習」の内容

本校独自の総合的な学習にするために，これまでに取り組んでき郷土教育の精神や，各種団体との交流学習を核とした単元開発に取り組むことになった。保護者にも，地域にも意義あるものにと，陶のシンボル「十瓶山」にちなんで「とかめ学習」とネーミングし，〈やさしさ〉を基盤にした「生きる力」を培う学習として，教育課程に位置づけた。

今日的課題や子どもの興味・関心，郷土の

教材を発達段階に応じて体験したり考えたりする学習を「とかめ学習」として週2時間,「とかめ学習」と「教科・道徳・特別活動」とをつないでいく学習を「とかめタイム」として週1時間,低学年の生活科は,「とかめ学習」として位置づけたのである。

4　校内指導体制

　激しい社会の変化に対応し,「自分」「人」「自然やもの」に対してやさしく接し,自分らしく生きていく力を身につけた子どもを育成する。地域に開かれた特色ある学校づくりを展開する。そのためには,校長自らの教育理念や教育委員会との基本的な関係を踏まえた,自主的・自律的な学校運営を行うことが重要である。

　教育目標を具現化するため,総合的な学習の時間の必然性や位置づけを明確にし,人格形成,生き方,開かれた支援体制づくりの三つの視点を基盤にしたカリキュラムを開発した。

　子どもたちが主体的に問題を追求したり解決したりする学習環境を確保するために,学級や教科の壁を取り除き,学級単位の学習から学年や全校生で取り組める体制を整えた。

　低学年では,生活科の考え方を生かした総合的な学習,つまり,学習のねらいや展開の方法に違いが出てくるのは当然であるが,生活科で身につけた基礎・基本や学び方が3年生からの総合的な学習の基礎になるものとして,全職員で共通理解を図った。

　郷土の学習や交流が中心になるだけに,校区内の自然環境や公共施設,神社,寺等についての理解を深めるために,教師自ら足を運び,その実態や良さを知ることに努めた。地域の行事にも積極的に参加し,地域の人々との交流をとおして,保護者や子どもの願い・要望を取り入れ,地域に根ざした総合的な学習の展開を図った。

　子どもの思いや願いは多岐にわたる。子ども一人ひとりが自己実現を図れるためには,多様な学習方法と,その場に応じた支援体制の整備が必要である。そこで,

① 総合的な学習は,全学年T.T方式で指導すること。
② 専門的な知識や技能を有する学校外指導者(ボランティア・ティーチャー)の協力体制を整える。
③ 学年末に次の学年へのオリエンテーションとしての発表の場を設ける。

この3点について重点的に取り組むことで共通理解を図ってきた。

　また,評価については,子ども個々の良さを個性ととらえ,それを伸ばしていこう,結果より過程を重視しようということで,指導過程の段階で,〔身につけたい力〕を「関心・意欲」「学ぶ力」「生き方」の三つの項目で整理し,各単元でのねらいや支援,評価活動の中で具体化していくことにした。

5　保護者や地域への協力体制

　当初,「とかめ学習」に対する保護者の反応も様々であった。アンケート調査を再三実施し,子どもや保護者,地域の方々の意識の変容を常に把握し,分析し,それを情報として提供し,理解を求めるよう努めてきた。定期的な授業公開や講演会を開催し,総合的な学習に対するイメージをもってもらうと同時に,協力を依頼してきた。学校外指導者の確保については,公民館長さんに依頼し,すぐ間に合うような体制づくりもできている。

　教職員が変わり,子どもが変わり,そして今,地域の教育力が変わろうとしていることに,喜びと感謝の気持ちでいっぱいである。

(岡田　学)

C 研修

Q15 求められる教師の力量

総合的な学習を実践する教師の力量として何が求められているか。

point
1 総合的な学習が進める教師の意識改革
2 現代的課題を念頭に学びを創り出す単元開発力
3 子ども一人ひとりに確かな学びを保障する総合的な学習実践能力
4 前向きな学校文化創造の力

1 総合的な学習が進める教師の意識改革

新しい教育課程では、「これまで知識を一方的に教え込むことになりがちであった教育から、自ら学び自ら考える教育へと、その基調の転換を図り、子どもたちの個性を生かしながら……」といわれ、ゆとりの中で生きる力を育成する方向が示されている。

このことは「自ら学ぶ意欲や、思考力、判断力、表現力などを学力の基本とする」平成元年版学習指導要領で示された新しい学力観にほかならない。しかし、理念的には全教育課程に及びながらも、低学年の生活科新設という具体的な改革にとどまり「新学力観、教室の前で立ち止まり」という状況であった。

筆者も大手町小学校が生活科の研究開発学校として指定された当時、低学年担任として単元開発にかかわった。やがて、教科書ができ、指導資料が整備されるに従って、新しい学力観を具現する教科としてのエネルギーが失われたことを実感した記憶がある。

詰まるところ、新しい学力観が教室に入ることを拒んだものは、教師の意識ではなかったのだろうか。その意識を変えるものが、「総合的な学習の時間」である。小学校だけでなく、中学・高校まで導入されることで学力観の転換が進むことが期待される。

それには、総合的な学習の導入の経緯、趣旨、ねらいを踏まえて構想し、真に子ども一人ひとりの生きる力の育成を図れる学習として創り出していく教員一人ひとりの構えと学校としての共通理解が必要となる。

2 現代的課題を念頭に学びを創り出す単元開発力

総合的な学習を推進するうえで、大切な教師の力としてまず考えられるのは、現代的な課題をもとに子どもがかかわる地域の実態や特色を生かし、子どもの実態に即して単元を構想する〈単元開発力〉である。

(1) 例示された課題について

新学習指導要領総則には、総合的な学習の時間における学習活動として
◇例えば国際理解、情報、環境、福祉・健康などの横断的・総合的な課題
◇子どもの興味・関心に基づく課題
◇地域や学校の特色に応じた課題
などが、あげられている。

総則の解説編を読むかぎりでは、この課題の扱いについては強い拘束力は感じられない。しかし、だからといって、何でもありでよいのかとなるとそうではない。先立ち示された教育課程審議会答申では、各学校段階・各教科等を通じる主な課題として国際化、情報化、環境問題、少子高齢化への対応が示されている。これらの課題は、いずれも各自治体の行政や住民の課題であるだけに、子どもからもその取り組みが見えやすく、興味・関心をもちやすいのである。これからの教師は、総合的な学習の時間はもとより、教科の学習においても現代的な課題を念頭において単元を構築する姿勢が問われる。

(2) 対象の総合性を解きほぐし，活動の多様性を明らかにする

　総合的な学習は子ども主体の学習である。活動が始まると，子どもの興味や関心は多様に広がり，深まっていく。子どもの体験がその子にとって価値ある学びとして成立していくためにも，子どもが出会う対象は一人ひとりの興味・関心によって違うことを認識し，その子なりにその後の追求が多様に広がり，深まっていくものでなければならない。そのためには，教師は子どもが出会う対象のもつ総合性を解きほぐす必要がある。

　本校の4年生は，上越地方を流れる川を取り上げ，川の浸食・運搬・堆積の作用，雪や森林の保水機能，水力発電による利水，農業用水の必要性，水の汚染と浄化作用などを息長い活動をとおしてとらえていく。川の多面性・総合性をとらえた子どもたちは，人々が川を治め，利用して生活を豊かにした一方で，水不足，水質汚染，洪水等の問題を引き起こしていることを関連的に気づくのである。

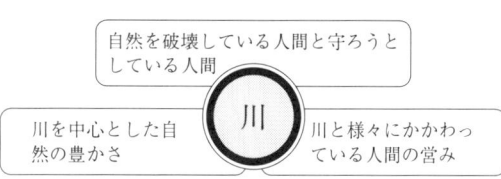

```
        ┌─自然を破壊している人間と守ろうと─┐
        │  している人間                    │
┌─川を中心とした自─┐  川  ┌─川と様々にかかわっ─┐
│ 然の豊かさ       │       │ ている人間の営み    │
```

　単元構想にあたって，この対象のもつ総合性を解きほぐす段階で，地域の実態や特色，そこへかかわる子どもたちの多様な活動がイメージされてくるのである。

　さらに，構想・実践の過程で出会う地域の方や専門家とのやりとりは新たな活動構想や人とのかかわりを生み出す。このようにして単元を構想する中で教師の人的ネットワーク活用能力が高められる。

3 子ども一人ひとりに確かな学びを保障する総合的な学習実践能力

　現代的な課題や地域・学校の特色に応じた課題などはそのまま子どもに与えたとしても子どもの主体的な学習は保障できない。子どもに寄り添い，子どもをしっかりと見守るなかから見えてくる子どもの意識の連続・発展の方向を踏まえた実践・評価が必要となる。

　先にあげた単元開発力が横糸であるとすれば，この実践力は縦糸として，より確かな生きる力育成に機能する。教師は，学習を進める子どもたちの様相をつぶさに見とり，課題設定の仕方，課題への取り組み方，感じたこと，学んだことを多様な方法で見とり，意味づけ，子どもに返すとともに，今後の方向性を確認し，支援していくことのできる力として総合的な学習実践力が問われる。

4 前向きな学校文化創造の力

　「模倣と形式化は腐敗と停滞を呼ぶ」これは本校の研究にあたっての基本的なスタンスである。前年度の活動を踏襲したり，他の実践をそのまま模倣したりすると，その実践は子どもから離れる。

　これからの取り組みにおいては，絶えず学習材のもつ可能性を探り，子どもの姿から学び，試行錯誤しながら単元構想のあり方を問い続ける教師の姿勢が求められる。さらに職員の共通理解のうえに，実践の成果を持ち寄り，特色ある新しい教育課程を創り出していこうとする場として校内研修が求められる。

(佐藤真市)

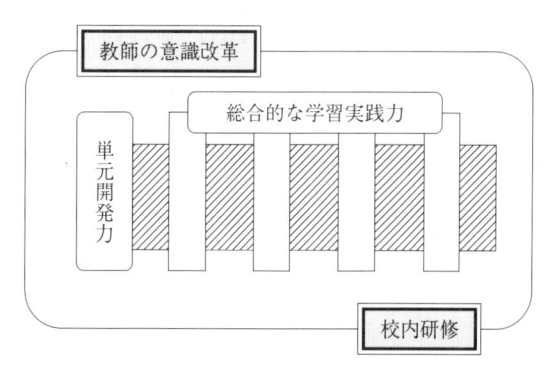

```
┌─────教師の意識改革─────┐
│         ┌─総合的な学習実践力─┐ │
│ ┌単┐ ▓ ▓ ▓ ▓ ▓        │
│ │元│                         │
│ │開│                         │
│ │発│                         │
│ │力│                         │
│ └─┘                         │
│         ┌─校内研修─┐         │
└─────────────────┘
```

C 研修

Q16 研修組織のあり方

> **point**
> 1 教育実践をオープンにする
> 2 教師の独自性・主体性を生かす
> 3 実践を議論し共有する場をもつ
> 4 教師も活動を通して学ぶ
> 5 保護者や地域の方と共に

総合的な学習を進めるのにふさわしい研修組織のあり方をどうするか。

これまでは、どちらかといえば上意下達式の研修組織が多かったように思う。総合的な学習にはそれはそぐわない。オープンでボトムアップ式の研修組織が求められている。

1 教育実践をオープンにする

総合的な学習に教科書はない。何がよくて何がいけないのか、誰もわからない。みな手探りの状態で授業実践を進めているのが現状であろう。

そういうなかで実践を行うのであるから、情報は多いほどよい。成功事例も失敗事例も、である。多くの情報の中から、学級の子どもの実態を踏まえて実践を進めていくことになる。

他の実践に学びながら、良いと思うことを自分の実践に取り入れていく。そのためにも、各学年、各学級の実践をオープンにしておくのがよい。そして、頻繁に情報交換がなされていることが重要となる。

- 授業研究を積極的に行い、情報を交換する。
- 週あるいは月に1回、自分の実践をレポートにして発信し、情報交換を行う。
- 先進校などの研究会に参加したことをレポートし、学んだことを共有する。
- 保護者や地域の方の声に耳を傾ける。

こういった日常の実践交流・情報交換が大切である。

2 教師の独自性・主体性を生かす

1のこととも関連するが、教師一人ひとりが自分の独自性を発揮することが、総合的な学習の鍵を握る。これまでの指導計画をこなす教育から、一人ひとりがつくる教育への転換である。

「研究課題や研究仮説がある。それを受けて下位目標ができ、さらにそれを受けて実践を行う」というやり方を変えなければならない。

まず、自分が何をやりたいのかを一人ひとりが明確にもつことが大切になる。子どもと一緒に活動してみたいこと、考えてみたいこと、そういう教師のロマンが「総合的な学習」の基盤になる。また、それを実行できる研修組織になっていなければならない。つまり、一人ひとりがやりたいことができる研修組織が必要となる。一人ひとりが研究主任になる、そんな意識をもつことが大切である。

何でもやっていいというわけではないが、教師の独自性・主体性を受容できる組織でありたい。

3 実践を議論し共有する場をもつ

一人ひとりの独自性・主体性を発揮させながらも、実践をとおして身につけたものや収集した情報などを互いに出しあい共有していく場が必要となる。それが、確かな実践を進める基盤となる。

そのような場を、例えば研究推進委員会に委ねる。あるいは、「総合的な学習推進委員

会」というようなものをつくってみるのもいい。小規模校では，職員室そのものがそれに当たるかもしれない。

では，推進委員会では何をするのか。

> ○ 実践にかかわって収集された資料，指導案，他校の実践資料を整理，保管する。
> ○ 年間指導計画の作成にあたって，学年・学級の方向性を尊重しながらも，他の実践の分析，専門的立場からの情報提供を行う。
> ○ T.T，地域の指導者の確保など，指導体制についての検討や具体的支援を行う。
> ○ 活動の節々で，単元の展開について紹介しあうとともに，時数管理について点検する。

このようなことを行いながら，推進委員会が実践をリードしていく。また，推進委員を中心に，実践について語り合うのである。

4 教師も活動を通して学ぶ

職員研修の場を静的な場だけではなく，活動をとおして学ぶ場としても位置づけたい。

「総合的な学習の時間」の活動を考えるには，地域にどのような素材があり，どのような対象があるのかを知ることが必要になる。子どもの目線で地域を歩き，すぐれた活動や学習材を開発していくのである。

職員研修に次のような機会を設定する。
- 地域を歩き情報収集する。
- イメージマップなどの手法で，地域素材を掘り起こす。
- 先行実践や他の学校の実践に学びながら，自分の地域に生かせる活動を探し出す。
- 先進校の研究会などを訪れ，学ぶ。

かつて，生活科が始まったときに，職員が地道に地域を歩き，教材を発掘していったように，「総合的な学習の時間」を進めるにあたって，足でかせぐ研修を改めて見直したい。

5 保護者や地域の方と共に

総合的な学習は，内容の規定がないだけに，ともすると学校側の偏った思いだけで活動を構成してしまうことになりかねない。そうではなく，地域の特色を生かしたり，保護者の願いを吸い上げたりするシステムをつくることがポイントとなる。

そのためにも，保護者から教育活動に対してどのような期待があるのかアンケートを取ったり，学級・学年懇談会などで，教育活動への意見を出してもらったりするのがよい。

このような意見を求めるためには，日常的に教育活動を公開していくことが基盤になる。教育活動をオープンにして，まるごと理解していただいたうえで意見をもらう。

なお，このようなことは学級・学年単位だけではなく，学校全体として意見をいただく場も設定するとよい。定期的に地域の方や保護者の代表を招き，教育活動を検討する場を設定する，あるいは，ホームページで教育活動を公開し，関心をもった方から意見をいただくモニター制度をとる方法などがある。

いずれにせよ，学校内だけの情報交換ではなく，多様な意見を取り入れる雰囲気と組織をもつことが大切となる。「研修は，学校職員だけで行うものではない」ということを自覚し，開かれた研修組織をつくりたい。

これからは，学校も保護者も，そして地域も一体となって，教育活動に参画していく時代なのである。

（阿部　勉）

C 研修

Q17 校内研修の進め方

総合的な学習についての校内研修をどう進めるのか。

point
1　推進委員会を核にした研修体制づくり
2　学校の特色から研究の方向を探る
3　授業研究を通しての研修
4　開発研究部会による研修
5　地域に学ぶ研修

1　推進委員会を核にした研修体制づくり

「学習の内容を示されず，教科書もなく，時間として各学校に与えられた総合的な学習をどうとらえていけばよいのか」「従来の学習指導とどう違うのか」「何から始めていけばよいのか」等，様々な疑問や不安が渦巻いていた。教育界の新しい流れを理解し，変えていこうにも，子どもたちを目の前にし，日々の教育活動は進めていかなければならない。

そこで，研究推進委員会を設け，情報の整理や計画づくりに当たることにした。校長・教頭・教務主任・現職教育主任・現職教育副主任で構成し，研究の大まかな方向の計画・全体への提案を行った。日課表の調整を行い，放課後に，週1回の研究推進委員会・週2回（1回は主に全体研修・もう1回は主に学年団）の研修の時間を確保したことは，問題点を話し合い，職員が共通理解しながら研究を進めていくうえで，有効であったと思われる。

初年度は，多くの条件整備が必要であったが，次の年度からは，少しずつ縮小して，研究推進委員会を月1回とし，研究組織の各部会のキャップから構成することとした。

2　学校の特色から研究の方向を探る

本校の場合，年度途中の研究委託で，期間が1年半であったこと，現行の教育課程の上に総合的な学習の時間を組み入れるという条件が与えられたことから，当初は，時間の捻出の問題に多くの労力を費やした。そのほか，学習の内容や領域をどう考えるのか，研究を進めるためにどんな組織が必要なのか，子どもや保護者の実態調査はどうすればよいのか等，具体的な問題を考えていくことと並行して，いろいろな先進校の研究会や研修会に代わる代わる参加したり，文献や資料を探して読み合ったりした。しかし，抽象的な論は難しく，先進校の華やかな雰囲気に圧倒され，本質を理解することはなかなかできなかった。

そこで，もう一度足もとを見つめ，これまでの教育活動や研究歴を生かす方向で，可能性や特色を探ることにした。地域に題材を求め，従来行っていたお年寄りや東南アジアからの研修生・障害のある子どもたち等，様々な人との交流活動を核として，「人間」「環境」「郷土」の領域から単元を構想していくことにしたのである。そして，この総合的な学習への取り組みが，本校の教育目標である「やさしさ教育」につながっていくであろうという意義を見出した。

地域にかかわる学習を大切にしたのは，生活の中に題材を求め，子どもたちなりに追究していくことが，地域の現実，ひいては社会の今日的問題と向き合うことにつながり，地域を知ることは，その子どもの存在基盤として，将来に羽ばたくための大きな力となると考えたからである。

3　授業研究を通しての研修

授業研究と開発研究の両面から組織をつくり，研究を進めている。

本校の総合的な学習が，学級の枠を取り払

った学年団での学習であることから，授業研究はほとんど学年団単位で，年間数回実施し，事前研究・授業討議を低学年・中学年・高学年部会を中心に行っている。授業者からの単元や本時における提案をもとに授業研究を行い，自分の取り組みを見直す視点としている。

実践を始めたばかりの年には，指導者を招いての授業研究を行うことで，学習のあり方や研究の方向についての研修を深め，節目節目で職員の共通理解を図ることもできた。

2・3年目には，対外的な要望もあり，学校訪問日を設けての授業公開を考えた。訪問者がいない場合や人数の多少もあるが，外からのご意見を受け，情報交換することで，本校の取り組みの方向が明確になったり，課題が浮き彫りになったりし，より地に足の着いた実践になっていくことを願っている。

2年間の実践を経て，「何を学ぶか」という内容の問題から，「どうやって学ぶか」という学習の方法をめぐる問題—例えば，オリエンテーションのあり方や課題追究のあり方，学び方の習得等—について，視点を絞って研修する必要を感じている。

4 開発研究部会による研修

総合的な学習が学校としての取り組みとなるように諸条件を整えるための開発研究部会を設けた。できるだけ学年を振り割ったメンバーでの縦の組織として，授業部・調査部・環境部の三つで進めてきた。

授業部は，単元構想のあり方や学び方の系統性を探ることをねらいとした。学習の進捗状況や問題点・悩みを出し合い，方向性を見出した。また，学び方の習得について考えていくなかで，学び方の系統性を何らかのかたちで明らかにしようとした。本校の学習構想案の形式を模索し，育てたい力を，関心・意欲，学び方，生き方の観点から書き，支援の方向として考えている。

調査部は，定期的に子ども・保護者・地域の方の意識調査や実態調査を行い，総合的な学習の方向を探るとともに，学校外指導者（ボランティア・ティーチャー）の住所や来校記録等の整備を行っている。また，個を生かし，家庭とつなぐ評価のあり方を考え，評価カードを作成した。

環境部は，子どもの学習を支援する学習環境のあり方を考え，掲示板の活用や図書室の整備，学習記録の保存等を工夫している。また，家庭や地域との連携を図るため，「陶っ子だより」や「学年だより」を発行し，総合的な学習への取り組みの様子を，よい点も課題も含めて情報発信している。

授業研究は研修の年間計画に従って実施しやすいが，開発研究部会は，研修内容や方法が明確になりにくい面があることや，会を多く開くと職員の負担感が大きくなることもあり，十分機能したとは言いがたい。また，平成12年度は，職員の異動もあり，授業部と環境部の2部会に整理して，具体的に活動できるように考えている。

5 地域に学ぶ研修

総合的な学習を始めて，職員が地域に出かけたり，地域の方と接したりする機会が多くなった。特筆するようなものがないと思われていた地域に，脈々と歴史が息づき，そこに生きてきた人のふるさとへの思いが感じられるようになった。また，それを子どもたちに伝えたいというお年寄りの存在があることも知った。お年寄りに案内されて地域を歩き，注連縄の作り方を教わり，作物の栽培の苦労を学ぶ。職員自身が地域の昔からの知恵を知り，地域の方のやさしさにふれることが，この学習の原動力になることを実感している。

（吉田啓子）

C 研修

Q18　教材研究のための時間の工夫

> **point**
> 1　学年同一時間割と協同担任制
> 2　全体の会議は少なく
> 3　朝の職員打ち合わせを放課後に

　教師が教材研究のための時間（施設・安全などの下見，教師の打ち合わせ）を取るためにどのような工夫をしたらよいか。

　総合的な学習に取り組む場合，様々な場面で，担任同士がいろいろなアイデアや意見を交換しあい，じっくり話し合いながら子どもたちとともに活動を進めていかなくてはならない。そのためには，話し合いの時間はいくらあっても十分とは言えない。限られたなかで，より多くの学年間の打ち合わせや話し合いの時間を確保するために，次のような手だてを講じている。

1　学年同一時間割と協同担任制

　本校では，原則として各学年ごとに同じ時間割で活動している。そのため，学年の複数の学級担任が同時に空き時間をもつことも可能になってくる。例えば，3クラス編成の6年生の場合，3人の専科やT.Tが3クラスの図工と家庭科を受け持っており，6年生の担任は，毎週3時間～4時間の空き時間が確保できる。この時間を有効に活用して，担任全員で学習活動についての共通理解を図ったり，教材研究や準備等を行っている。

　また，校外活動の下見についても，この時間内に行ける場所であれば，可能である。また本校では，学年の複数の担任が学年全体を協同して受け持つシステムである，学年協同担任制を導入することによって，学級の枠にとらわれずに，T.Tによる多様な学習活動が可能になっている。各担任の個性や特技を生かした学年間の部分的な教科担任制も，その一つである。各担任が一部の教科を交代で分担したり，学級を越えた学習活動の中で，学年の職員がT.Tの主と従の役割分担をすることで，教材研究も分担して能率的に行える。時間の短縮が可能なところは短縮して，話し合いや下見等，必要な部分にしっかり時間をかけることができる。

2　全体の会議は少なく

　放課後の時間を有効に活用できるように，職員全体に関係する会議は，職員会議・研究全体会・児童理解部会会議・特別活動部会会議の四つに絞り，曜日についても，火曜日と金曜日はなるべく放課後の時間が自由に使えるように行事等を調整している。木曜日には次の週の週報が出されるので，それを基に金曜日に学年で次週の学習の予定を話し合うことがほぼ定例化しているが，学年会という時間の枠は設定しておらず，必要なときにはいつでもどんなに短い時間であっても話し合いを行うという意識が職員の間に定着している。

3　朝の職員打ち合わせを放課後に

　朝は全体での職員打ち合わせは行わない。朝の会等を学年全体で行う学年もあり，1日の予定を簡単に確認したり，子どもたちの様子を担任全員で把握するよい機会となっている。また，放課後の打ち合わせは，月曜日と木曜日の週2回となっているが，木曜日の場合は，研究の全体会前に行われるため，その後すぐに学年での話し合いの時間に移行することができるようになっている。様々に工夫をしながらも，毎日わずかな時間をやりくりしているのが現実である。

（田島治子）

D 人材活用

Q19 人材発掘の工夫

point
1 学校を足場とした人材発掘
2 地域を足場とした人材発掘

学校外の人材を発掘するためにはどのような工夫が必要か。

総合的な学習を進めるにあたっては，学校外の人材を活用することは必要不可欠な問題である。そのための人材発掘は，どの学校でも苦慮している。そこで，以下の2点から本校の工夫を述べる。
- 学校を足場とした人材発掘
- 地域を足場とした人材発掘

1 学校を足場とした人材発掘

(1) 保護者へ呼びかける

「この学習には，是非こんな方がゲストティーチャーとして必要だ」という場合もあれば，「こんな方がいてくれたら，学習がこのように展開していくのだが……」という場合も多々ある。そんなときのために，ボランティアリストやゲストティーチャーリストが予めあると非常に有効である。その作成のために，学校から保護者向けにボランティアを依頼する文書を配布し，広く呼びかけている。また，学期始めに行われる学年・学級懇談会や定期的に開催されるPTAの役員会等でも，呼びかけている。開かれた学校づくりの一環として，学校からの呼びかけが大切である。

(2) 教師の人材網を活用する

職場で日頃から，「こんなことができる人知っている？」と呼びかけてみる。二十数人の職員がいれば，「知っている人いるよ」と教えてくれることが期待される。なかには，親戚や友人などで，人材を発掘できる場合もあるに違いない。教師間の情報交換を行うことも大切である。

(3) 子どもが発掘する

子どもの願いにより，「こんな人がいれば話を聞いてみたい」ということがよくある。当然，教師も探すのだが，子どもにも探させると意外と見つかることがある。自分の願いを達成するために，家の人に頼んだり，近所の方に聞いてみたりすることで，新たな人材の発掘につながる。本校でも見学先での出会いがきっかけとなり，学習に大いにかかわっていただいたことがある。これは子どもが発掘した一例である。

2 地域を足場とした人材発掘

地域との連携を密にし，学校教育を進めている昨今，お互いの情報を交換する場は多くなってきている。
- 公民館での催事から
- 市町で開催される文化・スポーツ講座から
- 役場が町民のために開催する講座から（東浦では「出前講座」がある）
- 地域の老人会やボランティア団体などの活動から

地域のコミュニティの話し合いの場で依頼したり，市町村の広報や情報紙（誌）で探したり，さらに地域の催事場で人材を発掘したりすることができる。

そして何よりも，発掘した人材を学校の財産として共有することが大切となってくる。

（鬼頭　学）

D 人材活用

Q20 人材活用の留意点

学校外の人材の活用を行うための留意点は何か。

point
1 学習場面に応じた人材を活用する
2 十分な打ち合わせをする
3 かかわり方について打ち合わせをする

　人材を活用するにあたっては，その意図が必ずある。その意図を十分生かしながら人材を活用しなければならない。

1 学習場面に応じた人材を活用する

　何でも，ゲストティーチャーやボランティアを活用すればよいという考えは捨てたほうがよい。どんな単元で，どの場面で（導入時・展開時・終末時），どんな人に，どのように学習に参加してもらうかなどを十分吟味する必要がある。適した人材が見つからなければ（見つかっても日程の調整がつかなければ）人材活用をあきらめたほうがよい場合もある。子どもの思考の流れや学習展開に合わせたタイミングのよい人材を活用してこそ，学習効果は高まるのである。

2 十分な打ち合わせをする

　学習場面に応じた人材を活用することができるのなら，次に十分な打ち合わせが必要となる。この打ち合わせが最も大切となってくる。あらかじめ学校に出向いてもらい，実際の学習場所を事前に見て，イメージしていただくことも大切なことである。その場所で以下のようなことを打ち合わせをしておく。

・対象学年の実態と人数
・学習のねらいとその内容
・話の内容（講話がある場合）
・どんな支援が可能か（活動に参加してもらう場合）
・学習時間
・事前に用意するもの（学校や子ども）
・用意してもらうことやもの（相手の方へ）
・活動場所など

3 かかわり方について打ち合わせをする

　以上のようなことを打ち合わせしたあと，学習中の支援等の姿勢について共通理解を図る必要がある。ゲストティーチャーのほうは，比較的懇切丁寧に教えすぎる傾向がある。

(1) 講師的なかかわり
(2) アドバイザー的なかかわり
(3) 参加型のかかわり

　(1)なら，講話―質疑応答というかかわり方，(2)なら，逐次助言するというかかわり方，(3)なら，一緒に参加しながら支援するというかかわり方が考えられる。いずれにしても，学習場面に適したかかわり方について，意図やねらいを伝え，理解してもらう必要がある。

　また，当然のことながら，ゲストティーチャーやボランティアの方を迎える温かい雰囲気づくりや学習に快く参加していただく雰囲気づくりを事前に子どもとともに行っていかなければならない。

　しかし，ゲストティーチャーは教育専門職ではないので，教師は活動中においても，子どもの反応などを見ながら，支援していかなければならない。

（鬼頭　学）

D　人材活用

Q21　保護者の支援

保護者に支援していただく場合、どんなことに留意したらよいか。

Point
1. 趣旨の共通理解を図る
2. 子育てに生きてはたらく力
3. 役割を明らかにしておく
4. できるかぎり多くの方の参加を
5. 親子学習で新発見

1　趣旨の共通理解を図る

総合的な学習の趣旨理解や、教師の目指している子ども像、子どもの課題等、支援していただく保護者にわかりやすく伝え、共通理解を図っておくことが大切である。

2　子育てに生きてはたらく力

保護者が支援者の場合は、わが子に直接かかわる場合と他の子どもたちにかかわる場合とでは、保護者の意識にかなりの違いが見られる。できることなら、わが子以外の子どもたちへの支援もお願いすることが大切である。それは、同年代の子どもが、どんな意識でどのような活動をするかがよく理解でき、ひいては、わが子の理解にもつながり、子育てに生きてはたらく力となる。すなわち、保護者が教師とともに支援者として子どもたちに接することは、教育の中に入り込んで、体験をとおして実感することになる。外から教育を見るのとでは大きな違いがある。また、わが子の知らなかった良さを発見することもあるに違いない。

3　役割を明らかにしておく

保護者に限らず、外部の協力者に支援していただく場合、すべてのことをこと細かく説明したり、教えたりしやすい。そこで、どんな役割を担っていただくかを十分に打ち合わせしておく必要がある。また、できるだけ見守る姿勢でいること、危険なことはきちんと指導したり制止すること、等々の基本的な姿勢についてお願いしておくことは大切である。

また、学習の進め方のあらましについても知らせておくと、保護者も安心して支援に当たることができる。

4　できるかぎり多くの方の参加を

家庭や職場の都合で協力していただけない方もいるが、特定の人に偏らない配慮をしたい。そのためには、いつ、どんなことで支援者として参加できるか、予め、アンケート調査しておくと予定が立ちやすい。「この忙しいときに」と批判がましいことを言う方もいるが、誰しも集団での子どもの姿を知りたいのである。また、少しでも役立つことを願っているのである。

5　親子学習で新発見

大津西小学校では、毎年、親子学習を実施している。例えば、親子サラダ作り、親子船作り、親子陶芸教室、親子読書教室、親子人権学習、親子コンピュータ教室、親子手話教室、親子野外体験学習、親子地域探訪等々。毎年、少しずつ違ってはいるが、子どもにとってはたいへん楽しく刺激的なひとときである。そこには、親子ともども日頃見せない姿が見られ、「お父さんって、すごく器用だ」と驚いたり、「甘えん坊だと思っていたが、意外としっかりしている」と、わが子を見直したりと、親と子の理解が深まるのである。ただし、親子が対になっての学習でなく、共に参加する学習なので、家族の誰が参加してもよいわけである。この点は、子どもの心を傷つけない配慮が必要である。　　　（秋山敬子）

D 人材活用

Q22 事前の準備

保護者や学校外の協力者にどのように依頼し，事前の準備を進めるか。

> **point**
> 1 必要に応じて人材を活用する
> 2 依頼は原則として当事者がする
> 3 事前準備に子どもの参加を

1 必要に応じて人材を活用する

総合的な学習は，年度当初に年間のカリキュラムを作成するが，これはあくまでも教師の予想であり，実践してみると，多少の変更がある。そこで，予め人材を確保せず，必要に応じて確保する場合が多い。

とくに，総合的な学習の実践が始まったばかりの学校では，人材登録されていない場合が多いので，学習が進むにつれて，人材が増えてくる。人材を確保する場合，担任だけでは情報不足なので，教職員間や保護者から情報を収集すれば必要とする人材を確保しやすい。また，子どもも地域のことに詳しい子がいて，「となりのじいちゃんに教えてもらおう」とか，「あそこの店のおばちゃんは詳しいよ」等の情報を提供してくれる。

こうして，1年間の学習が終わり，全校の外部人材を集めてみれば，外部人材一覧表ができるのである。その一覧表を次年度の活動に生かしていけばよい。

2 依頼は原則として当事者がする

大津西小学校では，当初は校長や教頭が協力者への依頼をしていたが，これだけでは間に合わなくなり，担任や指導担当者が交渉したり，招いたりするようになった。

場合によっては，「うちのじいちゃんができるよ」といって，子どもが自分の祖父を学校に呼んでくることもあった。本来，子どもたちが自分で教えてもらえる人材を見つけることができるようになれば本物である。教師が至れり尽くせりせず，子どもに探させることも問題解決力を育成するためには，必要なことである。

3 事前準備に子どもの参加を

協力者への依頼状を書いたり，事前の打ち合わせには，できるだけ子どもが参加できるようにすることが大切である。そのことが，協力者に子どもの意識や必要としていることを理解してもらえるからである。

(1) 年間を通していろいろな人を招く場合
〔例　外国の人を招待する場合〕

いろいろな国の料理を知りたい。英語劇を作りたい，いろいろな国の日常使う言葉を知りたい，いろいろな国のファッションや遊びを知りたい，等々を招待状や当日のプログラムとともに送付しておく。

また，子ども自身が電話やメールなどで打ち合わせをし，連絡を取り合うことができるようになることも大切である。このとき，教師は適切な支援を忘れてはならない。

(2) 年間を通して同じ人を招く場合
〔例　年間を通して文化活動をする場合〕

人形浄瑠璃博士になりたい，茶道博士になりたい，華道博士になりたい，等々の文化の国の子どもたちは，いろいろな文化活動の博士になろうという課題をもって1年間の活動がスタートした。この場合は，はじめに協力者を招いたり，訪問したりして，それぞれの子どもたちの課題を伝え，1年間の計画を共に立てていくことが大切である。　（秋山敬子）

D 人材活用

Q23　勤労者外部講師の手続き

point
1. 学校側の対応をはっきりさせる
2. 学習時間を工夫する
3. つながりを大切にする

　外部講師が勤労者だった場合には，事業主からの理解を得る必要があるが，その手だてをどうするか。

1　学校側の対応をはっきりさせる

　学習の意図をはっきり示し，理解を得なければならない。その手だてとして以下の5点が大切である。
- 教育方針について理解を得る
- 日程を調整する
- 文書で依頼する
- けが等が起きた場合の対応をはっきりさせる
- 謝礼について伝える

　学校の教育方針について話をするとともに，学習の必要性と講師の必要性について伝えることが大切である。できれば，講師の上司を交えながら学校長とともに交渉に当たることが望ましい。

　打ち合わせもたびたびできるわけではないので，日程を調整する必要が出てくる。相手方の勤務終了時間に合わせて行ったり，休み時間や休日を利用したりするなどして，相手方が負担にならないように心がけなければならない。また，こちらから出向くなど，細かな配慮が必要となる。

　おおまかな日程の調整ができたのなら，次に学校側から，事業主宛てに文書を送り，依頼する。口約束だけではなく，正式に依頼する必要がある。また，けが等が起きた場合の対応（本校ではボランティア保険に加入）や謝礼についても伝えておいたほうがよい。

2　学習時間を工夫する

　3月上旬に計画される6年生の総合的な学習，「夢を語ろうの会」では，自分の生き方を見つめるために，夢をもって働く人に焦点を当て，じっくり話を聞く学習場面を設定している。この学習では，勤労者の方に来校していただいて学習を進める場合が多い。そのため，学習時間を午後7時～8時30分としている（その日は，子どもは学校に宿泊することになっている）。こうすることによって，講師の方も来校しやすくなると思われる。

夢について教えてください

3　つながりを大切にする

　学習後は，子どもたちの学習成果を伝えることも忘れてはならない。また，講師としての意見や感想についても聞きたいものである。

　今後も快く来校していただくためにも，子どもや学校からのお礼の文書を送ることも心がけていく必要がある。細やかな心配りが，事業主の理解を得ることにつながり，今後の教育活動にも，積極的に支援していただくきっかけになるのである。

（鬼頭　学）

D 人材活用

Q24 地域の教育ボランティア

地域の教育ボランティアを学校づくりにどう活用するか。

point
1 学校づくりと地域の教育ボランティア
2 地域の教育ボランティアとは？
3 学校づくりとは？
4 地域の教育ボランティアを活用した授業づくり・人づくりのあり方
5 地域の教育ボランティアを活用したものづくりのあり方

1 学校づくりと地域の教育ボランティア

「地域の教育ボランティア」は、「学習活動を学校と家庭・地域を往き来させる」こと、それにより一人ひとりの子どもに「知の総合化」を保障することに大きく貢献する。

また、「地域の教育ボランティア」を活用した授業づくりや学習環境づくり、施設・設備の充実等のあり方を工夫するなかで学校改善、学校づくりが効果的に行われる。

以下、学校づくりを促進する「地域の教育ボランティア」活用のあり方を考えてみたい。

2 地域の教育ボランティアとは？

本稿では、「地域の教育ボランティア」という表現における「地域」と「教育ボランティア」を以下のように規定している。

まず、「地域」であるが、これは学区域及びその周辺を中心として考えている。それは、時間的・空間的に、子どもが自由に往き来できる範囲がこの程度であるからである。

また、「教育ボランティア」としては、次の2通りを考えている。

・学校の求めに応じて、頻繁に協力してくださる方々（本校では、実際に授業に参加してくださるこのような方々を「ふるさと先生」と呼んでいる）
・自分の時間や都合が許すかぎり、求めに応じて協力してくださる方々

3 学校づくりとは？

「学校づくり」では、「授業づくり」を基盤とした「人づくり」が中心となる。しかし、「人づくり」としての教育を進める際、子どもたちの成長・発達に大きな影響を及ぼす教師や保護者の存在を無視できない。このため、「人づくり」では、子どもの教育のみでなく教師教育や保護者の教育も視野において考えたい。また、学習環境づくり、施設・設備の充実といった「ものづくり」や活動支援財源の確保といった「金（予算）づくり」の如何が「授業づくり」「人づくり」のあり方にも大きく影響する。本稿では、これらを含めて「学校づくり」と考えている。

4 地域の教育ボランティアを活用した授業づくり・人づくりのあり方

(1) 「ふるさと先生」と協同の授業づくり

本校では、本物にふれ、一人ひとりの興味・関心や問題意識の違いに応ずる授業づくりを工夫してきた。この中で、貴重な体験や専門性をもった地域の方々、子どもが好きで子どもたちの学習（活動）を手助けをしたいと思っている方々を「ふるさと先生」として招聘し、協同で授業づくりを工夫してきた。

「おまつり　わいわい（2年）」では、地域で行われている鹿嶋まつりを対象として、実際にお祭りの実施にかかわっている「ふるさと先生」からその由来やお祭りの様子をうかがったり、アドバイスや援助を受けたりしながら、鹿嶋船や鹿嶋人形、旗等をつくってお祭りを実施した。この活動の中で、これまで消極的だった子どもが、「ふるさと先生」に人形の作り方を聞いたり、それを友達に教えて

あげたり等の積極性が見られるようになった。
　この他にも，地域環境の調査・測定，ものづくり，昔遊び，英語遊び，福祉活動，ニュースポーツ等々において，「ふるさと先生」に参加いただき，教師とともに子どもたちの活動支援に当たっている。
　なお，「ふるさと先生」は，地域に住む人のみとは限らない。今後，インターネット環境等も活用しながら卒業生や元保護者等も「ふるさと先生」とした活動支援のあり方を追求していきたい。

(2) 周辺の機関や施設の人々との協力による授業づくり

　学区周辺の諸機関や施設の方々も，テーマや活動の種類によっては快く協力してくださる。こういう方々も大いに活用していきたい。

(3) 教師の研修の充実

　「ふるさと先生」とともに授業づくりを進めるなかで，教師も種々のことがらを学ぶ。
　まず，「ふるさと先生」の貴重な体験や専門性にふれることで，事象についての理解や洞察力が教材開発の基盤であり，事象の本質や特性を踏まえた授業づくりが大事であることを再認識する。このため，地域の歴史や自然環境等に精通しようとする自主的研修活動，研究活動が盛んになる。
　さらに，「〜時間」という依頼した時間内で活動を進めなくてはならないという制約があるため，活動にかける時間，お互いの役割分担等の見極めを適切に行う必要が出てくる。このため，学習過程を構想・実践する力も必然的に向上してくる。
　また，「ふるさと先生」は，子どもとの接し方や授業の進め方に慣れていない場合がある。このことでかえって，発言の取り上げ方やかみ合わせ方，グループやコース設定の仕方等の大事さを再認識したり，自らの専門性を自覚し，それを磨こうとするようになる。

(4) 保護者も「ふるさと先生」から学ぶ

　「ふるさと先生」とともに子どもたちの活動支援に当たることで，保護者も多くのことを学ぶ。本校では，授業のほか，PTA活動においても「ふるさと先生」や地域の人々と協同で活動を進めており，それが保護者の研修場所ともなっている。

① 救急救命講習会で学ぶ

　救急救命の最前線で活躍している「ふるさと先生」が機会をとらえて救命講習会や講話をしてくださっている（子どものみでなく保護者対象の活動も行っている）。これにより，何かあったときの適切な処置法を学ぶという現実的メリットのほかに，得意分野を生かして協力しあうことの実際的意義を感じ，お互いのよさや得意分野を生かして「共に子どもを育てよう」という機運も高まってきている。

② 地域の人々と協同の事業実践から学ぶ

　地域の交通安全や防犯体制確立のためにボランティアで活動している地域の人々とともに定期的に活動を進めている。この活動を継続する中で，その方々の地域を思う気持ちにふれ，「子どもたちは地域とともに育てるもの」ということを実感している。

5 地域の教育ボランティアを活用したものづくりのあり方

　授業づくりを共に進めることで，「〜は〜の授業で使えるのでは？」という情報を学校に教えてくれる。教えてもらったおかげで貴重な歴史的道具が処分されずに教材として再利用できるようになったこともある。郷土資料室に整理されている道具，写真，図書等はこのような協力で収集されたものである。
　このほか，子どもたちの読書環境も，地域の篤志家のご厚意で年々充実してきている。

（田口　隆，浦野　弘）

D　人材活用

Q25　継続的な支援

学校外の人材から継続的に支援をいただくためにどんなことに留意したらよいか。

> **point**
> 1　広く外部の人材を
> 2　人材確保のシステムの確立を
> 3　お手伝いではなく，協同参画を
> 4　より開かれた学校でより充実した学習を

1　広く外部の人材を

　総合的な学習には，教科書はない。つまり，何を学習するかは，各学校に任せられている。今回（平成10年）の学習指導要領の改訂では，教師の力量を試されている。だからと言って，すべてを教師が，という時代でもない。

　教師が教えられる範囲は限られた部分である。当然，外部の教育力に頼る部分が出てくる。「教師の仕事は」と問われたとき，「それは教えること」といえるのは，教科書がある学習であろう。今，教師の仕事は，すべてを教えることではなく，子どもが自ら学び取れる学習環境を構成することである。つまり，教師の仕事は，学習コーディネーターといえるのである。より充実した学習を構成するためには，外部の人材（教育力）をどう活用するかが大きな鍵になってくる。

2　人材確保のシステムの確立を

　では，実際にどのように外部の人材を活用すればよいのか，そして継続して協力していただくにはどのようにすればよいのか。

　そのポイントは，次のとおりである。

①趣旨を理解してもらう機会を意図的につくる。
②人材を確保できる組織・システムを確立する。
③実践したことを外部の人材とともにふり返り，次年度の活動に生かす。

　では，三つのポイントを具体的な実践例をもとに述べていく。

3　お手伝いではなく，協同参画を

　外部の人材には，保護者・地域の方，近隣の方等が考えられるが，本校では，多種多様な場面で様々な方々に協同参画していただいている。具体的には，運動会・学習（総合学習・教科学習）・クラブ活動・子ども祭り・特別クラブ活動等である。

(1) 運動会・子ども祭り等のイベント

　ウタスポ（運動会）・フレンドフェスタ（子ども祭り）等のイベントは，子ども主体，さらに地域交流を目的に行われている。

　外部の人材は，保護者会を中心に，地域の方々が協力をしてくれている。保護者会・学校便り等をとおして，行事の趣旨の広報活動を行い，子ども・教職員・保護者の3本柱の実行委員会を構成している。保護者はPTAの組織が母体になるが，種目決定・種目紹介（VTR）・用具準備・審判等の仕事を受け持っていただいている。担当教師が中に入り，子どもと保護者をつなぐようにしている。お手伝いではなく，主体的に支援をしていただいている。運動会当日の保護者の打ち合わせで，ある役員が「あくまでも子ども主体です。私たちは援助するだけですので……」と確認されていた。行事の趣旨を十分に理解していただく時間を取ったことで，よりよい運営ができた。

　また，イベントが終わると役員が主体になって，保護者や地域の方々にアンケートをとってくれた。その結果をもとに，次年度，地

域としては，保護者としては，こうしてほしいという要望を出す。そして，それを，役員代表・学校代表で相談し，次年度の計画に生かしている。

(2) 特別クラブ

学期に1回「地域交流特別クラブ」を実施している。開校以来6年間で15回実施してきた。このクラブは，地域の方が講師になって講座を開き，4年生以上が参加する活動である。その進め方は次のようになっている。

---

1. 学校代表と地域代表・PTA代表で構成する「特別クラブプロジェクト」で，本年度の方向性及び，講師陣を検討し，第1回の講師を推薦する。
   ⇩
2. 学校代表及び地域代表から，講師に講座開設を依頼をする。
   ⇩
3. 講師の承諾を得てから，講座内容を子どもに紹介し，希望調査を行い，参加講座を決定する。
   ⇩
4. 担当職員から，受講人数を報告し，当日の進め方・持ち物・準備するもの等を相談する。
   ⇩
5. 当日（土曜日10：30〜12：00）
   ⇩
6. お礼の寄せ書きを作成し，お土産・お礼として贈呈する。

以上のような活動であるが，学校週5日制を考え，できるだけ地域，保護者にその運営主体をシフトしていくことをねらいとして，平成11年度から，プロジェクトチームを結成した。それまでは，学校の担当職員ですべてを行っていた。

その運営を一緒に行うことで，学校のねらいを啓発し，地域が育ってくれればと願って行っている。また，学校便りをとおして，講師を募集している。それを，人材バンクとして保存していくことで，年々講師陣を充実させていくことができる。

(3) 総合的な学習への外部講師

本校の6年生総合的な学習に「卒業研究」がある。この学習は，一人ひとりがよりよい自分をつくるためにそれぞれテーマを決め，個人で追究していく総合的な学習である。

そのテーマは，スポーツ・芸術・医学・天文・歴史等多様なものになる。これまでの実践で，よりよい支援は，本物（本人）に出会うことであるとわかってきた。地域には，教師の知らない専門家が多くいらっしゃる。その方に出会えるようにと考え，地域のミニコミ誌（あるいは市や町が発行している広報誌でもよい）に，6年生全員のテーマを掲載させていただき，「直接支援」「専門家を知っていて紹介」「紹介場所を知っている」等の区分にし，子どもへの支援を依頼した。その結果，約2割の子どもへの支援申し入れがあった。また，学校のホームページにも同じように紹介をしたことで，卒業研究の内容はより充実したものとなった。

4 より開かれた学校でより充実した学習を

学校ができることは，より開かれた学校を目指し，教育内容を地域に知らせ，教育方針を啓発していくことが大きなポイントである。そのために，本校では，学校便りを保護者だけでなく，地域全戸（お店・病院・銀行等を含め）に配布している。ある喫茶店では，学校便りをファイリングして，お客にも紹介してくれている。

継続的な支援をいただくことは，逆にマンネリ化を招く恐れがある。今後の課題としては，常に子どもたちのニーズに応えた人材を求めていくこと，そして弾力的に人材確保できる組織を編成していくことである。

（三浦信宏）

E　保護者や地域の協力

Q26　保護者や地域の理解

保護者や地域の総合的な学習についての理解をどのように図るか。

point
1　求められる丁寧な説明
2　"学力は大丈夫です"
3　授業を公開する
4　子どもを育てることを通して

1　求められる丁寧な説明

　総合的な学習の時間について保護者や地域社会の人々の理解を深めるにあたって，まず，"丁寧な説明"ということが基本的に踏まえられなければならない。

　まずは，この総合的な学習の時間が，○何をねらっているのか　○どのような能力を育てようとしているのか　○どのようなことをするのか　○評価をいかにするのか　などについて保護者や地域社会の人々に理解できるように，わかりやすい言葉で説明する必要がある。

　そのためにも，学校は総合的な学習の時間をめぐって情報戦略をもち，そのもとに情報発信に工夫を凝らすことが大切である。すなわち，しかるべき懇談会や学校通信などを通して，この時間に関する情報を様々に発信していくことが求められる。

2　"学力は大丈夫です"

　ところで，総合的な学習の時間について保護者や地域社会の人々がマスコミを通してもっている情報は，どちらかというとマイナスイメージを増幅させるものであるかもしれない。その典型が，総合的な学習の時間は学力を低下させるのではないか，というものである。

　この保護者や地域社会の人々の心配に対して，「うちの学校の総合的な学習の時間は学力を低下させません。大丈夫です」とか，「うちの学校の総合的な学習の時間はマスコミのいうようなことにはなりません」と，言えるようにしておくことが大切である。

　そこまで言うのは，と躊躇する学校もあるかもしれない。しかし，そのためにこれまで時間と労力を費やして準備を重ねてきたはずである。学校は総合的な学習の時間に向けて進めてきたこれまでの準備の経過と，計画している教育活動の概要を自信をもって保護者や地域社会の人々に対して説明してほしいものである。

3　授業を公開する

(1)　授業の公開を通して総合的な学習の時間を説明する

　一方，総合的な学習の時間については，いろいろ言葉で説明しても理解が深まらないところもあるに相違ない。保護者も地域社会の人々も授業イメージをもっていないことが考えられることからして，実際に総合的な学習の時間の授業を観てもらうことが，総合的な学習の時間について理解を得るうえで最も適切な手段といえよう。

　ただし，授業を保護者や地域社会の人々に対して公開するといっても，ただ見せればよいというものでもない。そこには，学校としてのねらいや配慮が必要である。すなわち，授業参観の申し出があれば，いつでも，どの場面でも応じる基本的な姿勢がほしい。いつでも受けて立とうとする気構えと心意気を大切にしたい。

　とはいうものの，保護者や地域社会の人々

に対してどのような総合的な学習の時間の場面を見てもらうかについては，学校として方針をもって臨むべきである。

そこで，この点に関連して，ある学校のケースを次に紹介しておきたい。

(2) ある学校の授業公開

ある学校では，保護者に対して総合的な学習の時間を公開した。それは，グループごとに調べた内容について紹介するというもので，保護者は校舎内を巡りながら，発表を行っているコーナーを見つけると足を止めて見たり聞いたりするという形式の授業であった。

各コーナーは，ビデオ発表あり，紙上発表あり，実際に実験が行われたり，さらに，人形劇や紙芝居を制作して自分たちの主張を訴える活動も見られ，多彩であった。

しかし，時間の経過とともに，文化祭に際して生まれるような雰囲気が全体を支配するようになり，どことなく締まりに欠けるものとなっていった。参観者も各コーナーを回って子どもたちの発表や資料を読むのだが，どことなく所在なげであった。

この間，教師が子どもたちに目立った指導をすることもなく，また，保護者に対して説明をするということもなかった。そして，教師の存在も見えないまま，ただ子どもたちが行ったり来たりする状態になってしまった。

この一連の推移を見つめていたある保護者は，不満気に「何か文化祭みたいだ」とつぶやいた。総合的な学習の時間を，このようなかたちで保護者に公開することはどうなのか，と疑問をもちつつ校舎内を移動していた筆者にとって，この保護者の呟きは深く印象に残るところがあった。

同校は，総合的な学習の時間について他校に決してひけをとらない取り組みを進めてきた学校である。その意味で，保護者への授業公開の顛末は意外な結果をもたらしたと言わねばならず，まさに九仞の功を一簣に欠くといったところである。すなわち，保護者への授業公開に学校としての方略が十分でなかったということである。

(3) 否定的な印象をもたれることへの警戒

いずれにしても，保護者や地域社会の人々に対して総合的な学習の時間をアピールする仕方は様々にあるはずである。発表会形式だけが授業公開に適した手法ではない。それぞれの学校に工夫が必要である。とにかく，総合的な学習の時間に対するマイナスイメージをもたれることに警戒を払うべきである。冗長な締まりのない授業を見せることによって，「総合的な学習の時間はこんなものなのか，この程度のものなのか」という否定的な印象を保護者にもたれることを極力回避しなければならない。

4 子どもを育てることを通して

総合的な学習の時間が保護者や地域社会の人々の支持を得られるか否かは，子どもしだいであるといってよい。子どもに力が育てば，保護者や地域社会の人々の総合的な学習の時間を見つめる目も変わってくるはずである。

仮に丁寧な説明にやや欠けるところがあったにしても，子どもが力をもって育ってくれば，保護者や地域社会の人々は総合的な学習の時間の積極的な支持者となるであろう。

しかし，しかるべき力が子どもに育たなかったならば，この時間は厳しい局面に立たされることになるであろう。

自ら課題を見つけるところに総合的な学習の時間のねらいがある。この点に関連する力を育てること，ここに理解を得られるポイントがあると言わねばならない。

（天笠　茂）

E 保護者や地域の協力

Q27 保護者や地域の思いや願いや要望

学校教育に対する保護者や地域の思いや願いや要望などをどのように汲み取っていけばよいのか。

point
1 保護者・地域の人々の思い・願い・要望と教育活動
2 思い・願い・要望をどのように汲み取っていけばよいのか
3 事例に見る

1 保護者・地域の人々の思い・願い・要望と教育活動

「総合的な学習の時間」が創設されたことで学校と家庭・地域を往き来する学びの創出がしやすくなった。この時間を活用し、教科学習と関連させながら、「生きてはたらくゆたかな学び」を創っていきたいものである。

さて、このような学校と家庭・地域を往き来する学びを創出していくためには、子どもの思い・願いを汲み取ることと併せて保護者・地域の思い・願い・要望を汲み取っていくことが必要不可欠となってくる。それは、このような思い・願い・要望には、家庭や地域における子どもたちの現状、それを踏まえて子どもたちに望む姿等が反映しており、これらを種々の視点から評価・検討することで、「何を」課題として「どう」取り組めばよいのかが明確になってくるからである。

学校が保護者・地域の思い・願い・要望を適切に汲み取りながら教育活動に生かしていくことの意義は大きい。思い・願い・要望の汲み取り方・生かし方の如何によって、保護者・地域の信頼を勝ち得ることができるか否か、以後の教育活動が展開しやすくなるか否かが決まってくるからである。

2 思い・願い・要望をどのように汲み取っていけばよいのか

(1) 機会や組織を生かして

保護者や地域の人々の思い・願い・要望を汲み取ることができるのは学級担任や管理職ばかりでない。教科担当、T.T担当等、学校職員全員にその機会はある。学級担任であれば、PTAや家庭訪問の折のみでなく、連絡帳のやりとり、学校での子どもとの会話等をとおして保護者の思い・願い等を汲み取ることができる。また、他の職員も、PTAや地域の諸団体の会合、地域団体主催の各種事業やイベント等で保護者・地域の人々の思い・願い・要望にふれることがある。保護者・地域の人々の思い・願い・要望を適切に汲み取るため、分掌組織を生かし、連絡を取りあって学校全体として対応したいものである。

(2) 保護者・地域の思い・願い・要望は学校からのアプローチでより具体化する

「基礎学力を確かなものにしてほしい」「地域の発展に貢献する人間に育ってほしい」等々、保護者・地域の人々が子どもたちに抱く思い・願い・要望はすべて切実である。教育現場で日々子どもとかかわる私たちは、一人ひとりの子どもの現状に即してこのような思い・願い・要望の実現を目指して取り組んでいる。

しかし、保護者・地域の人々の目から見たとき、子どもたちの現状が満足できる水準にないと見えたり、力を入れる点がずれていると見えることがある。子どもたちの置かれた状況や成長・発達の個人差等について、現状認識やその評価の仕方が異なっていたり、子どもの成長・発達についての教育的経験・知見が不足したりしていることからくるものである。

「子どもから」を大事にし、「子どもの学び

の必然性」に依拠して学習を進めていく「総合的な学習の時間」においては，このような認識の相違が生ずる可能性があるため，とくに配慮が必要である。

このため，以下の点を中心として，保護者・地域の人々の思い・願い・要望と子どもの現状のずれを解消し，相互理解を促進する取り組みを進める必要がある。このことで，「～であってほしい！」という思い・願い・要望がより具体的・現実的なものとなり，教育活動に生かしやすくなってくる。

① 保護者・地域の人々の授業や授業づくりへの参加のあり方
② PTA活動のあり方
③ 広報活動のあり方
④ 地域の諸組織との効果的な連携のあり方

これらの工夫により，次のことがらがわかるようになり，思い・願い・要望も子どもたちの現状に即した具体的なものとなってくる。

- 子どもの育ちには個人差や段階があり，一挙に望むかたちにはならないこと（長期的な展望とステップが大事なこと）
- 様々な個性や特性をもった子ども相互のかかわりの中で子どもは育っていくこと
- 子どもには育つ力があり，たくましいこと
- 保護者相互の信頼と協同のなか，地域の人々に目や声をかけられたりして育つことで，心ゆたかな子どもが育つこと

3 事例に見る

(1) 子どもがわかった！ 地域がわかった！

「川しり 大すき ——はる・なつ・あき・ふゆ」（2年）では，折々の自然が残っている神社の境内や公園で，季節を実感しながら自然を利用して思う存分，遊ぶ活動を大事にした。それぞれの季節で，「ふるさと先生」や保護者に入っていただいて，子どもたちの活動欲求を満足させるように工夫した。

このなかで，保護者は「子どもでも～ができるんだ！」とか「こんなこと考え出すんだ！」とびっくりしたり，「そうか！ ～やったことなかったものね……」等，子どもたちのものの見方や考え方，体験の現状等についての理解が深まった。この体験は，後の授業参加の機会に生きることになる。子どもたちの活動を効果的に支援してあげようと，「～を準備しておけば子どももわかりやすいんじゃないの？」とか「～はちょっとむずかしいだろうけど，～ならいいのでは……」等，活動支援のため，子どもたちの実態に即したかかわりを工夫できるようになるのである。

また，一生懸命子どもたちのために準備したり，一見無理と思われる子どもたちの欲求にも丁寧に応じている「ふるさと先生」の姿を間近に見て，地域の子どもを大事にする「川尻の心」を感ずることもできた。

(2) これがPTA活動なんだ！

子どもたちに，「思う存分，友達と遊ぶ体験を味わわせたい！」という思いや願いをもつ保護者や地域の人々が集まって「川尻っ子 夢祭り」を企画した。学校と共催で，学校全体を使って思う存分，遊ぶイベントである。

この活動を進めるうち，最初は義務感でやっていた保護者が，子どもたちの笑顔を楽しみに生き生きと活動する他の保護者や「ふるさと先生」の考え方や生き方にふれ，「こんな人がいるんだ！」と感動したり，お互いのよさや得意を生かしながら共に子どもを育てることの意義や必要性を実感したりしていた。

このような活動は，地域の諸団体の人々と共に進める交通安全や防犯のための活動等とあいまって，保護者や地域の人々の思い・願い・要望を，より子どもの現実に即した具体的なものとすることに貢献している。

（田口　隆，浦野　弘）

E　保護者や地域の協力

Q28　「学力の低下を招く」のか

> **point**
> 1　問題はどこにあるか
> 2　基礎学力とは何か
> 3　教科と総合的な学習との関係
> 4　総合的な学習のねらいを明確に

「基礎学力の低下を招くのではないか」という意見に対して，学校はどう答えればよいのか

1　問題はどこにあるか

　総合的な学習は，基礎学力の低下を招くのではないかという懸念は強い。その懸念は保護者だけでなく，教師の中にもある。行きつくところ，総合的な学習不必要論，廃止論さえ出されている。

　その懸念を生み出す理由としては，いくつかある。その一つは，総合的な学習がどんな学習であり，何をしているのかよくわからないという事情がある。教科の学習は保護者自らが経験があり，また組織的，系統的であるためわかりやすい。ところが，総合的な学習は，体験的で問題解決的な子ども主体の学習であり，しかも長時間で単元が構成される。したがって，ある場面だけを見ても，何をしているのかわからず，どんな力がついているのか判然としないため，不安が生まれる。

　その二は，総合的な学習が設けられたことにより，完全週5日制の実施とも相まって，教科等の学習に充てる時間が大幅に減少し，これでいいのかという懸念がある。この場合の基礎学力は，教科で育てていた学力であり，もっといえば，国語，社会，算数，理科にみられる学力を指していることが多い。総合的な学習を設けたばかりに算数の学習の時間が減り，力がつかないという批判である。

　その三は，基礎学力を「知識・技能」ととらえる人のいだく懸念である。つまり，総合的な学習は，外界の事物，事象を認識した結果としてのわかった知識の技能（内容知という）を直接的に扱うのではない。外界の事物・事象をどうとらえるか，どう迫っていくかという学びの方法（方法知という）を重視する。もちろん，その学びの過程や学びの結果として，知識や技能を獲得したり，つくり出すことは当然にあり得る。このように総合的な学習が，直接的に知識や技能を覚える学習でないことから，基礎学力の低下という懸念が生まれてくる。

2　基礎学力とは何か

　このように保護者の懸念といっても，一様ではない。とくに，基礎学力とはいっても，それをどうとらえるかは一様ではない。それだけに，基礎学力をどうとらえるかが，保護者に説明し，答える際の前提となる。

　学力のとらえ方としては，平成12年12月に出された教育課程審議会答申「児童生徒の学習と教育課程の実施状況の評価の在り方について」における考え方が公に出された最新のものといえよう。そこではこう述べている。

　「学力については，知識の量のみでとらえるのではなく，学習指導要領に示す基礎的・基本的な内容を確実に身に付けることはもとより，それにとどまることなく，自ら学び自ら考える力などの『生きる力』がはぐくまれているかどうかによってとらえる必要がある」

　つまり，知識や技能さらには意欲や思考力，判断力，表現力といった基礎的・基本的な内容をもって，基礎学力ととらえている。これ

らの基礎学力にとどまらず，それに支えられ結びつけて自ら学び自ら考える力などの「生きる力」をはぐくむことが学校教育の到達目標であり，それが生涯学習社会での基礎・基盤をなしているわけである。

　総合的な学習は，この生きる力をはぐくむうえで一層重視される教育活動と位置づけられているわけである。基礎学力が生きる力かという対立の関係にあるのではない。基礎学力が十分にはぐくまれていなければ，生きる力もはぐくむことができないという相互に支え合う関係としてとらえられている。

3　教科と総合的な学習との関係

　このことは別の言い方をすれば，教科等における基礎的・基本的な内容が確実に身についていなければ，総合的な学習は成立しないことを意味する。さらに総合的な学習で生きる力をしっかり身につけていなければ，激しく揺れ動く社会の荒波を，自分の力で泳ぎ切っていくことができないことを意味する。

　教科等ではぐくまれる知識や技能，思考力や判断力，表現力をもとに，すべての教科で学んだ知を総動員し（知の総合化），今日の社会の問題に挑戦し，その解決に努力する（知の実践化）ことが求められている。そのような生きていくうえでの力となるために，逆に基礎学力が重視されているわけである。

　知識の量をたくさん獲得しただけで，学んだというわけではない。それが生きる力に結びつかなければ，何のために学んだのかということになる。もちろん，生きていくうえで必要な基礎的・基本的な内容が，教育課程の中で欠けていたとしたら，それは改めなければならないし，生きる力は砂上の楼閣化してしまう。

　基礎学力と生きる力，あるいは教科と総合的な学習とのこの両者のとらえ方を十分に保護者に説明し，総合的な学習のためには教科での基礎的・基本的内容の充実を一層図り，それが一人ひとりの子どもの基礎学力として十分に身につくように，授業の改善を図っていることを理解してもらうように努めることが肝要である。

4　総合的な学習のねらいを明確に

　「最近，近くの小学生が河原でぶらぶらして遊んでばかりいるが，一体，この学校は何をしているのでしょうか」といった電話が，地域住民から教育委員会によくかかるという話を聞いた。おそらく，そこには誤解があり，しかもこの学習は総合的な学習の場面だと思われる。

　総合的な学習は，一見，子どもが遊んでいるように見られやすい。したがって，「遊ばせるより習わせろ」と，そんな時間があったら漢字の書き取りや算数の計算ドリルでもやらせたらどうだということにもなる。

　この誤解を解くことは，学校にとっては頭の痛いところでもある。したがって無視しがちになってしまう。しかし，それはかえって保護者や地域の人々の懸念を増幅させる。

　言葉で説明することの難しい学習であることから，大事なことは，実際の学習の場面を地域の人や保護者に見てもらいながら説明することにある。それ以上に学校支援ボランティアあるいはゲストティーチャーとして，実際の授業に参画してもらい，協力して総合的な学習を展開してもらうことが意義深い。

　もう一つ重要なことは，総合的な学習のねらいをシャープにすることである。この単元を通して，子どもにどんな力をつけようとしているのか，それを支えるのに教科の力がどのように支えているかをしっかりとらえ，そのことを説明することが不安や懸念を払う契機となる。

（児島邦宏）

E　保護者や地域の協力

Q29　保護者や地域との協力体制

> **point**
> 1　透明性をもたせる
> 2　困っていることを伝える
> 3　保護者会へ積極的に参加
> 4　行事を共に主催する
> 5　ボランティアバンクの設置
> 6　地域紙との連携を図る

学校と保護者や地域との協力体制をどのようにつくっていったらよいか。

1　透明性をもたせる（学校便り1）

学校外との協力体制を築くには，まず，学校がガラスばりでなければならない。そのためには，常日頃より学校の様子を伝えることが大切である。効果的な手段として無理のないのは「学校便り」ではないだろうか。

本校では，月々の行事等のねらい・経過・反省や，時事の問題に関しての学校の考えを，3500世帯すべてに伝えるようにしている。

全世帯が集合住宅であり，集合ポストが設置してあるため，便りの配布に都合がよいという事情はあるが，他地域でも自治会等の回覧板を利用させていただくような工夫で伝えることが可能である。

社会の出来事に対する意見，教育課程の実施に関して考えていることや活動内容に関して内情を明らかにしておくことは，地域の信頼を得ることにつながる。この信頼感が，協力を得るうえで土台になると考える。

各学年で実践している総合的な学習の活動の様子について伝え，どのような協力を得たいのかを明らかにしていくことも必要である。「総合的な学習」への協力という，教育課程の一分野で，学校からの一方的な依頼だけでは，保護者や地域の信頼を得られず行き詰まることになる。

2　困っていることを伝える（学校便り2）

不審者の出現に対する対策への協力願いや子どもの遊びに対する地域からの苦情への回答等，よいことだけでなく，保護者や地域の協力を得なくては解決できないことを，あえて取り上げる勇気も必要である。

どの地域でも起きている問題を率直に認め，協力を呼びかけ，共に考えていく姿勢を示すことは，学校の敷居（多くの保護者は高いと感じている）を低くし，学校へ来やすい雰囲気をつくる。

地域へ出かけて行きお世話になる場合もあるが，多くは来ていただくことになる。

ポーズではなく，学校は行きやすい場所であると感じていただくことが，協力をいただく糸口になる。

3　保護者会（本部会）へ積極的に参加

保護者の中で，学校に関心をもち，協力する姿勢を見せてくださるのは，組織の中心となる方々である。

便りでは述べ切れない学校の現状を伝え，協力を依頼することも度々である。この席に加わる校長・教頭・教務がどのような内容をどう伝えるか。一方，保護者の要望をどう把握するかは，協力をいただくうえでの大きな鍵となる。

関係学年からの便りだけでなく，この席で，総合的な学習の発表会への協力や参加を呼びかけると，全校的に保護者の関心を呼ぶことができる。このようにして，子どもの学びの姿を見ていただくことが，次への協力への発展となる。

4　行事を共に主催する

異学年集団活動を取り入れている学校は多

い。一部では保護者と連携して行う行事もある。ここでの問題は、子ども・学校（職員）・保護者が、役割を事前にどう分担するか、共通理解が図れる場をどのように設けているかである。

学校が大枠を決め、その中の部分を保護者に任せるのと、はじめから企画全体に関して、知恵を出し合うのとでは大きな違いがある。

企画そのものを共有することが一体感をもつことになり、協力への土壌を育む。

本校では、春の「ウタスポ」（地域参加型スポーツフェスティバル）と秋の「フレンドフェスタ」（異学年グループを中心とする地域交流フェスティバル）の2大行事があり、先ほどの方針で、「行事専門部」を窓口に保護者会の協力を仰いでいる。いずれもお手伝いという役割があり、役員以外に多くの参加者がある。

これらはボランティアであり、随時希望を取っている。かかわりながら行事の目的等を肌で感じていただくよい機会である。

5　ボランティアバンクの設置

本校では、保護者・地域の方から学ぶ「地域交流特別クラブ」があり、講師登録表を作成している。このクラブで協力をいただいている方が、総合的な学習でも先生となって来校される。

地域や保護者から協力を得るには、日頃から協力いただける組織が必要である。学校への協力の基盤づくりとしても、このような場をとおして子どもの実態をつかんでいただくうえでも効果的である。

この際、気をつけたいのは、このような講師は専門的な知識や技能が必要だと思い込み、尻込みされる方が多いことだ。本クラブ自体を公開し、実態を見ていただくことが解決の早道と考え、現在も広報活動に努めている。

地域交流特別クラブの活動

6　地域紙との連携を図る

個々が問題を探し、原則として個で解決する総合学習（本校の分類でいう「うたせ学習C」の一形態）では、ある程度以上研究が進むと、教師では指導助言できなくなることが多くなる。このような場合、どうしても専門的な知識をもつ方の協力に頼らざるを得ない場合が出てくる。

近年、地域のミニコミ紙が見かけられるようになっているが、このような地域へ開かれた紙面を利用させていただくのも一つの手である。本校の所在する幕張ベイタウン街にも『ベイタウンニュース』というローカル紙がある。

平成11年度の「卒業研究」では、10月号に6年生全員の「研究テーマ」「これまでの取り組み」「これからの重点」「協力をいただきたい方の職業や特技」を掲載していただいた。その後、学年主任が窓口になり、支援してくださる方の一覧表を作成した。

子どもたちが訪問したり、来ていただき協力を得ることが多く、たいへんありがたかった。

（林　廣明）

E 保護者や地域の協力

Q30 地域の特性のとらえ方

地域の特性をどのようにとらえればよいのか。

> **point**
> 1 伊那小学校の基本的な立場
> 2 地域の特性は子どもが自らとらえていくもの
> 3 事例（5年生）「安全でおいしい米を目指して」の学習の中で

まず，誰がどのような目的で地域の特性をとらえるのかの視点で，立場が大きく変わってしまう。

1 伊那小学校の基本的な立場

子どもは学びをとおして育つ。その学びの真のエネルギーとなるのは，子どもの内からの求め（願い）である。

本校では，教育を，子どもが抱いた求め（願い）に基づいて構築しようと努力している。外からの押しつけでなく，子どもの内から発したものによって，学習を成立させたいと願っている。

子どもの内なるエネルギーを豊かにし，その発現と伸長を図る。

ここに掲げた「内なるエネルギー」とは，子どもたちが事物や事象に出会ったときに生まれる「〜したい」という求め（願い）である。そのエネルギーをもとにして自ら課題に立ち向かい，追究していける子どもたちを育てたいと思う。そして，子ども一人ひとりが，追究をとおして「生きてはたらく力」を身につけていってほしいと願っている。

2 地域の特性は子どもが自らとらえていくもの

子どもが自ら求め追究する地域の学習材は，教師が地域の特性を知って，そのとらえに沿って学習を仕組むというのではない。あくまで子どもたちの学びの道筋で必要になったとき，言い換えるならば，子どもの必要感・切実感が生まれたときに地域の特性（人・物・事）がはっきりとしてとらえられてくる。

もちろん，教師が教材研究として，地域の特性（人・物・事）をとらえておくことは重要であるが，これは子どもの内から育つ歩みの中で問われてこないと，子どもにとって生きて働く力となりえないと考えている。

3 事例　5年生の「安全でおいしい米を目指して——無農薬・有機栽培の米作りへ挑戦——」の学習の中で

(1)「地域の中に有機栽培でおいしい米を作っている小川さんがいることを知り，自分たちも有機栽培でおいしい米を作って売りたい」と願った子どもたち

どんな米を作ったらよく売れるか，農協や米屋，買い物をしている人に聞いて調べた。

もち米はうるち米より高く売れる。米の種類では，コシヒカリやササニシキが高く売れることがわかる。米の作り方を近所の農家の人に聞いたりした。

どんな世話をすればいいかが問題になり，「小川さんは有機農法に詳しいので，農薬や化学肥料がよくないことを知っている。だから，小川さんに聞いてみたい」との意見から小川さんに話を聞いたり，地域の農家や農協などに調べに行ったりした。

農薬や化学肥料をまくか，それとも無農薬・有機農法にするか，調べ活動を続けた。

何軒も農家を回って話を聞いたり，米屋や精米所に行って米を売る側に立って調べたり，自然食品の店に行って，インタビューをした

り，市の図書館に行って化学肥料や農薬の害を調べたりした。

「安全ということで有機農法でいいと思う。でも，本当にうまく育つか心配だ。もし，病気になったり，うまく成長しなかったら農薬や化学肥料をまいたほうがいいと思う」などの意見が出され，無農薬・有機農法で安全でおいしいお米を目指すことに決まった。

育ちの遅れが目立ったとき，どうすれば育つのか，農家の人（小川さんも含む）や家の人に聞いてきた。

苦労して育てた米を手で刈り取り，「脱穀も，せっかく自分たちで育てたのだから，手でやりたい」と考え，脱穀の方法を家の人に聞いたり，郷土室へ行って昔の道具を調べたりした。こうして穫れた自分たちの米は農薬を使った米よりおいしいことを実感した。

(2) 「今度は家の人や農家の人，町の人たちにも安全でおいしい有機米を食べてもらいたい」と願い，追究は2年目に進む

自分たちの米に自信をもった子どもたちは，自分たちの有機米を食べてもらったり，安全性を知ってもらったりすれば，無農薬・有機農法で米作りをしてくれる農家が増えるのではないかと考え，農家を回り，アピールして歩いた。地域の農家33軒のうち，3軒が有機農法に変わり，22軒が減農薬に努める，8軒は今のやり方を変えるつもりはない，との意見をもらった。

農家の方で有機農法に転換しない理由は，収穫が少なすぎて生活できない，手間がかかって高齢者の方や兼業農家には合わない，味はあまり変わらない，本当に安全なのかわからない，など厳しいものであった。

今年（平成12年）は小川さんに教えてもらいながら苗作りから始め，アイガモを放す方法で稲作りを続けた。収穫が終わると今年の成果をまとめ，農家の人に無農薬・有機農法のよさをアピールした。今年は6軒が有機農法に変わってくれた。

(3) さらに子どもたちは「消費者は本当に有機米を求めているのか」を調べる

そのなかで，輸入米の問題にぶつかり，食料事務所の下平さんに説明してもらった。子どもは，農協，農林水産省，農家，インターネット，図書館資料で調べて，これからの日本の農業はどうすれば外国の米に負けないでやれるかを考え，まとめた。これを農協，農林水産省，農家，食料事務所の下平さんなど地域の方に配って理解を求めていった。

(4) 事例より示唆されたこと

このように，地域の特性は子どもの内からの学習の基盤の上に自然と具わってくるともいえるし，地域の特性の把握は学習の中で深まるともいうことができる。さらに，地域に働きかけることにより地域を共に創造する力ともなりうることがわかってきた。

(浦野紀和)

地域の方に自分たちの考えをアピールしていく子どもたち

F　学習環境

Q31　意欲を喚起する学習環境

総合的な学習への意欲を喚起する学習環境をどうつくるか。

> **point**
> 1　意欲を喚起する学習環境とは
> 2　「学習意欲を刺激する環境」
> 3　「自主的・主体的な活動を促進する環境」

1　意欲を喚起する学習環境とは

　総合的な学習への意欲を喚起する学習環境として、ここでは、「学習意欲を刺激する環境」と「自主的・主体的な活動を促進する環境」の二つの側面で考えたい。

　前者は、現在子どもたちが取り組んでいる、あるいは、取り組もうとしているテーマへの興味・関心を高めることにより、その課題追究への意欲を向上させるというもの。例えば、地域の祭りを総合的な学習のテーマとして取り上げた場合、地域の祭りに対して個々の興味や関心が高まるような学習環境を設計する方法である。

　総合的な学習では、大テーマのもと、個別あるいはグループ別に課題設定を行うことが多くなる。そうすると、各テーマに対する子どもたちの興味・関心には差が生じる。また、国際・環境・福祉・健康などの現代的諸課題といわれるテーマを取り扱うことも多いが、それらの広域な課題をとらえようとしても子どもたちの知識は浅く、はじめから興味や関心を示す子どもは多くない。そこで、学習中のテーマにかかわる展示コーナー、体験コーナー、掲示物などの環境整備を進めることで具体的なイメージを抱かせたり、その雰囲気を感じさせたりするのである。取り扱うテーマは学年によっても、時期によっても変わることが予想されるため、一時的な環境として設置されることが多くなる。

　後者は、子どもたちの多様な活動に応じるための学習環境を積極的に整備することで、より自主的・主体的な活動を促進しようとするもの。自主的・主体的な活動が促進されることで総合的な学習への意欲も喚起される。

　具体的には、①校内のメディア環境の整備（図書室の整備、メディアコーナーの設置、ネットワークの整備等）、②オープンスペースや空き教室の活用法の検討（ミニ博物館・資料館、教科ゾーン等）、③学校内外の学習の場の整備（栽培園・中庭などの活動空間の整備、地域マップの作成等）、④外部人材の活用法の検討（外部人材の発掘・募集、人材バンクづくり等）などがこれに当たる。

　こちらは、どんな活動にも対応できるように、常時的な環境として設置されることが多くなる。

2　「学習意欲を刺激する環境」

　では、学習テーマに対する興味・関心が高められるように、どのような環境が構成されているのか、先進校の事例を紹介する。

　京都市立御所南小学校では、各学年が取り組んでいる大テーマに合わせて、1階には「しぜんゾーン」、2階には「ふるさとゾーン」、3階には「ふれあいゾーン」を設置している。

　各ゾーンは、さらにいくつかのコーナーに分かれている。例えば、「ふるさとゾーン」は、「むかしのくらし」「お祭り」「伝統産業」のふるさとをキーワードにした三つのコーナーからできており、ちょっとしたテーマパークのような様相を呈している（平成11年度）。

写真1は、そのうちの「お祭りコーナー」の一部であるが、色とりどりに飾られた御輿がお祭りの楽しい雰囲気を醸し出している。節目ごとに、子どもたちの作品や感想などの学習記録も追加され、当該学年にとっては刺激を受けると同時に内省を図る場にも、他学年にとっては「ぼくらもあんな学習がしてみたい」といった次の活動への刺激を高める場にもなっている。

写真1　お祭りコーナー（御所南小）

3 「自主的・主体的な活動を促進する環境」

　メディア環境を例にとるが、ある課題を追究するために、図書資料だけで追究するのと図書資料も含めて新聞や CD-ROM、ホームページ、電子メールによる情報収集、地域の人や保護者への聞き取りなど、様々な方法の中から個々に応じた方法を選択しながら行うのとでは、子どもたちの活動に変化があり、ひいては、活動意欲にも差が現れるだろう。

　そういうことを踏まえると、コンピュータ、ネットワーク、視聴覚機器といったハード面の整備はもちろん、多種多様な図書資料やビデオ教材をそろえたり、新聞、パンフレット、写真などの子どもの学習に役立ちそうな資料を蓄積していくことも重要である。

　さらに、それらのメディアは開放され、子どもたちがいつでも自由に閲覧したり、活用できるようになっていることが大切である。コンピュータ室や図書室に鍵がかけられている学校と印刷機やコピー機など今までの学校教育の常識では先生だけの道具とされてきたものまで使えるようにしている学校とでは、明らかに子どもの主体的な取り組みに差が現れるものと思われる。

　写真2は、和歌山大学附属小学校の「総合メディアセンター」である。ここには、コンピュータ、図書、新聞、ビデオなどのメディアがコーナーごとに配置され、情報収集・加工・発信する過程で、多様な作業がこの場所でできるように工夫がなされている。また、休み時間や放課後は子どもたちに開放され、コーディネーターと呼ばれる先生が子どもの自主的な活動をサポートする体制も整えている。恵まれた環境の中で構成されているものであるが、学習環境整備の考え方としては、参考にしたい事例である。

写真2　総合メディアセンター（和歌山大附小）

　ここでは、メディア環境の整備に絞って「自主的・主体的な活動が促進される環境」の例をあげたが、このように子どもの多様な活動に応じる学習環境という視点で、オープンスペースや空き教室の活用法、学校内外の学習の場の整備法、外部人材の活用法なども検討してみてはどうだろうか。子どもの意欲的な面が引き出されることだろう。

（成瀬雅海）

F 学習環境

Q32 個々の学習課題に対応する学習環境

point
1 バリアフリーな学習環境
2 予算的な問題
3 今あるものを最大限に生かす環境設計
4 教えるための環境から学ぶための環境へ

子ども一人ひとりの課題に対応できる学習環境をどう構築すればよいか。

1 バリアフリーな学習環境

総合的な学習において、子どもたちは実に多様な課題に取り組む。例えば、地域にある川をテーマとして扱った場合、水質に目を向けて追究しようとする子どももいるだろうし、川に棲む生き物に目を向ける子どももいるだろう。川の上流地域と下流地域の生活の違いについて追究しようとする子どももいるかもしれない。さらに、水質に目を向けた子どもたちの中でも、その追究の方法は、実験器具を使っての水質検査、聞き取りによる調査、文献による調査等、多様な方法が考えられる。

このように、総合的な学習では、個々のもつ課題や追究方法が子どもによって異なり、多様な活動が想定されるため、求められる情報や道具にも違いが現れる。しかし、これらの多様な求めに対し、従来のように事前に教師が必要なものを準備しておくことは時間的にも予算的にも不可能である。

したがって、総合的な学習における教師側の支援として重要になるのは、<u>子ども一人ひとりが自分のもつ課題を追究する過程で必要となる情報や道具を自分で考え、見つけ、活用していけるような「学ぶため」の学習環境を設計すること</u>である。言い換えれば、子どもたちが主体的に課題追究を行ううえでバリアとなっている要因を取り除き、子ども一人ひとりに応じた主体的な追究ができるだけ可能になるような環境設計を行うことが必要になるのである。

2 予算的な問題

ただ、このような学習環境整備を進めるためには少なからず予算的な問題が立ちはだかり、現実的には難しいという声も大きい。とくに、ハード面の整備には多額の費用を要するため、なかなか思うように環境整備は進まない。結果として、予算的な問題を理由に環境整備に目が向けられないということが多いのではないだろうか。しかし、その前に、まずは今あるものが有効に活用されるような環境になっているか、自校の学習環境を再点検していただきたい。コンピュータが導入されたが、ほとんど使われず眠った状態になっている学校が多いと聞く。これでは、今後、予算化され、どんなに高価なハードが導入されても今と何ら変わらない状況に陥りかねない。今あるものを最大限に生かせる環境を設計することが、バリアフリーな学習環境へもつながるものと思われる。

3 今あるものを最大限に生かす環境設計

では、今あるものを最大限に生かす学習環境をどのように設計すればよいのか。創意工夫を繰り返しながら学習環境整備に取り組んでいる福岡県の大刀洗町立大刀洗小学校の環境づくりを例に考えてみたい。

(1) 必要な情報に出会いやすくするために

大刀洗小学校は図書室横の小さな空き教室を「調べ学習室」とし、ビデオ、パンフレットなどの資料が自由に見られるようにしている。必要な情報に出会いやすくするための環

境づくりであるが，ここで特筆すべきは，これらの資料は購入したり，新たに収集したりしたものばかりではなく，一度授業で活用したものをテーマごとに整理して，再利用できるようにしていることである。一度使った資料は，その後活用されることは少ないが，このようなスペースを設けることにより，各クラスで活用した資料を共有化し，次年度にも生かしていくことができるのである。さらに，この部屋には総合的な学習等で作成された過去の子どもの作品も一部展示されており，同じような課題に取り組もうとしている子どもの参考資料になっている。

また，校内にある公衆電話の横には，各学年で必要になりそうな情報のありかやその連絡先，電話で質問するときの簡単なマナー等が書かれた「子ども用電話帳」（写真1）を学年ごとに用意している。校外にある情報も含めて，どこにどんな情報があるか，その情報のありかや検索の仕方を子どもたちに提示する参考例といえよう。これも，一からすべてを作成しているのではなく，今までの活動で協力いただいた方々を追加しながら作成しているものである。

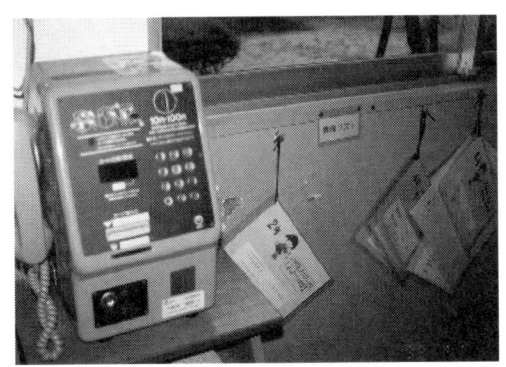

写真1　子ども用電話帳（大刀洗小）

このように，「積み上げ」という視点を環境設計の考え方の中に取り入れると，校内にある資料はもちろん，校外にある情報源の蓄積にもつながることになる。

(2) 必要な道具を活用しやすくするために

写真2は同校の家庭科室の入り口に掲示されているパネルである。このパネルには家庭科室の配置図の上に教室内にある道具の写真が貼られ，各写真の下にはその道具の名前が記載されている。必要な道具を探す場合，ふつうは鍵を取りに行って，教室を開けて各棚を探すという手順になるが，パネルが掲示されていることで，室内に入る前に道具のありかが一目でわかるようになっている。また，同様のパネルは理科室，体育館，体育倉庫，職員室など，他の特別教室や廊下に設置されている棚にも掲示されており，高学年ぐらいになると，校内のどこにどんな道具があるか大体把握できるようになる。さらに，道具の整理がよくなるという副効果も期待できる。

写真2　道具の所在を示すパネル（大刀洗小）

4　教えるための環境から学ぶための環境へ

今までは，掲示物にしても展示物にしても，教えるためのものという意識が強く，大刀洗小学校の例に見られるような学ぶための環境をどう設計するかということについてはあまり目が向けられてこなかったのではないだろうか。総合的な学習では，自ら学ぶ力の育成が大きなねらいとしてあげられている。学習環境整備についても，各校の特色を生かしながらいかに学ぶための環境を設計していくか，学校全体で取り組んでいかなければならない課題である。

（成瀬雅海）

F 学習環境

Q33 校内の学習活動の場の工夫

point
1 実践を通して考える
2 今の学校環境（スペース）を見直す
3 特別教室の利用時間を見直す
4 子どものニーズに応じて……共に考える

校内に学習活動場所をつくり出すためにどんな工夫をするか。

1 実践を通して考える

ここに一つの問いがある。

「これまでの教室，特別教室では，『総合的な学習』を行うことはできないのだろうか？　できないとしたならばなぜか？」

この問いに対して，様々な反応が寄せられるだろう。まずは，「できる」という反応。次に「できない。なぜならば，子どもの多様な取り組みを行う際に十分なスペースがないから」という反応。そして，意外に多いと思われるのが，「これまでの教室，特別教室でもできるとは思うが，子どもたちの活動を保障するうえでよりよい環境が必要になる」という反応である。この問いを読んだ先生方が，これまでどんな総合的な学習をどのように展開してきたかによって，先のように反応が異なってくることだろう。

たしかに「総合的な学習」では，子どもたちの興味・関心を大切にして，十分に活動をさせるために，活動に応じたスペースが必要になると予想される。だが，どんな活動にどのくらいのスペースを必要とし，どんな資料を配置すれば効果的なのかを最初から計算して活動場所を設定するのは無理があるし，ある意味で「総合的な学習の取り組み」とはいえないのではないかと思う。

必要なスペース，資料などは，子どもたちの活動によって決まってくる。子どもたちが活動を展開する中で，どれくらいの数のグループになって，どのように学習を進めたいかによって変わってくるものだ。そこで，実践をとおして考え，今あるスペースを工夫するということが大切になるのではないかと考えている。

2 今の学校環境（スペース）を見直す

昔の子どもは，学習机を買ってもらえず，みかん箱に手を加え，机として使ったという。現在の生活は豊かになったために，学習環境も便利なもの，快適なものを求めるようになってしまった。これは私自身の反省でもあるが，教師は「ないこと」に目を向け，今ここにある環境を工夫するという努力を怠ってしまっていないかという反省がある。

そこで，使えるものは何でも使ってみたらどうかという発想で，現在の学校環境を見直してみたらどうかと思う。

グループの数が多くなり，資料を広げたり，実験をしたりするために，教室でのスペースが狭くなったとする。そうしたときには，廊下のスペースが重要な学習場所になるだろう。日頃，授業中は廊下の利用はほとんどない。細長いという欠点を机の並び方などを工夫することで補えば，立派な学習場所に変わる（ただし，照明や気温の条件で学習ができないこともあるし，また，非常時の避難経路の関係で利用できるかどうか，検討する必要もあるが）。

このような視点で校内を見回してみよう。授業スペースとして，結構使われていないスペースが校内に存在しているかもしれない。

52

学校事情によって異なるだろうが、玄関のスペース、階段の踊り場、体育館のステージの上など利用可能なスペースが考えられる（もちろん、安全性などを十分に考慮して、学習の場として利用できるか、判断する必要はある）。

子どもたちが小グループの活動を求めた際に、教室利用のみならず、このようなスペースを学習の場としてさっと提供できるようになっていたいものである。

3 特別教室の利用時間を見直す

家庭科室、図画室、理科室など特別教室の利用は学年・学級の割り当てになっていることが多いのではないかと思う。しかしながら、専科の先生がいて、毎時間その教室での利用が通常になっている以外は、行う単元・題材によって特別教室を利用したり利用しなかったりしているのではないだろうか。このように、ある時期、使われていない特別教室（遊んでいる教室）が存在することになる。この遊んでいる教室を総合的な学習が放っておくことはない。時間によって生まれるスペースを有効利用していきたいと思う。

具体的な方法を述べる。

各学年の特別教室の単元・題材による利用の状況を1か月単位で事前に把握する。事前に調べておくことによって、どの特別教室がいつ空くかが明確になる。例えば、金曜日の3校時、3年生の理科は今月は利用しない、というようにである。

これを月単位で紹介し、何週目の何時間目の何教室が利用可能かを明示する。それを各学年が見て、自学年（学級）の総合的な学習のカリキュラムに当てはめてみる。利用可能であれば、その旨を申し出て、予約をとって使うようにする。最初は面倒かもしれないが、こうした予約システムにコンピュータを導入することにより、実現が楽になるのではないかと考える。

4 子どものニーズに応じて……共に考える

ここまで書いてきたことは、子どもたちが、総合的な学習を進める中で生まれた「このことをまとめるために広い場所がほしい」「自分たちのグループだけで練習を進めたい」「○○の機材を使って表現したい」というようなニーズに応えるための方策である。

活動が十分に行われていないときに、このような必要感を子どもたちがもたないままに、教師が先回りをして、「ここでやりなさい」「このグループはここでやって」では本末転倒である。

だから、教師が最初からスペースを準備するのではなく（先のような方法を教師はもちつつも）、子どもたちが必要とするまで、準備、提供しないようにしてみたらどうだろうか。子どもたちが学習を進めるなかで、「こんな場所で学習したい」という気持ちが出てきたところで一緒に考えてみるところから始めてみる。子どもの目で、子どもの考えで学習場所を探す。特別教室の利用情報があれば、それも活用する。このように子どもと共に探し、考えることで、学習の場が広がっていくのではないだろうかと考えている。

これは、学習の資料の提示にも当てはまる。子どもたちの問題に対して、すぐに教師が関連資料を提示し、そのなかから答えが見つかるのでは面白くない。問題を解決するためには、どんな方法があって、何で調べたらよいのかを考え、苦労してその方法を見つけだす。そちらのほうが解決の喜びが大きく、子どもたちの成長につながることだろう。一見恵まれない環境の中にこそ、総合的な学習の発展の可能性が多く含まれているのではないかと思う。

（松橋浩行，浦野　弘）

F　学習環境

Q34　校外の学習活動の場の工夫

> **point**
> 1　なぜ校外での学習活動場所が必要なのか
> 2　学習活動場所を開発していくには，どうすればよいか
> 3　有効に活用するために，どんな手だてがあるか
> 4　実践を，次年度にどう生かしていくか

校外で学習活動場所をつくり出すためにどんな工夫をするか。

1　なぜ校外での学習活動場所が必要なのか

　これまでの各教科・道徳・特別活動の学習は，学習指導要領に示されたねらいに基づいて，子どもたちがそれぞれの内容を学んでいくものであった。もちろん，その学習の過程において，校外の施設を活用しての体験的な活動が設定されている場合が多かったことは言うまでもない。

　それでは，今なぜ校外での学習活動場所が必要とされているのだろうか。それは，総合的な学習の時間において，子ども自らが課題を発見し，追究方法を考え，体験的に課題追究に当たり，学習の成果を発信していくという「学び方（方法知）」を子ども自身が身につけることが重視されているからだと考える。総合的な学習においては，子ども一人ひとりの特性や家庭環境など，生活そのものが学習のレディネスであるといえる。当然のことながら，教師が投げかけたテーマ（素材）から生まれる思いや疑問には，それぞれに違いがある。「調べたい」「やってみたい」と願う対象も，それぞれに違っていて当然であろう。

　また，急速に変化する社会の中で，情報は氾濫しているものの，子どもたちの直接的な体験は不足している状況である。核家族化・少子化傾向が強まるなかで，自分と違う価値観（人生観）をもった人と出会う機会も少なくなっている。

　以上のことから，学習の場を校外に広げ，子ども自身が個性的で豊かな体験を積むことが今後さらに大切になっていくものと考える。

2　学習活動場所を開発していくには，どうすればよいか

　「学区内に豊かな自然がなければ，環境教育は難しい」「地域に福祉施設がないので，福祉教育と言われても……」という声を聞いたことがある。

　本当にそうなのだろうか。それぞれの地域には様々な職業や年齢の人たちが暮らし，いろいろな苦労やそれらを克服するための工夫をしているのではないだろうか。総合的な学習を構想するとき，教師の見方ひとつで学習素材を発掘することができるのではないだろうか。

　そのためには，まず教師自身が地域をよく知ることである。地域を歩いて調べることはもちろんだが，次のような地域の諸団体と連携を深めることも大切だと考える。

- 地方公共団体との連携
  　（県庁国際交流課・スポーツ振興課，市役所，教育委員会など）
- 地域の公共施設との連携
  　（図書館，博物館，資料館，デイサービスセンターなど）
- 地域の各種団体との連携
  　（社会福祉協議会，地区体育協会，町内会など）
- 商店や工場などとの連携
  　（大型店やスーパー，個人経営の専門店，

町工場など）
- 各教育機関との連携
（幼稚園や保育園，隣接する小学校，卒業生が進学する中学校など）

これらの施設と連携を深めるために，ふだんから学校の情報を発信したり，学校を公開して招いたり，共催できる行事を位置づけたりすることなどを進めていきたい。

3 有効に活用するために，どんな手だてがあるか

校外の活動場所を発掘することができたら，次はいかに有効に活用するかを考えなければいけない。

一つめとしては，子ども自身が校外の方と接するためのリテラシーをもつということである。電話やファックスのかけ方やEメール上でのマナー，見学の依頼やお礼の仕方などを日常の学習活動の中で身につけることができるように配慮しなければならない。

二つめとしては，「地域素材バンク」の作成である。地域素材バンクには，次のような情報を入れておきたい。

- 名称　・連絡先　・担当者　・交通手段
- どんな体験ができるのか
- 一度に何人程度が訪問できるのか
- 施設を使用する経費はいくらかかるか
- 手洗い，トイレ等が近くにあるか

三つめとしては，校外での学習場所を見つけたり，校外の様々な方々・機関と連絡をするために，次のような「窓口（テーマ部主任）」を校務分掌に位置づけることも考えたい。

- 環境教育　　・福祉健康教育
- 情報教育　　・国際理解教育
- ふるさと教育
（地域の伝統的な祭りや行事）
（屋外での活動の場合）
- 地域の諸団体

テーマ部主任は，校外と連絡をとったり，学年部の相談にのったりするほか，各テーマに関連する情報を校内に広めることも行う。

4 実践を，次年度にどう生かしていくか

校外での学習は，学年を単位にして活動することが多い。各学年が独自に開発した校外での活動場所は，その学校の貴重な財産である。一つの学年の情報を全校で共有することにより，子どもたちの活動を支援する幅が大きく広がる。

そのために，「地域素材バンク」を参考にして校外で活動したあとは，反省点などを書き込むことができるようにしておき，次年度へバージョンアップすることができるようにしておくとよい。

学習後には，校外でお世話になった方々を招いて，子どもたちの学習の成果をぜひ紹介したい。また，校外での学習の成果や問題点について，教師と地域の方々とで話し合う機会をもつようにしたい。率直に話し合うことで，校外学習についてはもちろん，「学校は，今どんな教育を目指しているのか」「地域の方々は学校に何を期待しているのか」などについても実りある意見交換ができるだろう。

（佐藤孝哉，浦野　弘）

F 学習環境

Q35 児童の安全の確保

児童の安全を確保するために配慮すべきことは何か。

> **point**
> 1　授業での安全確認を確実にする
> 2　学年教師が協力して安全管理にあたる
> 3　子どもたちの活動場所を把握する
> 4　子どもたちの既習経験を把握する

1 授業での安全確認を確実にする

「池の水と水道の水を比べたい」「外国の食べ物を調べてみたい」等々の課題を持った子どもたちは，自分の力で解決しようと，学習を進める。池の水や水道の水のにおいや色を比べたり，お店で外国から来た食べ物リストを作成したりする。

総合的な学習では，子どもたちは自分の調べてみたい課題と向き合い，体験的に課題を解決していくことが大切である。本やコンピュータを基にするのではなく，自分なりに体を通してわからないことを確かめていくことが，ポイントとなる。

そのために，子どもたちの学習スタイルは，教室の机と椅子に座って学習を進めてばかりいては，効果的な学習とはならない。当然のこととして，自分が知りたいことを体験的に解決できる場所に出向く機会が多くなる。例えば，図工室や理科室，あるいは校庭や校舎裏というようなところである。

子どもたちの学習場所が，様々に広がることが予想される場合，教師として授業を成立させるための重要な要件は，安全への配慮となる。学校内での活動であっても，ふだん学習では使用しないような場所では，あるいは，経験したことがないような実験を行うような場合等では，思わぬ危険が潜んでいることが十分に考えられる。安全面で心配なことがあれば，子どもたちの学習活動が思い切り行えないとしても，やむを得ないととらえること

も必要となる。

総合的な学習においては，子どもたちの活動が教室以外に広がることが多く予想され，他の学習以上に安全面に気配りをすることが教師の大きな役割となるはずである。授業が始まる前には，子ども一人ひとりの学習活動を想定し，安全面で問題がないかどうか確認することが必要である。

2 学年教師が協力して安全管理にあたる

子どもたちの課題が多岐に分かれ，解決の方法も様々になった場合，一人の教師の安全管理では限界がある。

理科室で実験をする子，家庭科室で調理を進める子，校庭で自然観察をする子など，子どもたちは様々な場所で，それぞれのテーマを追求する。もし，一人の教師がすべての安全への管理を進めるならば，かなり困難なこととなる。校内に広がった子どもたちを同時並行に安全の把握をすることは不可能に近い。

このような姿が，総合的な学習の時間の中で常に行われるのではないとしても，ある程度予想されるのであれば，教師の安全への目を多く的確にできるようにする配慮が肝要である。

例えば，同学年ごとに各クラスの総合的な学習は，時間割の中で同じにしておく。何曜日の何時間目は，5年生の総合的な学習の時間として，カリキュラムについて打ち合わせを進めておけば，校内の安全を確保する教師の目が，確実に広がる。教師側の体制として

理科室はA先生，校庭はB先生，教室はC先生というように，安全な活動範囲の広がりの中で子どもたちの学習活動が考えられるのである。学年教師が力を合わせることで，子どもたちの安全管理が確かになっていくのである。

場面によっては，専科教師の応援体制を進めることも必要となってくる。時間割の上で，専科教師が総合的な学習の指導にかかわれるように工夫できれば，学校全体で総合的な学習への指導体制が整うことになる。

そのためには，図工室や理科室が総合的な学習に連動して活用できるように，年間予定の中で計画を作成することが大切である。

3 子どもたちの活動場所を把握する

学年教師や専科教師との協力体制の中で，総合的な学習の安全管理が可能であればよいのであるが，常に十分な体制がとれるとは限らない。その場合にも，教師は子どもたちの活動について把握し，可能なかぎりの安全への配慮を進めなければならない。

そのためには，次のような手だててが考えられる。

　①子どもたちが書き込む活動計画書等に，場所や方法などを確実に記入させ，場合によっては，事前の指導を行い，また，巡回しての指導を容易にしておく。
　②その時間の活動場所を，黒板などに書き込んでから，活動に出かける約束事を子どもたちに確かにしておく。

子どもたちが，自分たちの課題を追究するために校内の様々に広がろうとするなかで，担任が教室での授業と同じ意識でいたのでは，安全面だけでなく指導面でも，十分な対応ができているとはいえない。姿を直接見なくとも，一人ひとりの子どもたちの活動の状況がある程度は想定できるような手だてが必要である。そして，事前に安全にかかわる指導を確実に進めておくような配慮が求められている。

4 子どもたちの既習経験を把握する

子どもにとって，総合的な学習はとても楽しみな時間となっている。その大きな理由の一つは，自分の課題を自分の方法で自分なりに進められるからであろうと考えられる。

換言すると，顕微鏡で観察したり，カッターナイフで紙を切ったり，または，薬品で反応を調べたり等，ふだん自由に活用できない物を自分の意思で学習に使えるからであるとも言える。

これら道具・用具の使用に関しては，子どもたちの既習経験を確認する必要がある。例えば，顕微鏡の使い方を学習したことがない子どもが見よう見まねで使うことになると，安全に関する指導が欠けたままであり，危険が伴うことは明白である。

子どもの使用する用具の既習経験が確認できない場合には，一人ひとりの子どもに応じて，次のような手だてが考えられる。

　①他の方法での追究を工夫するように促す
　②用具の使用方法について個別に指導する
　③教師が見守れるときのみの使用を許可する

など，制限の中で使用を認める。

まとめると，総合的な学習の中で，子どもが課題追究するために使用する用具については，指導教師は配慮を忘れずに，安全に意識して使用を見守り指導することが大事である。

（熊沢義夫）

F 学習環境

Q36　予算面の問題

材料費・環境整備費・活動費などの予算面の問題をどうすればよいか。

point
1　県当局による思い切った予算措置
2　総合的な学習の時間の全体計画を整え，年間予算の見積りを立てる
3　保護者や地域社会の人々に経費についての理解を十分に得る
4　学校を意欲づける予算措置を

1　県当局による思い切った予算措置

ある県では，新学習指導要領が移行期間に入るのに前後して，総合的な学習の時間の対策として各学校に100万円前後の予算を措置したと聞く。学校としての準備も整っていないなかでの県当局による思い切った予算措置は，規模の面からしても，全国的に見て極めて希なケースと言えよう。

しかし，鳴物入りで登場した総合的な学習の時間である。その実施のためには，ヒト・モノ・カネが必要なのである。したがって，人的面においても，予算面においても，総合的な学習の時間の実施を裏打ちする施策があって極めて当然の措置といえなくもない。その意味では，このような予算措置が多くの地方自治体においてなされることが望まれるところである。

とはいうものの，財政が極めて厳しい状況の中で，総合的な学習の時間に向ける予算についても，乏しい中でのやり繰りを迫られている地方自治体・学校が大勢を占めているものと思われる。

このような状況の中で，学校には，いかなる取り組みが求められているか，以下に述べることにしたい。

2　総合的な学習の時間の全体計画を整え，年間予算の見積りを立てる

たしかに，学校関係者から総合的な学習の時間の実施に予算が足りないという不満を聞くことが多い。不足する予算の中でやり繰りをしながら総合的な学習の時間をスタートさせたというのが多くの学校の現実の姿である。

しかし，予算の不足がどの程度の額であるかとか，その活動に使用するための予算がこのくらい不足している，といったかたちで説明されることはあまりない。

とにかく，予算の不足は確かなのであるが，それを予算担当者の無理解という批判やグチにとどめてしまうことが少なくない。

しかし，ただ予算が足りないと訴えるだけでは状況は何も変わらないかもしれない。納税者である国民は耳を貸すことも，まして，サイフのひもを緩めるようなこともしないと言わねばならない。

では，このような厳しい状況の中で，学校はいかなる対応を図るべきか。

まず，総合的な学習の時間の実施に年間を通してどのくらい予算を必要としているのか，その見積りを立てる必要がある。

総合的な学習の時間の全体計画を予算面から精査し，計画の実施にあたってどの程度の予算が必要になるのか算定する必要がある。一つの単元の展開にあたってどの程度の経費がかかるものなのか。そして，年間を通してみると，各学年いくらくらいの予算を必要としているのか，さらに，学校となるとどうなのか。

これらについて，学校はどのくらい確かなデータを持っているのか。これまで各単元の展開を通してかかった経費を基にして，新た

な予算の見積りを立てる必要がある。

　そのためにも，まずもって総合的な学習の時間の学校としての全体計画が，それも形式的に作成したものでなく，実際に実践に移す全体計画を作成する必要がある。そして，その全体計画を学校予算の面から裏打ちする発想や取り組みが求められるのである。

　一方，環境整備費の扱いについては中期計画を作成して運用を図る必要がある。環境整備については，金額のかさむ物品類や施設整備と関係することも多く，単年度で整備を図ることが困難な場合もある。この点をふまえ，学校として総合的な学習の時間の将来計画を作成し，その中期的なプランのもとに環境整備を年次的に進めていくことが大切である。そのためにも，総合的な学習の時間について，各学校において環境整備の観点から中期計画の作成が望まれる。

3 保護者や地域社会の人々に経費についての理解を十分に得る

　総合的な学習の時間が保護者や地域社会の人々に支えられている側面があることは，多くの学校関係者の認めるところである。総合的な学習の時間が進展するにしたがって，保護者や地域社会の人々の存在がごく当たり前の光景として繰り広げられている。

　これにともない，これら人々に対する経費の問題が浮かび上がりつつある。一部自治体では，その経費を予算化しているところもある。しかし，学校の立場からすると，とてもその額では賄いきれず，かえって予算消化に頭を悩ませているという話も聞く。

　現在のところ，学校の教育活動に参加する保護者や地域社会の人々は，これをボランティアと理解し，学校に経費を求める動きは表面化していない。その意味で，総合的な学習の時間は保護者や地域社会の人々の無償の貢献に支えられて動き始めたといってもよい。

　しかし，学校や自治体は保護者や地域社会の人々の無償の貢献に甘えているわけにもいかないはずである。無償による貢献に何らかの報いる措置を講じることも必要である。

　例えば，実際にかかった交通費を支払う学校もある。また，ある学校では，子どもたちにお礼の作文を書かせてゲストティーチャーに渡している。

　予算の不足する中でのやり繰りであり，工夫であり，校名の入った記念グッズをお渡しするといったことも考えられる。要は，いかにお礼の気持ちを伝えられるかであり，学校の誠意と創意工夫が問われている。

　と同時に，あらかじめ，総合的な学習の時間に参画する保護者や地域社会の人々には，それがボランティアによる活動であることを丁寧に説明し，双方の理解と納得を図る取り組みが必要であることを確認しておきたい。

4 学校を意欲づける予算措置を

　なお，今後，総合的な学習の時間にかかわって学校に対する予算措置として望まれる点を以下にあげておきたい。

　第一に，学校に対して新しい取り組みを意欲づけ，助長する予算措置が基本的に重要である。

　第二に，学校裁量の拡大。予算の使途に細かな注文をつけず学校裁量に委ねることも大切である。ただし，学校には，その執行について，説明責任を果たせるように適切な運用を図る必要のあることはいうまでもない。

　第三に，単年度に集中的にというよりも，学校の問題意識を刺激し，学校に主体的に考える時間を与える，組織特性に見合った年次的な対応も大切である。

（天笠　茂）

F　学習環境

Q37　外部講師やボランティアに対するお礼

外部講師やボランティアに対するお礼をどうするか。

point
1　予算がある場合（県・市他）
2　予算がない場合
3　発表会への招待（感謝集会）

1　予算がある場合（県・市他）

　校区のボランティアですべての講師が間に合うとは限らない。校区外や市外からも講師を招かなければならない。専門的な分野の外部講師については，全く無償という訳にはいかない。しかし，学校によって予算化されている学校，いない学校など事情が違うであろう。また，市町村教育委員会が外部講師の費用を負担している場合もある。

　例えば，A小学校の場合は，どのようにしているか。
・市教育委員会より15,000円程度
・市教育委員会の指定研究費より60,000円
・PTA児童教育奨励費より50,000円
・県指定研究費より30,000円

　1回1人につき3,000〜5,000円程度の謝金を支払う（現金もしくは図書券など）。

　校区内のボランティアについては，原則として謝金の支払いをしない。

　市の人材バンクに登録されている場合は，市の定めに従う。

2　予算がない場合

　講師として学校へおいでくださるほとんどの方は，報酬を期待していない。はじめに，無報酬であることを話して承諾を得ておくことが大切である。

　お世話になった子どもたちのお礼の手紙や子どもの作品，育てた花や農作物などがいちばんのお礼ではなかろうか。このことが子どもの心を育て，おいでくださった方々の心を豊かにするのである。外部講師から専門的な知識や技能を学ぶ以上に，外部講師の生き方や人間性に学ぶことが多い。また，外部講師は子どもたちの成長や温かい心のふれあいから多くのことを学ぶであろう。

3　発表会への招待（感謝集会）

　学校教育で行う活動は，すべて子どもの教育に生きてはたらくものでなくてはならない。だから，外部講師との関係も教育に十分生かしていきたい。

　例えば，大津西小学校では，学習の途中での発表会では，お世話になった方々を招いて観ていただき，感謝の気持ちを表したり，評価をしていただいたりしている。

　また，毎年2月に1年間の総合的な学習で学んだことを中心に「飛び出せ総合発表会」を実施している。発表会の前に，お世話になった方々を招き，児童会主催で「感謝集会」を行っている。子どもたちが招待状を書き，それぞれの学年が贈り物をしたり，手紙を渡したりして，感謝の気持ちを表している。

（秋山敬子）

お世話になった方を「感謝集会」に招待

F　学習環境

Q38　保護者へのお礼

保護者が学習活動にかかわった場合，お礼をどうするか。

point
1　子どもの成長が何よりのお礼
2　子どもの姿が見えるように
3　発表の場や機会に招待する

1　子どもの成長が何よりのお礼

　保護者は，子どもの学習活動の支援者としてかかわる場合が多い。保護者として参加した場合は，原則として金品のお礼は必要ないのではないだろうか。

　子どもの学習活動の様子を見るだけでも子どもの理解が深まり，子育てに役立つ。

　ある中学校では，保護者（父母）が講師として学級に入り，講話をしたり，学習指導をした。子どもと講師としてかかわった保護者双方ともにたいへん好評だった。

　生活科が始まって，授業参観のあり方が参加型になったといわれている。「子どものためにしてあげる」ではなく「共に学ぶ」ことで，親と子，そして，教師もともに成長するあり方が模索されなければならない。

2　子どもの姿が見えるように

　保護者へのお礼は，常に子どもの姿が保護者に見えるようにすることである。そのためのいちばんよい方法は，子どもと共に学習に参加したり，活動を支援したりして，子どもの目線で見ていただくことである。

　次に，学校での活動の様子がわかる学級通信や子どもの作品，保護者への手紙などは，保護者にとっては，お礼に勝るうれしい贈り物である。また，そのことが総合的な学習への理解を深め，更なる協力や支援に発展するのである。このように「学校を開く」「学級を開く」ことがお互いの心のつながりを強くするのである。

3　発表の場や機会に招待する

　総合的な学習の時間で学習したことをいろいろなかたちで発表の場をもつことによって，子どもの成長ぶりを保護者に伝える。

　大津西小学校の場合を紹介したい。

(1)　さつまいも祭り

　1・2・3年生合同のさつまいも作りを行い，その収穫を祝う3学年合同での「さつまいも祭り」に保護者や園児を招待して盛大に行う。お世話になった方々への感謝の気持ちを込めたセレモニーの後，趣向を凝らした出店を発表の機会とし，家族と共に交流を楽しむ場となった。

(2)　各学年が「ミニ発表会」に招待

　各学年が学習の成果の「ミニ発表会」を行い，保護者を招待している。「生き物博物館」（3年生），「親子手話教室」（4年生），「大津町探検隊発表会」（5年生），「木偶人形師大江巳之助氏の一生」（6年生）等の発表を，保護者やお世話になった地域の方々や外部講師を招待して実施している。

(3)　全校での「飛び出せ総合発表会」

　学年末に，学習の成果の発表の場をもち，家族や地域の方々，お世話になった外部講師を招待している。「子どもたちの学習の様子がよくわかった」とか，「うちの孫もずいぶんしっかりしてきた」，「これからもがんばってほしい」等々の評価を得た。子どもの育つ姿こそ，何よりのお礼である。

（秋山敬子）

G 素材の見つけ方

Q39 地域素材の教材化

地域素材をどのように教材化すればよいか。

point
1 教材のとらえ方
2 はじめに子どもありき
3 地域あってこその総合的な学習
4 地域素材は生きた教材
5 素材のアレンジメント＝教材化

1 教材のとらえ方

「地域の素材を教材にする」というなかで、まずは教材というものを、どうとらえるのかということを考える必要がある。

これまでの教材観で、総合的な学習における教材をとらえてしまうと、教材という言葉は少々なじまない気がする。それはなぜかと考えると、これまでの教科学習等における教材というものが、教師が授業を行ううえで準備するもの、あるいは、子どもが準備するにしても、教師に言われたものを一定の条件の中でそろえておくもの、ということが多かったからかもしれない。

「教育の目的を達成するために用いられるもの」という本来の意味からすれば、総合的な学習においてももちろん教材は存在するのだが、どちらかというと、そのまま単に素材といったほうが的確であるような気がする。

それでもあえて教材という言葉を使うならば、総合的な学習においては、素材を教材に変えるのは教師ではなく、子どもたちの活動であるといえよう。

2 はじめに子どもありき

地域素材の教材化といっても、はじめに教材ありき、ではいけない。いい素材があるから、教材化し単元化するというのでは、総合的な学習のもつ本来のよさ、つまり、生活の中から課題を子ども自身が見出し、問題解決的に学んでいくということが難しくなる。教師というのは、教えるべき内容があるとついその方向へと、子どもの意識の流れを無視して無理矢理に引っ張ってしまったり、その内容を教え込んでしまったりしてしまうからである。それでは子どもに学ぶ力や生きる力は身につきにくい。

あくまでも、はじめに子どもありき、もっと言えば、目の前にいる子どもたちをどうしたいのか、子どもたちがよりよい生活を拓いていくには、この子たちはどんな力を身につけたらいいのか、ということを考えて、単元をつくっていくべきだと考えるのである。

であるから、はじめから教師が地域の素材を教材化しようとするのではなく、あくまでも子どもたちが活動や体験を繰り返すなかで見つけだす課題や問題を教材化すべきだと考える。その課題が生活の中から生まれたものであれば、子どもたちの活動は地域に結びつき、必然的に地域の素材を利用した学びが行われていくからである。

3 地域あってこその総合的な学習

子どもたちが一つの単元を終えたとき、何を学んだのか、どう成長したのか、言い換えれば、ある単元を行う前と後では生活や考え方がどう変わったかということが重要なのである。どこか遠い地方の場所についての知識理解を深めても、それが自分たちの生活に直結することは多くない。それでは、生活に還る学びはあまりないのである。

そういった意味では、地域の中で活動し、自分たちの課題や問題を体験をとおして、繰

り返し地域に足を運びながら，切実感をもって問題解決をするからこそ，実感を伴った学びが行われるであろうし，その中で頭をひねって方法や解決の仕方を考えるからこそ，学び方を学ぶことができるのである。小学校高学年などでは，その問題が自分たちの住む地域だけに収まらず，市や県，さらにはもっと広い範囲にまで広がりを見せることはよくある。しかしながら，そういった活動も，実践的にできることを考えていくと，最終的には自分たちの住む地域に戻り，再び自分たちの生活を見つめ直すことになるのである。

結局，総合的な学習というものは，地域を抜きにしてはあり得ないものであるし，地域の素材を扱わないことには成り立たないものなのである。

4　地域素材は生きた教材

地域の素材は，まさに生きている。どういうことかと言えば，いま，子どもたちが生活している地域にある素材でなければ，価値をもたないということである。過去に誰かがつくった単元を引っ張り出してきて，この素材ならうまくいくはずだと考えてもだめだということである。あくまでも，子どもたちが生活の中で発見してきたものや現在の地域の事象でなければその後の活動がうまく展開するとは思わないし，方法論的に言っても，実に難しい。過去の書物や資料からでは，体験をとおした問題解決ができないだけでなく，実感や成就感を味わえず，納得もできないまま，問題未解決となってしまうことが予想されるからである。

だから，地域の素材を教材化する際には，それがいま現在の状況のものか，地域の生活とかかわりをもっているのかということが重要なのである。

5　素材のアレンジメント＝教材化

先に述べたように，総合的な学習における教材は子どもたちの活動の中から生まれてくるものであるから，教師が子どもを無視してつくっていくものではない。

しかしながら，学校教育の中で行われる学習活動なのであるから，その素材を吟味し，見通しをもってその価値を判断し，子どもたちの見つけだした教材をよりよく，料理でいえば，よりおいしいものにアレンジしてあげるのが教師の役割である。

また，子どもたち一人ひとりが，様々な活動にのめり込んでいくなかで，先を予測しつつも子どもの後ろに立って指導や支援を行い，より満足感や成就感を味わえるようにしてあげたい。

そういった意味では，教師はまず，その地域のことをよく知らなければいけないし，そこに住む人々との接点を数多くもっていないといけないということである。

つまり，地域の素材を教材化するうえで大切なことは，子どもたちを地域にどんどん出かけさせながら，様々な情報を集めさせるとともに，教師もそれ以上に地域のことを学ぶよう積極的に学校を飛び出していくことが必要不可欠になるのである。

（相澤昭宏）

G 素材の見つけ方

Q40 教材化の視点

総合的な学習のためのよい素材の条件や教材化の視点は何か。

> **point**
> 1 素材の向こうに何が見えるか
> 2 体験を通した問題解決ができるか
> 3 子どもの意欲と本物指向

1 素材の向こうに何が見えるか

よい素材というのは，とりもなおさず，子どもにとって学びの多い素材ということである。

ここでいう学びとは，単なる知識・理解の面だけではなく，自分たちの生活に生きてはたらく知恵となるものでなくてはならない。

つまり，その素材が子どもたちの生活の中にあって，実感や納得をしながら問題解決していく過程で学び方を学んだり，よりよい生活を目指す生き方の探求につながる学びであることが大切なのである。

そこで，教師が素材を吟味するとき，考えなくてはいけないことは，子どもたちの住む地域で，その素材を取り上げて単元計画をつくったとき，言い換えれば，子どもたちの活動が行われたとき，単元終了後の子どもたちにどんな姿を期待できるのかということである。つまり，素材の向こうに何が見えるのかということである。

例えば，そばづくりの盛んな山間部の学校がソバを育て，そばづくりに取り組んでいるのを見て，都会の真ん中にある学校がそれを真似したとしたらどうであろう。いくらソバという素材が魅力的で，栽培活動やそば打ち，調理実習と活動が膨らみそうなものであるとしても，その活動や単元の向こうにどんなものが見えてくるであろうか。

山間部の学校ならば，ソバを育て，それを食すまでの間に，なぜこの地方ではそばづくりが盛んになったのかということだけ取り上げてみても，その土地の風土や歴史，産業の様子が見えてくるはずである。それは，自分たちの住む地域の理解を深め，実感として理解することになるであろう。

一方で，都会の学校で実施した場合は，子どもたちなりに追求し，ソバという素材を追い求めていけばいくほど，自分たちの生活とはかけ離れ，実感の伴わない食糧問題とか，日本の輸出入の実態などといった知識ばかりを増やす学びとなってしまうのが落ちである。

つまり，素材の向こうに何が見えるのかということを教師の側で見極め，素材を選んで目標を設定することが大切なのである。

2 体験を通した問題解決ができるか

次に大切な視点は，活動が展開される中で，そこに生じてくる課題や問題を子どもたちが解決しようとするときに，体験をとおして問題解決ができるかどうかということである。

例えば，環境問題に取り組もうということになって，ただ単に環境問題を調べようなどといったら，子どもたちは図書館やインターネットなどで「オゾン層破壊」「砂漠化」「酸性雨」などといった地球規模の，おとなでもすぐに解決できない大問題から調べだすことが多い。さらに自分たちの住む町の大気汚染を調べたり，近くの川の汚染状況を調査することになる。それはそれで，活動自体は楽しいのだが，いくらやっても，自分たちの手で解決できないことが多すぎることにやがて気

づき，無力感と絶望感を味わうことになってしまうのである。教師もそれではいけないと思い，あわてて軌道修正を図り，みんなで環境問題を訴える劇をつくろうという方向へ進むのが辛うじての逃げ道になるのではないだろうか。

実は，これは自分自身の失敗例である。子どもたちの思いや願いを取り上げたつもりになって，環境問題という一見今日的で，活動の広がりそうな素材であったが，実際取り組んでみると，やればやるほど先が見えなくなってしまったのである。つまり，子どもたちの高まる問題意識と反比例して，問題解決ができないという現実がどんどん大きくなってきてしまったということである。

一方で，自分たちの町の好きな所調べという単元を計画した例ではどうであろうか。

中学年の子どもたちにとって町の中で好きなところは遊ぶところ，すなわち公園であった。公園についていろいろな調査をしていくうちに，それぞれの公園の特徴や利用者の違いなどが見えてくる。それはなぜかという問題が子どもたちの活動をさらに推し進める。インタビューやアンケートをとり，いろいろな思いや考えにふれ，これまで何気なく見過ごしてきた公園やその施設，設計のコンセプトを学ぶことになる。また，そのなかで，野球もできるような大きくて緑豊かで，子どもたちの大好きな公園が大規模な改良工事をするという情報を得る。いろいろな公園調べをして遊具の善し悪しから，そこに集う人々の願いまでも調査済みの子どもたちは，その新たな公園改造計画に自分たちも参加してみたいと願うようになる。子どもたちの思いは伝わり，市の緑政局とタイアップしてワークショップを開き，ついに，自分たちの力でプランニングした施設や遊具を設置することになり，ネーミングまで任された。

残念ながらこれは自分の実践ではないが，子どもの視点に立って素材を選択し，子どもの思いを大切にしながら計画，展開したことで，子どもたちは非常に大きな満足感と成就感を味わうことができた活動である。さらに，完成した公園を訪れた子どもたちには，新たな課題が待ちうけていることになるのだが，よい素材というものは次々と子どもたちに問いを投げかけてくるものでもあるといえるし，子どもたちが本気になって取り組めばきちんと答えを出してくれるものだと痛感したのである。

3　子どもの意欲と本物指向

上記の例でもわかるように，活動は本物指向でなければいけない。教師のほうでどうせ子どもがやることだと線を引いてしまったり，いい加減なレベルで満足してしまっては，子どもの意欲も高まらないし，本当の満足感や成就感も味わえなくなってしまう。子どもの意欲を引き出し向上させるのは，自分たちのやっていることに価値を見出し，やりがいを感じたときである。そして，そうした本物体験の中でこそ，様々な学びが多く盛り込まれてくるのである。

そういう意味で，よい素材というものは体験をとおして問題解決できる本物指向のものでなければならないと思うのである。

（相澤昭宏）

G 素材の見つけ方

Q41　生活の中からの教材

子どもの身のまわりの生活の中から教材をどうつくり出すか。

> **point**
> 1　子どもの興味・関心は何か
> 2　単元として耐えうるかの吟味を
> 3　学級で取り組むことの良さ
> 4　子どもの思いや願いを大切に

1　子どもの興味・関心は何か

ひとくちに生活と言っても，子どもたちには様々な生活の場がある。家庭生活や学校生活，地域社会における活動の場など，いろいろな場面がある。

そういった子どもたちの身のまわりの生活の中から教材をつくり出すうえで，まず第一に大切なことは，今，子どもたちはどんなことに興味をもっているのか，また，どんなことなら強く関心をもってくれるのだろうか，ということを知ることである。

おとなの視点では見過ごしてしまうようなことでも，子どもにとっては不思議だなあと思うことや，大問題となってしまうこともいろいろあるはずである。まず，目線を低くして子どもたちの声に耳を傾け，様々なつぶやきや疑問の声を拾い集めることが必要である。

例えば，最近，家の中で炊飯器に炭を入れてご飯を炊いていたり，「浄水器や脱臭剤の中に活性炭が入っていたりするよ」というつぶやきが，やがて炭のもつパワーの認識につながり，そこから逆に，ではなぜ今の私たちの生活は水道水や空気を浄化しなければいけないのか，という身のまわりの環境問題に発展したりする。

あるいは，学校生活の教科学習の中から大豆の98％は輸入によるものだという驚きをもつ。そして，なぜ，日本人の生活に欠かすことができない大豆を日本では生産しないのかという疑問が活動を生み出し，大豆食品づくりの過程で添加物の問題を扱うことになり，消費者としての自分という視点を育てていくことになったりする。

こういった子どもたちの素直な疑問や驚きを取り上げ，教師自身もなぜだろうと立ち止まって考えてみる姿勢が大切なのではないかと思う。

2　単元として耐えうるかの吟味を

子どもの興味・関心は実に様々なことに及んでいる。そのなかで，単元づくりのために素材を決定するのは，最終的には教師の仕事である（しかし，子どもたちには，そう思わせてはいけない。あくまでも自分たちの見つけた課題であり，みんなで体験や話し合いを通じて計画した活動であると思わせたい）。

そこで大事なことは，その素材で単元構成をしたときに，それが子どもたちの追求するエネルギーに耐えうるかを判断するということである。

つまり，子どもたちが繰り返し追求し，学びをつくり出し，学び方を学べるほどの素材であるかという吟味をしなくてはいけない。

子どもたちが活動を始めると，本気になればなるほど，どんな素材もそれなりにいろいろな学びをもたらしてくれるものだが，その素材をきっかけとして，いろいろな事象とリンクできたり，活動に広がりが生まれてくるようなものでないと，子どもたちの活動は停滞し，意欲は減少していき，結局は学びも少なく終わってしまうからである。

3 学級で取り組むことの良さ

　素材をどう教材にしていくのかということは、いかに単元をつくるのかということである。

　前にも述べたように、子どもたちは一人ひとり様々な願いや思いをもっている。また、それぞれに異なった生活の場で暮らしている。

　そこで、子どもたちの生活から出てくる課題は一通りではないわけである。すると、いかに子どもたちの思いを尊重しながら、一つの単元をつくっていくのかということが難しく、またとても大事なことになってくる。ここで失敗すると、子どもたちの意欲を失わせ、活動が成り立たなくなってしまう。かといって、はじめに課題ありきでは、先生の問題を先生のために問題解決してあげようということになりかねない。

　そこで、大切なのは、いつも子ども同士が共通の土俵で意見交換でき、同じ空間で生活しながら、互いの興味・関心を認めあい、影響しあえる距離にいるということである。

　さらにそこには、陰の存在でありながら、よりよい単元づくりをしようとして、見通しをもった教師が存在していなくてはならない。

　そう考えると、それは学級の集団が非常に都合がよいということになる。

　本校が17年間総合的な学習に取り組んでこれたのも、学級ごとに子どもと教師が楽しみながら学級経営の核として総合的な学習単元をつくってきたからだと思うのである。

　朝から帰る時間まで、ずっと顔を突き合わせているなかで、いろいろなかたちでフレキシブルに活動を組めるのも小回りの利く学級だからこそである。

　そうした、自由度のなかで、教師は子ども一人ひとりのことをよく理解し、子ども同士で話をまとめていく力が学級には存在するからこそ、単元化が可能なのである。

　具体的には、朝の「1分スピーチ」で自分の思いや疑問を直接、学級のみんなに知らせたり、不思議だなあと思うことや、面白いなあと思ったことを自分なりに調べて「情報掲示板」に好きなように掲示していったりするなかから、子ども同士、また教師の側にも教材のヒントが生まれてくるのである。

　学年や縦割りで活動することもたいへん有意義で、本校でもそういう単元がどの学年にもあるが、子どもの没頭度がひときわ高いのは学級ごとの単元である。

　話が逸れてしまったが、素材を教材化するうえで、活動母体が学級であるということのやりやすさをとても実感しているということである。

4 子どもの思いや願いを大切に

　最後に、やはり大事なことは子どもの思いや願いを大切にするということである。これは、単に子どもが何をやりたいといった思いつきのようなものを大切にしろということではない。それではいつまでたっても単元はできあがらない。活動していく中で、自分ならこうしたい、こんな方法でやってみたい、というような思いを大切にしてあげようということである。言い換えれば、子どもたちの意識の流れを大切にし、子どもの目線で考えた単元計画をつくるように、素材をアレンジしなくてはいけないということでもある。

（相澤昭宏）

Plan

H 児童理解

Q42 子どもの実態や意識の把握

point
1. 教師の願いと子どもの意識のズレ
2. 教科学習の中のつぶやき
3. 子どもの興味・関心
4. KJ法, ウェビング法
5. 個別化と集約化

学習課題や内容を決めるとき，子どもの実態や意識をどう把握し，受け止めていくか。

1 教師の願いと子どもの意識のズレ

総合的な学習では，子どもに「自ら課題を見つける」ことを期待するものの「教師のさせたいこと」と「子どものしたいこと」との間にズレの生ずることが少なくない。

教師の願いと子どもの意識のズレのあることが問題なのではなく，そのズレがどの程度のものか明確に把握しておいて，「教師の願い」をやや重視するのか，「子どもの意識」に沿ったものにしているのかをそのつど判断していくようにしたいのである。

したがって，学習課題や内容を決めるときには，子どもの実態や意識を把握しておくことが極めて重要なことである。

2 教科学習の中のつぶやき

子どもの課題意識や追究したい内容を把握する機会は，日頃の教科等の学習の中に数多くある。

「これは面白い。もっとやってみたい」，「実際に見学して調べてみたい」，「わたしもボランティアについて調べて，実際に行動したい」，「時刻表を使ったら，もっといろいろな乗り物の速さがわかると思う」などと子どもたちは各教科の学習でいろいろなつぶやきを常に発している。

これらを例えば週案の隅にもメモしておくと子どもがどのようなことに広げようとしているか，深めようとしているか，どのような傾向のことに関心をもっているのかのおおよそをとらえることができる。

これらは，総合的な学習における課題を見つけさせるとき，あるいは，どのような内容を取り上げるかを考えるときの有力な手掛かりになる。また，課題については教師主導(子どもありき)であっても，内容については子どもの希望（教師の願い）に沿っていくなどの柔軟な受け止めが実際的である。

3 子どもの興味・関心

子どもの興味・関心の把握は，教師はわかっているようで意外と曖昧なものである。

そこで，ときには，子どものしたいこと，知りたいこと，やってみたいこと，調べたいこと，困っていること，願っていること，興味をもっていること，解決したいこと等について調査をすることも必要なことである。

これらのことを簡便にとらえる方法としてアンケートがある。

地域のことについて，環境について，世界のことについてなど，ある程度範囲を限定したものであれば子どもの現在の課題意識や関心の傾向をとらえることができる。

子どもがどのようなことに関心をもっているか，どのような課題意識があるかなどを把握できれば，それらを考慮して課題や内容を決定することが可能になる。

総合的な学習とは言え，必ずしも子どもの願いにばかり沿う必要はないのであるが，子どもの実態や意識がわかっていれば，教師の願いと子どもの意識のずれは限りなくゼロに近づけることができるはずである。

4 KJ法, ウェビング法

　総合的な学習は, グループや学級全体で課題に取り組むことが多い。この場合には, 子ども個々の実態や意識よりも, この学級としてどのような実態や意識にあるかを知りたくなることがある。

(1) KJ法の活用

　「今度の総合的な学習で追究したいことややりたいこととは何ですか？」と, 一人ひとりの課題やしたいことをカードに書かせる。

　または, もっと範囲を明確にして, 「私たちの住んでいる町について調べたいことやしてみたいことは何ですか？」と具体的に尋ねてカードに書かせる。

　これらのカードを, 教師と子どもたち全員で分類整理すれば, どの子どもも参加していて, しかも学級としての傾向が明確になる。

　ここから, 教師の指導力を発揮して, 子どもたちの実態や意識を交流した総合的な学習の活動計画を立ち上げていくことができる。

(2) ウエビング法の活用

　これは, 子どもの意識がどのような方向にどの程度であるかをみるのに有効な方法である。

　適当な大きさの紙の中央に課題作りや取り扱う内容のキーワード, 例えば「町のすてきさがし」, 「ボランティア」などと入れ, 自分の知っていること, 追究したいこと, してみたいことなどを思いつくままに書き連ねていく。言葉の樹系図と見なすとわかりやすい。

　子ども一人ひとりにウェビングを書かせるとその子の課題意識や関心の実態が把握できる。

　これらを大きな紙に整理していくと学級全体の課題意識や関心の傾向を知ることができる。この作業も教師と子どもの共同作業として行うと意欲づけにもなり, 楽しいものである。

　そして, 学級全体のウェビングで大きな課題の方向性を定め, 個々の子どもウェビングは個人の課題の決定の手掛かりにさせるようにしていく。

5 個別化と集約化

　ところで, 子どもの実態や意識を把握したら, それを学習課題の設定や活動内容の決定に反映させることを考えなければならない。

(1) 個別化としての活用

　子どもに個人課題を設定させて追究させる場合には, 子ども一人ひとりの実態や意識をなるべく尊重していくことが大切である。自分にかかわりのある, 自分が発想した課題や内容によって学習が意欲的, 主体的に進むからである。ただし, あまりに広範囲に拡散する場合にはある程度の範囲を指定することも考えられる。

(2) 集約化としての活用

　学級全体で, またはグループで課題を設定し, 内容を決める場合には, 学級としてまとめたウェビングを基にする。ウェビングの上に集約された特徴を活用し, 課題作り, グループ編成を進めることができる。

(3) 子どもの実態と意識の生かし方

　総合的な学習にあっても, 「意図的な教師」と「願いを持つ子ども」との調整が必要で, どちらかに偏することは好ましくない。

　そこで, 子どもの実態と意識の傾向は, ①課題設定の段階, ②活動の内容や対象の決定の段階, ③追究や発進の方法の選択の段階などで生かされればよいことで, これはこのようにすべきだという固定的な見方をしないようにしたい。

　総合的な学習でどのような能力や態度を身につけさせるかがはっきりしていれば, 子どもの実態や意識が生かされやすいであろう。

（小島　宏）

H　児童理解

Q43　興味・関心を踏まえた学習課題

point
1. 総合的な学習の学習課題とは？
2. 構想は教師，活動は子ども
3. 子どもの思いや願いを表出させる
4. 子どもの思いや願いと教師の指導性

子どもの興味・関心を踏まえて，学習課題をどのように設定していくか。

1　総合的な学習の学習課題とは？

総合的な学習のねらいは，「自ら学び，自ら考え，主体的・創造的に問題を解決し，自らの生き方を考える」ことにある。このねらいを達成するために，学習課題をどのように設定していくかが重要になってくる。学習指導要領には，例示として三つの課題があげられている。

①国際理解，情報，環境，健康・福祉などの横断的・総合的な課題
②児童の興味・関心に基づく課題
③地域や学校の特色に応じた課題

この三つを並列と考えるならば，②の児童の興味・関心からスタートしてもかまわない。たしかに，子どもの興味・関心がなければ学習には意欲的には取り組まないであろうし，持続しない。しかし，興味・関心は必要条件であって，十分条件ではない。子どもの興味・関心だけで進めていっては，活動あって学びなしの可能性がある。戦後の「這い回る経験主義」の二の舞である。また①からスタートすれば，これまでの教科のように学習内容が先に存在していることになる。そもそも①にあげられているのは現代社会がかかえる課題であって，そのままでは子どもにとっての課題にはならない。そこでは子どもの興味・関心が十分に生かされないことも危惧される。

2　構想は教師，活動は子ども

経験的に言うならば，まずは③の地域や学校の特色を大切にしていくべきと考える。子どもの生活の中から生まれた「子どもの問題意識」を中心に内容を決めていくのである。

言い換えるならば，構想は現代的課題を背景とした地域や生活の現実の中から教師が設定し，活動は子ども自身がつくっていく。自分自身の生活現実との向かい合いの中から生じてきた切実な思いや願いが子どもの学習課題となっていく。そして，方法は教師が限定し，内容は子どもが決定するのである。

例えば，子どもたちの身近にある草花や昆虫の継続的な観察から，季節の変化や自然の変容を学習することが可能になってくる。野菜の栽培は，農薬の使用や食料の輸入をめぐる問題にぶつかる。近くの川に出かけ，魚や水中生物の生息を調べることで環境問題に発展していく。ダムや橋の建設は，自然に対する人間の営みを考えるいい素材である。豚・牛の飼育は，食料問題だけでなく，生命尊重について真剣に考えることができる。商店街の店頭に並ぶ商品から自然，環境，産業，文化などの関連を図ることができる。町の施設・設備からは，バリアフリーや国際理解，歴史について追求が広がる。

3　子どもの思いや願いを表出させる

子どもの興味・関心を引き出し，学習課題につなげるためには，子どもが対象に対してどのように思い，考えているのかを表出させることが大事である。

子どもの興味・関心を組織化するための手法はいくつかある。代表的な一つがウェビン

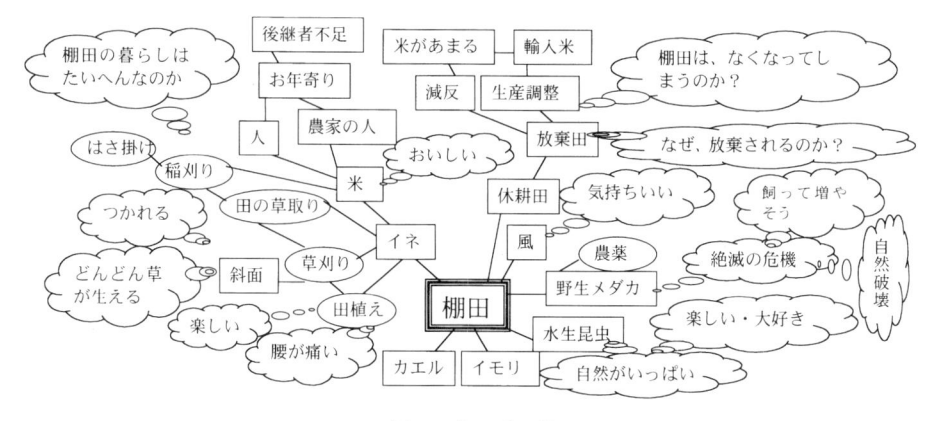

図1　ウェビング

グ法である。ウェビング法は子どもの興味・関心をカリキュラムの出発点に据えようとするときに有効である。これにより対象の本質と子どもの興味・関心の接点を見出し、疑問を組織していくのである。イメージマップも同様な手法に位置づけられる（もちろん、二つとも素材は教師が構想し提示するのであるが）。

ほかには、学習の記録として文章による書く活動を取り入れる手法がある。そして、それをファイルしていく。ポートフォリオの一つである。書くという活動は、体験をじっくりとふり返り、自分の考えをまとめることになる。活動のたびに対象にかかわって得た自分らしい感じ方、見方、考え方などを書き綴ることで、活動をとおして学んだことを相互に関係づけたり、意味づけたりして、自分らしいとらえを確かにしていく。こうして、学習課題の追究がなされていくことになる。

また、文章のほかに、詩や絵、工作、身体、音楽など多様な表現活動を取り入れることによって、より一人ひとりの思いや願いが表れる。

これら三つは、教師の立場では、子どもが表現したものから子どもの内面を知ることができる。それが指導の手がかりとなり、その後の活動の展開や子どもへの支援に生かされていく。

4　子どもの思いや願いと教師の指導性

前にも述べたが、構想は教師が行い、活動は子どもがつくっていくのが望ましい。したがって、教師の指導性はなくてはならないのである。子どもの対象に対する興味・関心を喚起するだけでなく、子どもの思いや願いが学習課題に結びつくように的確に支援を行わなければならない。

総合的な学習では、ねらいが達成できるのであればどんな内容を扱ってもかまわないことになる。だからこそ、教師が総合的な学習で何をねらうのか、子どもにどんな力を育てたいのか、そしてどんな対象を選び、どんな方法で学ばせていくのか、ということがしっかり整理されている必要がある。詰まるところ、教師の構えや力量が問われているのである。子どもの興味・関心を踏まえて学習課題を設定していくためには、子どもの生活から生まれた切実な思いや願いと教師の意図的な働きかけの絶妙な折り合いが大切である。

（石黒和仁・八木秀文）

〈参考文献〉
加藤幸次編著『総合学習の実践』黎明書房

H　児童理解

Q44　子どもと教師のギャップ

point
1　本校の総合的な学習の場合
2　事例「順組の豚さん」の場合での課題を解決していった姿

　子どもの生活経験や生活環境と教師が意図する今日的な課題とのギャップをどううめていくか。

1　本校の総合的な学習の場合

　教師が意図する今日的課題（生きる力をはぐくむとした場合）が先にあり，これに子どもを合わせようとは考えていないし，子どもの生活経験と生活環境の間にあるギャップをマイナス的なものとは考えていない。

　学習は子どもを丸ごと理解し，その子の内から育つ力を信じることからスタートする。それに沿って学習を進めている。

　当然，材（学習の対象）とかかわったとき，教師の描く姿と子どもの現実の姿とは違いを感ずることはある。しかし，このギャップこそ，学習の意欲となりうるし，そこからどうしたらよいのか等多くの問いが生まれる。こうしたギャップから生ずる問いの一つひとつが課題であり，学習となると考えている。

　子どもの側に立った場合，ギャップこそ連続する課題になりうる。

2　事例「順組の豚さん」の場合での課題を解決していった姿（○…課題）

　順組の子どもたちは学校のともがき広場にいるヤギやヒツジに触ったり，餌をやっているうちに自分たちで動物を飼いたいという願いをもつ。話し合いの結果，豚を飼うことに決めた。

> ○自分たちで豚を飼うことができるか，養豚農家探しをしていく

　養豚業を営んでいる網野さんを見つけ，豚舎を見学し「豚を譲ってください」とお願いすると「いいよ，かわいがってくれるならね」の返事をもらい，飼えることになった。

○どうやって飼えばいいか

　網野さんに教わるなかで，病気にならないために寄生虫を取り除く薬を飲ませなければならないことを知る。薬の量は体重によって違う。どうすれば豚の体重を計れるのだろうという課題が生まれ，追究していった。

○餌代がない，どうしよう

　自分たちで作った野菜を売ったり，バザーで野菜を料理して売ったりして，餌代を集めた。また，自分たちでアルミ缶・空き缶回収をして資金集めをしたり，学校の銀杏を拾って売って歩いたりして，資金を集めた。

○赤ちゃんが欲しい

　発情は交尾をさせる合図なんだって。交尾はどうやればいいのだろう。ダイエットさせなくっちゃ。20分以上もブラッシングする。散歩をさせる。お尻の様子を観察する。出産前はどんなサインかな，など追究していった。

> ○赤ちゃんが生まれるとき，どんなことをすればいいのか

　出産に備えて泊まり込む。夜中，出産した。網野さんは親豚の順子のおなかの中で死産してしまった赤ちゃんを見つけ，子どもたちに見せてくれた。子どもたちは，じっとその赤ちゃんを見つめていた。お墓を作ってあげた。

　毎日1時間ごとに子豚を保温箱から出して，順子の乳を飲ませた。しかし，順子の乳があ

まり出ず，子豚は脱水症状になってしまった。子どもたちは網野さんから教わり，順子のオッパイを飲ませた後に哺乳瓶でミルクを飲ませた。しかし1匹の子豚はミルクを受けつけず，飲んでもすぐ下痢をした。子どもたちは懸命にミルクを飲ませたり，体をタオルで温めたりしたが，子豚は天国に旅立った。

○子豚の餌や育て方を教えてもらおう

網野さんが見に来てくれ「よく育っている。これなら大丈夫」と「頑張り賞」のトロフィーを贈呈してくださった。そして「豚は家畜という動物であること」を話してくださった。その後，網野さんから「去勢をしなければならない」という連絡がきた。

○何のために去勢をするのか

網野さんは「去勢は，おす豚の精子全部を取ってしまうことで，肉豚になるためには去勢をしなければいけない。子豚は雑種であるから肉豚にしかなれない」という答えが返ってきた。子どもたちは驚いた。「お肉になってほしくないけど，種豚にはなれないからどうしたらいいかわからない」などと話し合った。

「去勢をしたくない」という気持ちは全員にあるが，「去勢をしたほうがいい」という気持ちも全員にあるということで，去勢をすることになった。

○家畜について知りたい，家畜はどんな役に立ってくれているのか知りたい

家の人に聞いたり，本で調べたりした。「豚は生後6～7か月で肉になる」という記述を見つけて「えっ」という声があがった。「もう去勢をしたからしょうがないけど，時間は早いな。中豚（成長した子豚のこと）たちとあと3～4か月しかいられないなんて寂しいよ。でも去勢したからしょうがない」「私も複雑な気持ちです。中豚たちともっと一緒にいたいけれど，おいしいお肉にもなってほしい。もう去勢もしたから」

○網野さんは豚を出荷するときどんな気持ちですか

「たくさんの豚を出荷してきたけれど，本当にいやな気持ちもある。とくに自分の豚を出すときがいちばんいやだね。でも，その豚さんのおかげでおじさんはこうやって生きていけるから，豚さんには本当に感謝している」さらに「皆たちも自分たちで飼ってきた豚ならば，自分たちで食べてあげたほうが豚さんは喜ぶと思うよ。それはどちらでもいいけど，自分たちで考えてみてね」と言葉をもらった。

○中豚の肉をどうするか

考えを発表し合った。「食べたら，中豚たちが自分の体と一緒になってくれる」「豚さんありがとうといって食べてあげたい」

出荷の日，雨の中を8匹の中豚を乗せたトラックが行ってしまうと子どもたちの目から涙が溢れだしてきた。中豚たちが去っていった方向を向いていつまでも泣き続けた。

今の気持ちを書いてもらうと5人の子どもが「迷っている」もしくは「食べられない」と書いた。「食べてあげたいというお友達の気持ちは本当によくわかるよ。でも，食べれないというお友達の気持ちもわかるよね。皆は，もし食べないということになっても納得できるかな」と言うと，どの子もうなずいた。

子どもたちは出荷したお肉に対して「絶対においしく食べてもらいたい」「残してほしくない」という強い気持ちをもった。

それ以来「どのお肉にもぼくたちと同じ気持ちが込められているんだね」「野菜や果物もそうだよね」「みんな命があるんだ」「私たちは，命をいただいて生きているんだ」「食べ物の命を大切にしたい」と言い，誰ひとりとして給食を残さなくなった。　（浦野紀和）

I 子どもの主体性と教師の指導性

Q45 子どもの動機づけ

いかにして子どもの動機づけを図り，高めていけばよいか。

point
1 子どもの知的欲求を刺激する導入の工夫
2 子どもたちの興味・関心を高めるように学校環境を工夫する
3 学習成果を発表する機会をもつ
4 自己評価から次の活動へとつなげる

1 子どもの知的欲求を刺激する導入の工夫

　民族衣装に身を包んだインドの方が，教室で子どもたちに囲まれながら，手を上手に使ってカレーライスを食べている。はしやスプーンという道具を使うことが当たり前と考えている子どもたちは，何を思うのだろう。また，びん・缶・ペットボトルに入ったジュースが並んでいる。どれも同じジュースであるが，入れ物が違うだけである。子どもたちに「どれが一番いいですか？」と聞いたとき，何を基準にどう答えるだろうか。

　さらには，耳の不自由な方と意思疎通を図らなければならなくなったとき，子どもはどのように考えるだろうか。音を手がかりとした聞く・話すという日常の活動について，どのような実感をもつであろうか。

　学習を組み立てて考え，どのように子どもたちに動機づけを図っていくのか，たいへん難しい問題である。

　しかし，子どもたちは「あれ」，「なぜだろう」，「もっと知りたい」と思えるような素材や人と対面することで，心の中に疑問や考えたいことがわきあがってくるはずである。カレーライスを手で食べる習慣がある国のことを知った子どもは，自然と食べるための道具に関心を強めていった。

　子どもの心にインパクトを与えられるような学習の入り方が，総合的な学習では重要であり，極端に言えば，総合的な学習における教師の役割の大きな部分は，導入時における子どもたちへの動機づけと言っても過言ではない。単元のねらいが意図する向きへ，子どもたちの思いがつながるように，導入での工夫を大切にしたいものである。

2 子どもたちの興味・関心を高めるように学校環境を工夫する

　「5年生になったらこんなことができるんだね」

　「4年生の勉強は楽しそうだよ」

　「前の学年の人がまとめた資料を見て，自分の学習を考えたいね」

　子どもたちは，毎日廊下を通りながら，総合的な学習で先輩たちが進めてきた様子をまとめた掲示物を見ながら話し合う。

　子どもたちがふだんの学校生活の中で通りすぎる廊下・通路や玄関の掲示板などに，総合的な学習にかかわる作品や写真などを展示できると，学校カリキュラムとして子どもたちへの動機づけにつながる。

　総合的な学習は，教科書のない学習であり，そのままであれば，子どもたちにとってはまったく先の単元の見通しがもてない学習である。学習の目標からすれば，十分に考えられることである。しかし，学校ごとに総合的な学習カリキュラムが受け継がれていくとすれば，どのような学習があるのか，学校の子どもたちが互いに知り合えるようにすることが大切である。

　そのために掲示する素材としては，次のよ

うなものが考えられる。
・学習の様子がわかる写真
・子どもの学習成果をまとめたもの
・子どもが学習にかかわって制作したもの
・学習を進めるときに使う用具
などである。

常に掲示しておくことで，学習が全校の子どもたちに広がり伝わっていく。まとめ方・活動の面白さ・表現の方法など，学習の内容にとどまらず，様々な学習面での動機づけにつながる。

何を伝えていくことがよいのかを確かめたうえで，掲示する内容を工夫することがよいと考える。

3 学習成果を発表する機会をもつ

総合的な学習の目標から判断すると，それぞれの子どもたちが追究し整理した学習成果を，必ず発表に結びつける必要はない。

しかし，計画的にまとめを発表することも肝要である。場合によっては，意図的にまとめたことを発表につなげ，学習の内容や追究の方法などを，下学年に伝えていく。発表する学年の子どもたちにとっては，学習を進め成果をまとめる目標が明確となり，相手意識をはっきりもって，整理し，発表につなげることになる。

発表を聞く立場の，下学年の子どもたちにとっても，学習が進むときに学習内容の概要や発表の仕方，学習の進め方等々，学ぶことが多くなるはずである。

下学年の子どもにとって，先輩の発表を見聞きし，自分にとっての学習の目当てにつなげることは，非常に価値のあることとなる。

また，時によれば，保護者の参観授業に，総合的な学習の発表を実施し，保護者の理解を求めることも大切となる。子どもたちの意欲が高まった発表であれば，多くの場合は子どもは家庭で称賛を受け，次の活動へのやる気へとつなげるはずである。保護者も新しい学習に対しての理解を深めることになるであろう。

次ぎに向かっての学習の動機づけとして，発表の機会を上手に活用することが大切である。

4 自己評価から次の活動へとつなげる

総合的な学習の時間になると，子どもたちは自分で見通しをもち，追究の方法を工夫し，まとめるという流れを基本としながら学習を進める。これは，容易なことではなく，繰り返し学習を進めることで，身につけていく力である。

しかし，5・6年生であっても，事前に詳しい自分の学習計画を立て，それに従って課題を自分の力だけで解決していく力をもてることは，かなり難しいこととなる。ましてや，3年生に先の見通しをもって自分の学習を考えなさい等と言うことは，不可能に近いことである。

そのために，「ふりかえりカード」や「そうごうノート」などを活用して，子どもたちに毎時間あるいは学習の節目ごとに自己評価をさせる。

子どもたちの記述に基づいて，教師の指導を伝える。ややもすれば停滞しがちとなる学習単元の中頃の時期を，自己評価を基に前に向かって学習を前進させることが必要となることも多い。

子どもたちが書いた「ふりかえりカード」等を，中だるみとなりそうな場合の新たな動機づけとして，活用することが大切となるのである。

(熊沢義夫)

1 子どもの主体性と教師の指導性

Q46　子どもの主体性を生かす教師の指導性

> **point**
> 1　子どもの主体性と教師の指導性の関連
> 2　きめ細かい支援を生み出す大きな支援
> 3　学習状況を把握した的確な支援

子どもの主体性を生かすために教師はどのように指導性を発揮すればよいか。

1　子どもの主体性と教師の指導性の関連

　総合的な学習のねらいは「自ら課題を見付け自ら学び，自ら考え，主体的に判断し，よりよく問題を解決する資質や能力を育てること」「学び方やものの考え方を身に付け問題の解決や探究活動に主体的創造的に取り組む態度を育て自己の生き方を考えることができるようにすること」である。

　「自ら」や「主体的」という言葉が何度も使われているように，総合的な学習は子どもの主体性を生かし伸ばす学習であるが，教師は子どもにどうかかわっていけばよいのか，その指導性のあり方が問題となる。「総合的な学習では子どもの主体性を重視するのだから教師は何もしないで自由にさせておいた方がよい」といった極論もあるが，「子どもの主体性」と「教師の指導性」は決して対立する概念ではない。その両者の関連とバランスをいかに図るかが課題である。

2　きめ細かい支援を生み出す大きな支援

　生活科では「指導」より「支援」という言葉がもてはやされた。総合的な学習でも「支援」がよく使われる。子どもが主体的に学習に取り組むことが主であり，教師はあくまでも支援者的な役割を担うべきであるという考え方が強く表れている。支援には，「大きな支援」と「きめ細かい支援」とがある。

　「大きな支援」とは，主に単元開発・授業設計段階に行われるもので，例えば，1）子どもや地域の実態，興味・関心を踏まえた教材開発・課題設定，2）具体的な体験を通した問題発見・課題設定・追究活動にじっくり取り組める単元展開，3）子どもの多様かつ主体な追究活動を支える学習環境整備などにおける教師の教育活動である。「きめ細かい支援」とは，主に授業実施段階に行われるもので，子ども一人ひとりの活動状況を把握したうえでの的確な助言や指導などの教育活動を指す。「大きな支援」が十分に機能することで教師にも余裕が生まれ，「きめ細かい支援」が可能になる。

3　学習状況を把握した的確な支援

　総合的な学習では，学年や学級で共通のテーマを追究したり，グループや個人でそれぞれのテーマを追究するなど，活動の内容・方法は多様化してくる。子どもたちの主体性を重視しながらも追究活動の質を高めるためには的確な支援が必要であり，子どもたちの学習状況の把握とその活動の先読みが教師に求められる。状況把握の方法としてはポートフォリオや自己評価カードの活用，活動中における子どもへのかかわりや記録などがある。

　学年や学級で共通テーマを設定する場合に単元設計段階で学年団でウェビングを行うことが多いが，実施段階でも継続していきたい。また，グループや個人が異なるテーマを追究している場合でも，教師自身もそのテーマについてのウェビングを行うことで学習の先読みが可能となり，子どもの主体性を損なわない的確な支援が可能となる。

（村川雅弘）

J 学習課題

Q47 教科の課題との違い

point
1 ネットワーク型学習
2 社会参加型学習
3 ネットワーク型認識

　教科における課題と総合的な学習における課題の違いはどこにあるか。

1 ネットワーク型学習

　教科の成立の根拠は，生活科を除けば，学問，科学，芸術にある。もちろん，社会の現実とは無縁というのではない。教材レベルでは学習のリアリティを図るため，地域素材が持ち込まれ，その課題解決を求めることも多い。しかし，基本的には学問や科学，芸術に根拠をおき，教科は成立している。

　したがって，教科学習における学習課題は科学や学問や芸術の成果に基づいて設定されるし，学問や科学の方法，学び方，調べ方がそこに反映されている。

　それに対して総合的な学習は，現実の世の中や生活の現実に由来して成立している。したがって，そこでの学習課題は，国際化，環境問題，福祉問題というように，今日の社会が抱えこんでいる問題が扱われることとなる。

　このような今日の社会的問題は，ある学問や科学によって対応でき，解決できるものではない。多くの学問や科学（それに由来する教科）を横断し，超えたところに存在する。したがって，あらゆる教科の知見や学びの方法を総動員し，駆使して問題に迫らねば，問題解決の方法も覚束ない。知の総合化，実践化が求められる。さらには，多くの人が知恵を出し合い，手分けしつつ協働して課題解決に取り組まねば，問題の大きさに圧倒されてしまう。つまり，ネットワーク型学習という特性があり，それに対応した課題が総合的な学習では求められる。

2 社会参加型学習

　教科学習では，学習の対象を冷静に見つめ，感情を入れ込むことなく，突き放して調べることが基本となる。つまり，「客観的，論理的，普遍的」な科学の方法として求められる。

　それに対して，総合的な学習では，社会的事象を「何とかしなければならない，避けて通れない問題」と受けとめることから出発する。自己を投入し，感情を入れ込みつつ，問題に対応しようとする。その意味で「主観的，感性・体験的，具体的」な問題解決学習となる。

　子ども自身の興味・関心や問題意識が，教科学習以上に総合的な学習で強調されるのもここにある。つまり，具体的な社会に自己を入れ込み，どっぷり漬かる社会参加型学習であり，そこに教科学習とは異なる課題が生まれる。

3 ネットワーク型認識

　教科学習では，単一の事象，事物が扱われ，分析的で因果論的説明が求められることが多く，一般的である。それに対して総合的な学習は，多様な要素が複雑に組み合わさっており，インタラクティブ（相互影響的）にとらえていくことが求められる。

　すなわち，多面的，構造的，統一的な見方や考え方（ネットワーク型認識）で，一つの学習や教科では断片的で一面的であった見方や考え方を広げたり深めたりする学習で，それに対応した学習課題が総合的な学習では求められることとなる。

（児島邦宏）

J 学習課題

Q48 三つの学習課題の相互関連

point
1 学習指導要領の提示
2 三つの課題
3 三つの課題のトライアングル

横断的・総合的な課題，子どもの興味・関心に基づく課題，学校や地域の特色に応じた課題の相互関連をどう図ればよいか。

1 学習指導要領の提示

総合的な学習の時間のねらいを踏まえて，学習指導要領では，次のような学習活動を行うこととしている。

「学習活動については，上記のねらいを踏まえ，例えば国際理解，情報，環境，福祉・健康などの横断的・総合的な課題，児童の興味・関心に基づく課題，地域や学校の特色に応じた課題などについて，学校の実態に応じた学習活動を行うものとした」

すなわち，①横断的・総合的な課題，②児童の興味・関心に基づく課題，③地域や学校の特色に応じた課題，などが示されている。しかし，これは「この時間が新たに創設されたものであることから，各学校で具体的な学習活動を計画し，展開する際の視点を参考として示したもの」であり，「各学校においては，この時間の趣旨やねらいに即して適切な活動を行えばよく，これらの例示にあげられた活動を全部行わなければならないものではなく，また，例示された以外の活動を行っても差し支えない」とされている（小学校学習指導要領解説―総則編）。

2 三つの課題

学習指導要領及びその解説編の説明を拡大解釈すると，結局のところ総合的な学習活動は，各学校が創意工夫して何をやってもいいわけで，学習指導要領は単なる例示にすぎないということになる。現実にそのように拡大解釈すると，「総合的な学習，何でもあり」と化し，「子どもの好きなことを何をやってもいい」となり，焦点がボケてしまい，ねらいもわからなくなってしまう。現にこのような状況が見られるようになってきた。

総合的な学習の学習活動は，あくまで横断的・総合的な課題，子どもの興味・関心に基づく課題，学校や地域の特色に応じた課題を中軸とし，それにとどまることなく，その他の課題も考慮されるべきだと解すべきだろう。そのことを前提に，それぞれの課題の内容をみてみると，次のようなことが考えられる。

① 現代社会の課題——横断的・総合的な課題あるいは現代社会の課題とは，現代社会の抱えている差し迫った解決をせまられている課題に他ならない。具体的にどんなテーマであるかは，「今日の社会の変化」をどうとらえるかにかかっている。何をもって「変化する社会の指標」とするかである。

学習指導要領では，あくまで例示としながらも，国際理解，情報，環境，福祉・健康を扱っている。もちろん，これにとどまるものではない。「生命」「産業と経済」「人権」「ジェンダー・性」「平和」など，今日の当面する社会的課題は広く，どれもこれも乗り越えなければならない緊急かつ困難な課題となっている。

② 子ども自身にかかわる課題——子どもの興味・関心に基づく課題とは，子ども自身に焦点をおいた課題であり，とくに中・高校の中等教育レベルでの課題としては，進

路，生き方が重要な課題となる。

　さらに，現実の社会の活動，営みに参加し，自らの生き方・在り方を考え，人間として，良き市民として自己をどう高めていくかが重要な課題となっている。社会参加型学習の意義がそこに強調されている。

　そうであるがゆえに，現代社会の課題をそのまま生徒にぶつければよいのではなく，その社会的な課題を主体的に受けとめ，「このことは避けて通れない問題である」と，自分自身の切実な問題として受けとめ，自らの課題として出発していくことに，総合的な学習の課題設定の視点がおかれている。

③　地域の特色に応じた課題——現代社会の課題が渦巻く現実世界や生活世界の場に着目するとき，「地域」「ふるさと」「郷土」という課題が浮かび上がってくる。言い換えれば，「地域」は現代社会の縮図そのものである。現代社会の諸課題が，地域や家庭の中に山積している。

　したがって，地域を手がかりに，その生活世界を手がかりに，現代社会の諸課題にたどりつくこととなり，そこに総合的な学習を組み立てることが可能となる。というよりも，単元開発を進めるうえで，地域こそ最も重要な手がかりとなる。

　具体的なテーマとしては，河川，湖沼，山野，海などの自然環境，農，漁，工業，伝統工芸などの地場産業，文化，伝統，歴史，行事，人々の暮らし，などがあげられる。

3　三つの課題のトライアングル

　さらに，この現代社会の課題（横断的・総合的な課題），子ども自身にかかわる課題（子どもの興味・関心に基づく課題），地域や学校の特色に応じた課題の三つの課題は，別個にバラバラに存在するのではなく，相互に関連し，影響し合い，働き合う関係としてとらえることが重要である。つまり，下図のように，三つの課題は，相互に関連したトライアングルとしてとらえることが重要である。

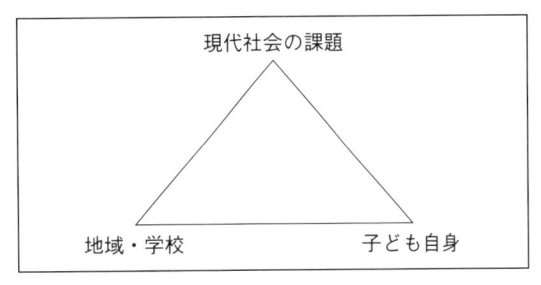

```
              現代社会の課題
                  △
            /          \
        地域・学校     子ども自身
```

　なぜ，三者をトライアングルとしてとらえる必要があるか。その理由を端的に言えば，三者をバラバラに扱うことによって，「総合的な学習，何でもあり」「総合的な学習，何をやってもいい」という拡散した状況が生じてきているからである。結論からすれば「総合的な学習では，一体，何をやればいいのか」という焦点がぼやけてしまう状況すらうかがわれる。

　例えば，生徒の興味・関心に基づく課題のみに着目し，そこからテーマを取り出すと，「子どもの興味をもったもの，好きなことは何をやらせてもいいんだ」というとらえ方となってしまう。はたして，こうしたとらえ方は，総合的な学習の時間のねらいに即したふさわしい活動内容だろうか。

　また，学校の特色という点から，修学旅行や移動教室を機械的にそっくり総合的な学習に横すべりさせている例もある。逆に言えば，本来の修学旅行や移動教室のねらいはどこに行ったのだろうか。

　もちろん，活動をクロスさせることは重要だが，機械的なスライド方式とは異なる。こうした問題を避けるうえからも，三者は相互に関連するもので，そのうえに立って地域や学校，生徒自身に焦点をおいた課題やテーマを設定することが重要である。　　　（**児島邦宏**）

J 学習課題

Q49 横断的・総合的な課題

point
1 学習指導要領の提示
2 新しい課題
3 具体的なテーマ一覧

横断的・総合的な課題をどうとらえ，具体的なテーマとしてどのように取り上げるか。

1 学習指導要領の提示

学習指導要領においては，「例えば国際理解，情報，環境，福祉・健康などの横断的・総合的な課題」を示しており，横断的・総合的な課題の中味として，国際理解，情報，環境，福祉・健康を例示するにとどまっている。したがって，あくまでこれらにとらわれることなく，「例示された以外の活動を行っても差し支えない」（小学校学習指導要領解説―総則編）とされている。

さらに，前記の総則の解説において，「なお，これらの例示は，この時間の創設を提言した中央教育審議会や教育課程審議会の指摘を踏まえ，全国の比較的多くの学校で実際に総合的な学習として行われている学習活動の実践例などを勘案して示したものである」と，例示した内容の背景説明もなされている。

2 新しい課題

したがって，学習指導要領に例示された横断的・総合的な課題のほかに，各学校において創意工夫をめぐらし，新しい課題を設定することは，いささかも問題はないし，むしろ望ましいことといってよい。

むしろ問題は，何をもって今日の社会の重要な課題，避けて通れない課題と受けとめるかである。そこには，学校・教師の今日の社会をどう受けとめるかという眼が重要な意味をもってくるし，同じように子ども自身が今日の社会のどこに眼を着け，関心を抱いているかにかかってくる。さらには，地域の課題も当然のことながら反映してくる。

実際に「研究開発学校」などでの横断的・総合的な課題をみてみると，例示された課題のほかに，次のような新しい課題が見られる。もちろん，これらに限られるものでないことは言うまでもない。

① 「生命」あるいは「いのち」——生命尊重の立場から，扱われている新課題である。人間のみにとどまらず，動植物の生物的な視点・生命倫理にかかわる点など，その内容は広がっている。

② 「性」「男女平等」「ジェンダー」あるいは「男女共同参画社会」——生理的な点からの性をめぐる教育にとどまらず，ジェンダーや男女共同参画社会に見られるように，性をめぐっての社会的視点からの課題提示が多く見られる。

③ 「人権」——人権をめぐる課題設定は多く見られる。差別の構造をめぐって，広く社会の問題のみならず，校内のいじめ問題等身近な深刻な問題に直面しているためでもある。

④ 「平和」——平和あるいは平和教育を課題として設定したもので，県レベルでの避けて通れない教育課題ともなっている。その歴史と未来，そして現実をめぐっての検討がなされている。

⑤ 「人間」「ひと」——激しく揺れ動く現代社会を生きていく「人間」に焦点を合わせたもので，それは「自己」のあり方ともか

かわってくる。「生理的」「心理的」「社会的」に接近し，人間とは何であるかが問われている。

3 具体的なテーマ一覧

これらの課題を踏まえて，より具体的なテーマが設定されてくる。下表は，その一端を示したものである。例えば，国際理解という課題においても，異文化理解，国際交流，外国体験，海外調査，外国語会話等々とそのテーマは広がっている。

さらにそのテーマは，いくつか組み合わさって，具体的な単元が設定される。例えば，「アメリカの姉妹校と通信衛星を使って環境問題についてテレビ会議」というように，国際交流と情報と環境問題とが重なって，具体的な単元となってくる。また，生徒自身に焦点を合わせた課題であるボランティア活動と結びつけば，福祉ボランティア，環境ボランティア，国際ボランティアといった単元も設定できる。

（児島邦宏）

横断的・総合的課題（現代社会の課題）のテーマ一覧

§1	国際理解	(1)	異文化理解	
		(2)	国際交流	☞姉妹校，外国人学校
		(3)	外国体験	☞海外協力隊，海外帰国子女
		(4)	海外調査・調べ	☞アンケート，文献など
		(5)	外国語会話	
§2	情　報	(1)	コミュニケーション	☞テレビ会議
		(2)	情報収集	☞インターネット
		(3)	情報づくり・発信	☞ビデオ，ホームページ
		(4)	文書・報告書	☞ワープロ
		(5)	表現	☞コンピュータグラフィック
§3	環　境	(1)	環境保護	☞自然保護
		(2)	環境保全	☞防災，国土保全
		(3)	環境美化	☞地域清掃
		(4)	環境調査・調べ	
		(5)	環境と人間	☞共存と循環
§4	福祉・健康	(1)	高齢者福祉	
		(2)	障害者福祉	
		(3)	成長と発達	
		(4)	心の健康	
		(5)	身体の健康	
§5	新課題	(1)	生命	
		(2)	性・男女平等	
		(3)	人権	
		(4)	平和	
		(5)	人間	☞共に生きる，人間関係

J 学習課題

Q50 学習課題設定の視点

point
1 学校の創意工夫
2 課題設定の視点

国際理解や環境等の例示があるが，どのような視点で決めればよいか。

1 学校の創意工夫

総合的な学習の時間の指導目標が内容をどう設定するかは，すべて学校に委ねられている。したがって，何学年で何を扱うのか，年間を通して，いくつかのテーマを取り上げ，それをどう配列するかも，一切，学校に任せられている。

例えば，国際理解，情報，環境，福祉・健康等が学習指導要領で例示されているが，これを取り上げるか，その他の課題を取り上げるかも，学校次第である。また1学期は国際理解，2学期は情報，3学期は環境と設定してもいいし，3学年は国際理解，4学年は情報，5学年は環境，6学年は福祉・健康といった具合に扱ってもよく，もちろんその他にも様々な扱いが可能であって，そこに何らかの定型があるわけではない。すべては学校の創意工夫に任せられている。それだけに学校にとっては頭の痛い点でもある。

2 課題設定の視点

課題やテーマを設定していくうえで考慮すべき視点を一般的にあげると次のようになろう。これらを比較考量しつつ，最終的には学校，教師の課題意識に沿って設定されることとなる。

第一は，この学習の単元の特質を踏まえることである。経験単元で大単元方式がとられる。しかも体験的学習や問題解決的学習といった子ども主体の子どものペースで進められる。したがって，例えば30～40時間という枠の中で，しかも試行錯誤が可能なゆっくりした学習となる。子どもの成長の過程を見ながら，どんな課題が望ましいかである。

第二は，このこととも関連して子どもの興味・関心あるいは「こうしたい，こうだったらなあ」という願いがどこにあるのか，子どもとじっくり話してつかむことである。都会の真ん中にある学校であるがゆえに，「緑や花でいっぱいの学校にしたい」という願いを持ち，そこから環境学習へとつながった例もある。この願いを探ることが最重要である。

第三は，総合的な学習は，教師の学習の力に支えられている面が大きい。知識や技能の程度はもとより，調べ方や学び方をどこまで身につけているかによって，大きく異なる。同じテーマを4学年と5学年で扱っても，その違いが現れるのは，この教科の学習の程度と大きくかかわってくるからである。「知の総合化・実践化」という視点から考慮する必要がある。なかでも，調べ方，学び方という学習スキルが大きくかかわっている。

第四は，学習が具体的に展開される地域という学習の場，さらには地域の課題をどうとらえるかである。地域によって国際化が大きな課題となったり，特色となっていることも多い。環境等もそうである。都会の核家族化した生活の中では，高齢者福祉が課題になっていることも多い。何が地域の課題であり，それを展開していくうえでの学習条件がどうなっているかを探る必要がある。 （児島邦宏）

J 学習課題

Q51 単元の具体的展開

単元の展開は具体的にどのようになっていくか。

point
1 育てる力と単元展開
2 研究先進校の単元展開に学ぶ
3 潜在的な力を引き出し伸ばす学習

1 育てる力と単元展開

単元を開発するうえで，どのような展開を構成すればよいのか，大いに悩むところである。

総合的な学習を通して育てる力を考えるとき，一つひとつの活動の積み上げによって育てる力（例えば，インタビューする力や友達同士で話し合う力や必要な事柄を各種メディアを活用して調べたり伝えたりする力など）に加えて，単元全体で育てる力がある。例えば，問題発見・解決力や追究力などはある特定の課題追究における一連の学習過程を通して育っていくものである。

2 研究先進校の単元展開に学ぶ

横浜市立日枝小は総合的な学習に「経験単元（児童の当面している問題を中心として，その解決に必要な価値ある学習活動のまとまり，系列）」の考えを採用し，問題解決を基盤とした展開を考えている。その基本構造を「問題場面を自覚し→問題を決定する→そのための解決策を練り→それにそって行動する。そして，満足すれば問題は終了する。もしそうでなければ解決活動を再び繰り返す」としている。具体的な学習活動を通して，「自ら問題を見つけ，ねばり強く，仲間とともに，その解決に当たる子」を育てたいとしている。

上越市立大手町小は単元を「子どもが自分の思いや願いの実現を目指し，自ら追求する学習活動のひとまとまり」ととらえ，単元展開においては「一人一人の子どもの体験がその子にとって価値ある学びとして組織されること」を目指している。「没頭」→「追求」→「自己表出」の大きく3段階を設定し，対象との出会い・かかわりを通して，自分なりの視点をもって追求し，自分なりの主張を表出する過程を通して価値ある学びを子どもの中で組織していこうと考えている。

京都市立御所南小は，追求力を育てるための単元展開の基本モデルとして，「ふれる」↔「つかむ」↔「むかう」→「生かす」を設定している。この流れはリニアなものではなく，例えば，「ふれる」と「つかむ」，「つかむ」と「むかう」は行きつ戻りつの関係にあるとしている。

3 潜在的な力を引き出し伸ばす学習

総合的な学習でどのような力をどうはぐくむのか，その成否は具体的な単元展開にかかっている。体験を通して身近な事象から問題を見つけたり，その解決のために具体的な計画を立てたり，様々な追求活動を行ったり，その過程で多様な立場の人に相談したり，子ども同士で相談したり協力したり，学習の成果を見直し，さらにより良いものに仕上げていったり，学習成果を多様な人に様々な方法で表現・発信したりなど，具体的な活動を通して，子どもたちは「生きる力」や様々な具体的な課題に対処していく術を身につけていく。子どもたち一人ひとりが潜在的にもっている「生きる力」を引き出し伸ばす単元をどう仕組むか，これこそが教師の最も重要な支援である。

（村川雅弘）

J 学習課題

Q52 教師が示す学習課題

point
1 子どもの意識を大切にした学習課題
2 子どもの意識や活動の進展によって変わる課題提示
3 課題提示のタイミング

教師から学習課題を示す場合，どのような出し方をすればよいか。

1 子どもの意識を大切にした学習課題

教師の学習課題提示については，総合的な学習の基本的なとらえ方，単元づくりと深くかかわる問題である。総合的な学習は，子ども主体の問題解決的学習であり，子どもが自らの生活実態・問題と切り結びながら，自らの生き方を考える学習である。したがって，追求する課題についても子ども自身が見出したもの，あるいは子どもの興味・関心，思いや願いが基盤になければならない。

しかし，すべてを子どもに委ね，子どものやりたがることや，表層的な思いつき（子どもの思いつきがこだわりに発展する道筋が想定されていれば別だが）や友達がやるからという安易な課題でよいということではない。

また逆に，終始，教師の構想に従って課題提示がなされ，活動が狭められ，豊かさや満足感・成就感の伴わない学習は総合的な学習とはいえない。

新学習指導要領解説総則編では，「この時間の全体の年間指導計画は，学校や教師が定めるものであるが，各学習単元や課題ごとの具体的な学習テーマや学習方法などは，児童自らの問題意識や興味・関心に基づき選択・設定できるようにすることが望まれる」と述べられている。教師は現代的課題を背景とした地域や生活の現実の中から単元を構想しながらも，活動は子ども自身の思いや願い，こだわりから出発する基本的なスタンスをもち，学習課題の提示を心がけなければならない。

2 子どもの意識や活動の進展によって変わる課題提示

(1) 単元の性格（質）による違い

総合的な学習では，様々な活動が実践されている。その活動の性格の違いによって，教師の課題提示のあり方も変わってくる。

〈終着駅指向タイプの場合〉

例えば，子どもが地域の川や池とかかわり，そこに棲む生き物を全校や保護者・地域に紹介する「〇〇水族館を開こう」の活動などは，水族館を開くことが子どもたちの願いであり，その願い（終着駅）に向かって活動するタイプである。総合的な学習としての価値は，願いの実現に向けた意欲的で個性的な学習が展開され，単元全体としては，一つの大きな目標に向かっていき，達成感・成就感を味わうことが自信となるところにある。

このタイプでの教師の課題提示は，導入段階における子どもの願いの顕在化と活動や体験への誘いが重要である。また，このタイプの活動では，過程において，子どもが自分のもつ技能や知識，体験だけでは解決困難な場面が出てくる。このような場面こそ，価値ある学びとして，問題点の整理と方向性の確認を行う教師の出番である。

〈生活問題解決タイプの場合〉

このタイプは，例えば，子どもが身近な環境の問題点を探り，その問題の解消に向けた調査活動や行政や住民とのかかわりをもち，環境と人間の調和的なあり方を考えるといっ

た単元で，切実な問題解決への取り組みとして主体的な調査活動や人とのかかわりや，そこから明らかにされた自らの生き方を考えるところに価値がある。よって，導入段階における問題点の整理と個の取り組みを明確にする教師の課題提示が重要となる。また，展開の途中では，情報交換から自分の，あるいはグループの取り組みをふり返る課題提示も必要となる。

(2) 単元の進展による違い

総合的な学習では対象と出会った子どもたちがしだいに活動に没頭し，自ら取り組むべき課題を明らかにし，追求し，そこから自らのあり方や生き方を見出していく学習が展開される。教師の課題提示のあり方も，単元のどの段階にあるかで変わってくる。

①対象との出会いからこだわりが生み出される段階での課題提示

ここは繰り返し対象とかかわる中で得られる感性的な体験や気づきから自分の問題を見出す段階である。対象とのかかわりを方向づける課題提示や対象とのかかわりから生まれた思いや願いをより強い課題意識に醸成する教師の働きかけが必要となる。

②解決段階での課題提示

課題解決の段階は対象とのかかわりが深まり，自分なりの視点で問題解決を進める段階であり，教師は一人ひとりの課題解決を確実に保障しなければならない。課題と解決方法の明確化につながる課題提示が重要である。

③終末段階，自己の生き方を考える段階での課題提示

総合的な学習は一つの結論や認識に子どもを追い込むことが目的ではない。課題解決をとおして，子ども一人ひとりが自らあり方や生き方について考えることが大切である。したがって，この段階では，子ども一人ひとりが得た見方・考え方，主張，生き方を明確にし，それをどのようなかたちで表すかということに関する課題提示が重要となる。

3 課題提示のタイミング

教師の課題提示は，子どもの意識のあり様を確実に見とり，タイミングよく提示されなければならない。

新学習指導要領解説総則編にもあるように「具体的な学習テーマや学習方法などは，児童自らの課題意識や興味・関心に基づき選択・設定できるようにすること」が大切である。

子どもが自ら課題を選択・設定するには，それ以前の段階に，子ども自らが選択・設定できるだけの材料や体験がなければならない。

しかも，実際にはこの材料や体験の中に，すでに方向性や課題が内包されており，教師はそれを顕在化する方策を示唆したり（課題設定につながる），実現可能ないくつかの方法を例示（課題選択につながる）してやればよいのである。

この課題提示がタイミングよくなされることによって，子どもにはその後の活動も必然性のある活動としてとらえられ，意欲的・主体的取り組みが展開されるもととなる。

では，そのタイミングとはどのようなタイミングで行えばよいかという問題になる。

活動が子ども一人ひとりの興味・関心によって広がっている段階で，教師が新たな課題提示や方向づけを行うことは子どものエネルギーを削ぐ結果となる。それまでの活動をふり返り，自分の考えをまとめるときや，互いの情報交換により視野を広げたり，新たな追求方法に気づいたりすることにより，学年・学級の全体像やそこにおける自分の位置を把握するときが教師の課題提示のタイミングとなる。

(佐藤真市)

J　学習課題

Q53　「国際理解」の学習課題

「国際理解」を学習課題としてどのように取り上げるか。

point
1　21世紀を国際人として生きる
2　近隣諸国の文化にふれる
3　コミュニケーション能力の育成
4　共に生きる

1　21世紀を国際人として生きる

　21世紀に向けて社会は国際化，情報化，科学技術の発展，環境，福祉問題への関心の高まりや高齢化・少子化等様々な面で大きく変化している。そこで，学校教育も豊かな人間性やたくましく生きるための健康や体力を培うなどの「時代を超えて変わらない価値あるもの」を大切にしつつ，「時代とともに変化するもの」に主体的に対応していく必要に迫られている。

　以上の趣旨を踏まえるとともに，子どもの実態や地域・保護者の願いを考慮し，国際理解教育を進めていく必要がある。

　第15期中央教育審議会の第1次答申では，国際理解教育にかかわる内容として，次のようなことをあげている。

(a)　広い視野をもち，異文化を理解するとともに，これを尊重する態度や異なる文化をもった人々と共に生きていく資質や能力を育成すること。

(b)　国際理解のためにも，日本人として，また，個人としての自己の確立を図ること。

(c)　国際社会において，相手の立場を尊重しつつ，自分の考えや意思を表現できる基礎的な力を育成する観点から，外国語能力の育成を図ること。

　これらの3点から考えられるように，国際理解教育とは単に英語が話せるとか，外国の人と交流するだけで終わってはならない。英語をコミュニケーションの手段の一つとして相互理解を深め，また，英語をとおして異文化を体験することがねらいとなる。これらの体験が，違いを受けとめる心の寛容さや自国文化の理解と日本のよさを見直すこととなる。さらには，自分の生き方に返し，地域・社会に発信していく力となる。すなわち，21世紀に生きる子どもたちに必要な資質や能力となるのである。

2　近隣諸国の文化にふれる

　現代は，世界の最新の情報が簡単に手に入る情報化時代といえる。しかし，子どもの生活指向を見てみると，欧米諸国の影響を大きく受け，少し偏った考えがあるのではないかと思える。自国の文化を課題追求していく過程や，日本に住んでいる外国の人々を見ても，私たちの地域アジアを軽視することはできない。子どもたちの意識や視野を広げる意味からも，身近な外国を取り上げることが望まれる。食文化，生活習慣，言語，祭りなど，子どもたちの興味・関心のある学習課題を調べ，追求していく。そして追求していく過程において，「比較する」ことをポイントにおいてみる。「比較」といっても，決して優劣や好き嫌いで見るものではない。「比較する」ことにより，互いの国の相違点・共通点を見出すことができる。さらには，その違いは「どうして」という疑問につながり，新たな学習課題となる。単に，「違い」を認識するだけでなく，違いを違いとわかりあい，認めあう。そして，「違い」が「楽しさ」，「豊かさ」と

なり，相互理解となる。そのことがアジアの一員，仲間として共に生きる力になりうる。

3 コミュニケーション能力の育成

国際理解といえば，英会話をしなければいけないとか，また，英会話をすることが国際理解教育と考えられてはいないだろうか。英会話そのものが到達点ではなく，コミュニケーションの手段として考える。コミュニケーションを図るうえで大切なことは，相手の話を聞き，それに対して自分の考えや感想をもつということであり，自分の思いや考えを表現し，相手に伝えることである。つまり，自分らしさを表現することである。子ども一人ひとりが日本人としてアイデンティティを確立することである。自分が伝えたい，人とかかわりたいという気持ちがあれば，たとえ言葉の壁や考え方が違っても自分の思いを相手に伝えることはできる。未熟な英語や表現方法であっても，伝えようとする態度や気持ちがあれば相互理解となる。子どもは直接交流することにより，積極的にコミュニケーションを図ろうとする。そのためには，地域に住んでおられる外国の人や外国で住んでおられた人の協力を得ることが望ましい。また，直接体験をできるかぎり多く取り入れるために人材バンクを学校独自で作成することが必要である。

4年生の授業で，「お正月」という行事をとおし，国際理解教育を考えてみた。そのなかで，食文化，風習，習慣，挨拶等について，グループ別に課題学習を行った。地域に住んでおられる中国・韓国・オーストラリアの人たちの協力を得て，実際に話を聞くことができた。学習過程において，中国語・韓国語の挨拶を学んだり，オーストラリアのことについては，習った英語を使う実践の場となった。子どもたちは，自分たちの未熟な英語や表現方法であっても，相手の方が温かく受けとめようとしてくださる態度や表情に深く感動した。この体験が表現することの楽しさを知り，自分の視野を広げ，考え方，生き方となり，自己を確立することとなる。

4 共に生きる

総合的な学習の時間において，交流活動を欠かすことはできない。交流活動は，「誰」と交流するかで「世代間交流」，「地域間交流」，「異文化間交流」に分けることができる。

子どもは，これらの交流活動を繰り返すことにより，ゲストティーチャーの考え，生活，言語等の違いを知る。「違い」があっても人の心の温かさや人とのつながりの大切さには変わりのないことを知り，心の交流の心地よさを体感することができる。ゲストティーチャーのことを知りたい，その国のことをもっと知りたいという意欲につながる。また，交流活動をとおし，いつも教えてもらうばかりでなく，「自分，地域，日本」について，自分の言葉で，自分なりの手段や方法で相手に伝えようとする。この体験が子どもにとって，自分も地域や社会の一員であるという自覚となる。

様々な人との交流が子どもの心の豊かさとなり，共に生きていく仲間として21世紀を担う子どもの「生きる力」となる。(小林俊江)

J　学習課題

Q54 「情報」の学習課題

「情報」を学習課題としてどのように取り上げるか。

point
1　「情報教育」三つのねらい
2　「情報教育」と「総合的な学習」
3　「情報」のどこが学習課題なのか
4　情報社会に参画する態度をはぐくむ
5　情報のねらいと「開かれた学校」
6　ホームページをつくろう？

1 「情報教育」三つのねらい

情報教育・環境教育・福祉教育……世に○○教育と名前の付くものは多い。日常会話で使われるときには，なんとなく漠然としてイメージとして語られることが多い○○教育であるが，実はきちんと定義づけられた意味やねらいが存在している。情報教育もそうしたものの一つであり，1998年の文部省・調査研究協力者会議答申で三つのねらいがあげられている。

【情報活用の実践力】
　課題や目的に応じて情報手段を適切に活用することを含めて，必要な情報を主体的に収集・判断・表現・処理・創造し，受け手の状況などを踏まえて発信・伝達できる能力

【情報の科学的な理解】
　情報の基礎となる情報手段の特性の理解と，情報を適切に扱ったり，自らの情報活用を評価・改善するための基礎的な理論や方法の理解

【情報社会に参画する態度】
　社会生活の中で情報や情報技術が果たしている役割や及ぼしている影響を理解し，情報モラルの必要性や情報に対する責任について考え，望ましい情報社会の創造に参画しようとする態度

2 「情報教育」と「総合的な学習」

この三つのねらいを取り込んだ情報教育が理想とされているが，とくにその実現可能な時間が，「総合的な学習の時間」である。総合的な学習の時間のねらいの中に，「自ら課題を見付け，自ら学び，自ら考え，主体的に判断し，よりよく問題を解決する資質や能力」「学び方やものの考え方を身に付け，問題の解決や探究活動に主体的，創造的に取り組む態度」という表記がある。このことは，「情報活用の実践力」のねらいと同じものと考えることができる。すなわち，学習の中で情報の集め方，調べ方，まとめ方，報告や発表・討論の仕方など学び方やものの考え方を身につけ，問題解決に向けて主体的，創造的に取り組む態度を育成することである。このように考えると，「総合的な学習の時間」のベースとして「情報教育」を考えることが大切になる。「情報活用の実践力」を考えた学習活動により「主体的な問題解決力」も同時に身についていくと考えられるからである。

3 「情報」のどこが学習課題なのか

三つのねらいのうち，「情報活用の実践力」は前記のとおり「問題解決力」に近い能力である。したがって，学習課題となり得るものは「情報の科学的な理解」と「情報社会に参画する態度」ということになる。

ところが，小学校学習指導要領では「児童がコンピュータや情報通信ネットワークなどの情報手段に慣れ親しみ，適切に活用する」

ということがうたわれている。すなわち「情報の科学的な理解」に述べられている理解の部分については、ほとんど小学校段階でねらう必要はないということになる。

このように考えると、小学校の学習課題として取り上げられるべき「情報」とは、三つ目のねらいである「情報社会に参画する態度」を育てることということができる。

４ 情報社会に参画する態度をはぐくむ

21世紀、世の中はまさに高度情報化社会の真っ直中である。といっても、まだピンとこない人も多いかもしれない。しかし、日常生活を見ると「電卓」「VTR」「FAX」「電子レンジ」……さらに「テレビゲーム機」が普及している。テレビゲーム機を触ったことがない子どもはほとんどいないであろう。このテレビゲーム機といわれるものは、実はコンピュータの一種であり、子どもたちは家庭でこのコンピュータを当たり前のように使いこなす時代になっている。これからの時代はさらにコンピュータが生活に欠かすことのできないアイテムになることは間違いないのである。

そうしたときに大切になってくるものが「情報社会に参画する態度」であり、総合的な学習の中でも学習課題として取り上げられるべきものである。とはいっても、「情報社会に参画する態度」だけを取り上げても具体的な活動などはなかなか見えてこない。実はこのねらいに迫る活動は、他の学習課題と組み合わされて、既に多くの学校で実践されて来ていることである。

５ 情報のねらいと「開かれた学校」

小学校（とくに公立小学校）は地域の中心にあって、何か行事があると町の人たちが集まってきて情報交換をする場所というのは、昔も今も、そして未来も変わらないことであろう。しかし、マンションや団地も多くなり、近隣とのコミュニケーションも取り難い状況になってくると、情報伝達手段もそれに応じたものが求められてくると考えられる。インターネットによる小学校の情報公開は、こうした時代の動きに対応する一つの有効な手段になると考えられる。学校ホームページは「保護者とつながる」「地域とつながる」ことを考えながら公開されることが望まれ、それはすなわち「開かれた学校」の一側面であると言うこともできる。

６ ホームページをつくろう？

最後に、総合的な学習の課題として「情報」を取り入れた具体例を紹介する。

中学年の「まち調べ」地域体験活動で得た情報を、協力していただいた地域の方に還元するためにホームページ化して公開する活動を構成することができる。この活動は、もちろん「情報」だけの学習課題で成立しているのではなく、「地域」をベースとして「環境」や「福祉」「国際」など他の学習課題と複合的に扱われることとなる。

逆に言うと、表題のように「情報」として「ホームページをつくろう」だけの学習課題を設定するのではなく、たとえば「まちのお店紹介ホームページをつくろう」や「環境マップ（バリアフリーマップ）ホームページをつくろう」のように他の学習課題と組み合わせたうえでの「情報」学習課題が望ましいということになる。

その際、忘れてならないのは、「情報社会に参画する態度」をはぐくむという情報教育のねらいなのである。

（出口和生）

Q55 「環境」の学習課題

「環境」を学習課題としてどのように取り上げるか。

> **point**
> 1 身近な素材を取り上げ，設定する
> 2 体験的な活動を十分に取り入れる
> 3 教科との関連から設定できる
> 4 子どもの思いや願いを生かして学習課題を設定する

1 身近な素材を取り上げ，設定する

子どもたちを取り巻く環境は様々である。一日の生活の中で多くの環境問題と出会う。

そのなかでも総合的な学習の時間の学習素材として適しているのは，子どもの生活経験や学習経験と密接なかかわりがあるものである。

例えば，校庭の動植物，地域にある川や海などの自然環境，ごみやエネルギーなど社会環境に関する素材などである。子どもたちは，自らの生活を見つめながら，学習課題を設定していく。

2 体験的な活動を十分に取り入れる

子どもたちは，身近な環境にふれあったり，調べたりなどしながら，「なぜだろう」「調べてみたいな」「育ててみたいな」など様々な思いを膨らませ，環境について課題を発見する。

その際，五感をとおした体験的な活動を十分に取り入れ，子どもの気づきや疑問などを表出させ，テーマの設定や追究のエネルギーにしたい。

また，身近な自然について調べる活動，例えば，川探検の活動一つにしても，一度の調査活動では，子どもにとって切実な学習課題は設定できない場合がある。何度か繰り返し活動する中で，子ども自身のこだわりのある学習課題が設定される。

3 教科との関連から設定できる

3年生の理科の学習では，身近な動植物を観察する活動があり，生き物が生育する環境に着目できる。社会科の学習では，学校のまわりを探検する活動がある。校区の川，ごみなどの様子に関心をもつ子どもが出てくる。

さらに，4年生の社会科の学習においても水やごみが教材として取り上げられ，活動の発展として学習課題を設定できる。

高学年になると「緑の地球を守る」「人と環境」など単元名そのものが追究するテーマとなり，個々の子どもがそこから学習課題を見出すことが可能である。

4 子どもの思いや願いを生かして学習課題を設定する

本校は，鹿児島市の中央部の錦江湾と面する位置にあり，海を身近な学習の素材として活用している。ヒラメの放流をオリエンテーションに位置づけた6年生の実践「見つめよう，わたしたちの錦江湾」では，この海の環境を調査する視点として，「海中の生き物の調査」「砂浜の調査」「海でとれる魚の料理」「海で働く人々の願い」など多様なテーマが生まれた。子どもたちは，実際に海に出かけたり，大学の先生を招いたり，あるいはインターネットを活用したりしながら，自分たちの学習課題の解決に向けて活動した。ヒラメの放流という体験から地域の海を見つめ，地域の環境問題を主体的に学習課題として設定することができた。

（田中陽一）

J 学習課題

Q56 「福祉・健康」の学習課題

「福祉・健康」を学習課題としてどのように取り上げるか。

point
1 健康推進は学校が組織として一体的に
2 「生き活きタイム」で健康学習
3 健康単元の流れ
4 健康な生活を意識する子どもたち

1 健康推進は学校が組織として一体的に

近年の社会環境・生活様式の変化に伴い，強いストレスを感じながら生活したり，食生活の乱れからくる生活習慣病の兆しを背負いながら生活したりしている子どもたちが増えている。本校では，このような状態を一日でも早く改善し，自らの「心と体の健康」の維持増進に努める子の育成が急務であると考えた。平成10年度より揖保川町が「健康教育総合推進モデル事業」の地域指定（3年間）を受け，本校がその実践中心校となったのをきっかけに，地域の方々に協力を呼びかけながら，健康教育の推進に取り組んでいる。

(1) 健康教育推進組織

健康教育部会の活動内容は下記のとおり。

学習部	学年テーマ・カリキュラム計画，評価
情報部	健康状態調査計画と家庭への情報発信　地域ネットワークづくり
環境部	学習環境づくり　健康掲示板の工夫

(2) 健康状態調査

子どもたちの健康状態についての実態を把握するため，『児童生徒の健康状態サーベイランス事業報告書』（日本学校保健会）をもとに「ライフスタイル」と「アレルギー性症状」の2点について子ども全員を対象に調査した。調査結果から【朝食について栄養に偏りがあること】【高学年ほど便秘傾向の子が増えていること】の二つがわかった。

↓（願い：健康な生活のリズムを身につけさせたい）

「からだげんき」による自己チェックを実施

※「からだげんき」は，毎朝，朝食（食品を赤・黄・緑の3色に分けてチェックし，栄養バランスの意識づけを図る）と排便について自己チェックするシート（B5版）のこと。

(3) 養護教諭，栄養職員による健康教室

本校では，生活習慣病予防の糸口として，毎月子どもたち全員の体脂肪率を測定し，肥満傾向にある子どもたちに，担任と養護教諭，栄養職員が連携しながら，運動や食事についての健康教室を実施している。

(4) 家庭への発信

月末，保護者に「からだげんき」を点検してもらったり，健康情報紙を配布したりして家庭との連携を図っている。その結果，栄養バランスを考えた朝食への意識が高まった。

2 「生き活きタイム」で健康学習

本校では，低学年は生活科の中で，3年生以上は，生き活きタイム（総合的な学習の時間）を活用して健康学習を行っている。単元をつくるための主な視点と各学年の主な健康テーマは下記のとおり。

【単元をつくるための主な視点】
○心身の健康を高める生活（食事・睡眠・運動）
○心身の構造・機能及び発育・発達
○環境と健康のかかわり及び環境の維持改善
○傷害や疾病の予防・対処・回復

○心の健康問題の生じ方や対処の方法

【各学年の主な健康テーマ】

1年 2年	家族，生き物とのふれあい，基本的な生活習慣，安全なくらし
3年	健康な食生活，骨と歯，肥満の予防，防災
4年	ライフスタイル，心身の発育・発達，防災
5年	環境と健康，傷害や疾病の予防，防災
6年	心身の健康問題，薬物，命の尊さ，防災

3 健康単元の流れ

事例1：生き活き 健ちゃん（4年）

【概要】自らの生活習慣を見つめ，その課題解決に向けて「健ちゃん計画」にチャレンジし，「健康な生活のリズム」をつくるためのきっかけづくりをする単元。

第1次：わたしの生活の課題を見つける
・子どもと家庭のアンケートから課題発見

第2次：「健ちゃん計画」を考える
・朝食，はみがき，起床，就寝，うがいなどのポイントについて調べる。
・自己チェック表，自分の応援ポスターづくり

第3次：「健ちゃん計画」にチャレンジする
・チャレンジ→ふり返り→チャレンジ

第4次：「健康メッセージ」を紹介する
・「健康な生活リズム」についてのメッセージ発表（聞き手：友達，家族）

事例2：揖保川発！ げんき研究所（6年）

【概要】研究員として，「ひとの健康」・「まちの健康」について調査し，「健康BOOK」を表現・伝達するなかで，子どもたちが自分自身の生活を見つめ直す単元。

第1次：自分の体について調べよう（解体新書づくり：個人制作）

第2次：健康の敵をリサーチしよう
・大気調査グループ＝排気ガスアレルギー
・暮らし解決グループ＝ストレス，肥満
・人々の願い調査グループ＝たばこの害，バリアフリー
・水質調査グループ＝家庭廃水，アレルギー

第3次：「健康BOOK」を作成しよう（町内施設，PTAに配布）

第4次：「健康なまち」宣言を発表しよう

4 健康な生活を意識する子どもたち

4年生の健康単元では，早起きが苦手だった子どもが，支援者や保護者からの励ましのもと，ふだんより30分早く起きるよう努力した結果，朝食や排便，そして歯みがきの時間を確保することができるようになった。

また，6年生の健康単元では，作成した「健康BOOK」をPTAに配布したことで，家庭でも話題となり，「ひとの健康」を考える視点では，たばこを喫っている人が出した煙（副流煙）が最も人体，生命に影響があることを知って，母とともに父に禁煙を勧めている子や栄養職員から教わった健康メニューを作って食卓に並べたり，朝食をしっかり食べ，毎日15分間体を動かしたりするなど，自分の生活を見直そうとする子どもが増えた。「まちの健康」を考える視点では，体の不自由な方との学習から施設を便利にするだけでなく，「点字ブロックの上に自転車を止めない」「障害者用駐車場に車を止めないよう家族に伝える」といったいまの自分にできることを考えられるようになった。このように家庭・地域と連携しながら，子どもたちの身近にある健康課題を進んで学習に取り入れることで，子どもたちは，健康を意識した生活を心がけるきっかけづくりができると考える。

（石堂 裕）

J 学習課題

Q57 「英会話」の学習課題

「英会話」を学習課題としてどのように取り上げるか。

point
1 キーワードは"コミュニケーション"
2 必要感のある活動
3 コミュニケーションのよさを実感する英語活動

1 キーワードは"コミュニケーション"

英語は、小学生にとっては未知の世界のものである。未知とはいっても、子どもたちの日常にはいろいろなメディアをとおして英語が溢れており、知らず知らずのうちに口にしている英語もかなりの数ある。そして、現代の子どもたちは、私たちの幼い頃と比べて、はるかに外国人と出会ったり、ふれあったりする機会も多く、外国人に対する抵抗感というようなものも薄らいできている。

ということは、子どもたちは、国際化が進む世の中の動きを子どもたちなりに敏感に察知し、未知なる英語を使って世界の人々と友達になりたいという現実的な憧れも、かなり強いものとしてすでに持ち合わせているといえるように思う。

つまり、程度の差はあれ、子どもたちが無意識に欲しているのは、外国の人と心と心を通わせ合う"コミュニケーション"であり、このコミュニケーションが英語を使って自然なかたちで行われるように仕組んでいくことが、子どもたちの課題意識につながり、意欲的な英語活動を生むことになると考える。

2 必要感のある活動

「さあ、英会話を始めよう」と、子どもたちに投げかけたとしても、よほど英会話に興味のある子どもを除いて、何のためらいもなく意欲的に活動できる子どもは少ないだろう。なぜなら、そこには、子どもたちにとって英語を話す必要感が、まだ具体的に生まれていないからである。

子どもたちは、「自分もこの活動をやってみたいな」「こんな英語が話せたらいいな」「英語でこんなことを伝えてみたいな」と思ったときに、初めて、意欲的に英語を使った活動を始める。

この、子どもたちの必要感を生み出す要因がいくつか考えられる。まず、第一に外国人(ALT等)の存在である。外国の人がそこにいること自体が、子どもたちが英語で話したいと思ういちばんの要因である。また、もし、そこに外国の人がいなかったとしても、こんな英語が話せたら外国の人といろいろな話ができて親しくなったり、役立てたりできるだろうという期待感も要因の一つとなりうる。そして、とくに英語を意識しなくても、英語を使った活動が理屈抜きに楽しかったり、もっとこんなことがやりたいという発展性を帯びたものであれば、子どもは自然に活動を楽しみ、必要感をもって英語を話すようになる。

3 コミュニケーションのよさを実感する英語活動

子どもたちが、外国の人とのコミュニケーションっていいなと感じ、自分なりの課題意識をもって取り組めるような英語活動にはどのようなものがあるだろうか。

英会話の学習において、活動の種類としては、歌、チャンツ、ゲーム、ごっこ遊び、クイズ、創作スキット等が考えられる。

1単元・1単位時間において、これらが単

独で行われるというより，いくつかの活動が組み合わされることにより，バリエーションも広がって，子どもは，喜々として活動を楽しみながら自然に英会話に親しむことになる。

ここでは，どの学年の子どもたちにも人気の高い「ショッピング」について紹介する。

(1) 基本的な学習の流れ（単元）

ア 「意欲をもつ・つかむ」段階
　①外国の店やスーパーマーケットの様子をビデオで見たり，ALTに話してもらったりする。
　②買い物のスキットを見る。

```
〈基本スキット〉
A,B : Hello.
A : May I help you?
B : ○○, please.
A : OK. Here you are.
B : Thank you. How much?
A : ○○dollars, please.
B : OK.Here you are.
A : Thank you. Good-bye.
```

イ 「挑戦する・広げる」段階
　①チャンツやゲーム等をとおして基本スキットに親しむ。
　②グループを作り，お店を開く準備をする。
　　・商品の準備。
　　・売買に必要な英語をALTに尋ねて，基本スキットにいろいろな言葉を付け加える。
　③グループ内で売り手と買い手を交替しながら，ショッピングを楽しむ。
　④友達の店に行ってショッピングを楽しむ。
　⑤友達の店で発見した新しい言葉を，自分たちのスキットにも付け加える。

ウ 「ふり返る」段階
　①いろいろな店に行ってショッピングを楽しむ。
　②グループごとにショッピングの様子を発表し合う。
　③楽しかったことや言えるようになったことを話し合う。

(2) 必要感と発話の広がり

ア 「意欲をもつ・つかむ」段階で
　・外国と日本の商店や買い物の仕方の類似点や相違点に気づき，「自分たちも外国で買い物ができそうだ。英語で買い物をしてみたい」という意欲を高めることができる。
　・模型や本物の果物やお菓子，カード等が並ぶALTの店を開き，スキットを見せることで，何とか自分もALTの店で英語を使って買い物をしたいという必要感をもたせることができる。

イ 「挑戦する・広げる」段階で
　・基本スキットの表現を使ったゲームを行うことで，子どもは自然にスキットを身につけていく。
　・下学年では商品の名前が中心であるが，学年を追うごとに発話の内容が必要感によって次のように広がっていく。

```
Please, come in. Please, come again.
○○dollars change. I'm just looking.
A lower price, please. I'll take it.
This one, please. ……
```

ウ 「ふり返る」段階で
　・友達の店で話をしながら，必要に応じて新しい表現を身につけていく。
　・発表し合うことで，さらに別な表現にも気づいていく。

このような学習を進める中で，子どもたちは，自分なりの方法で必要な英語を習得し，活動を連続・発展させていく。コミュニケーションのよさを実感しながら。　　（牧原勝志）

J 学習課題

Q58 子どもの興味・関心に基づく課題

point
1 子どもたちの思いを理解する
2 子どもの興味・関心を基にして，学習の流れを工夫する

子どもの興味・関心を学習課題としてどのように取り上げるか。

1 子どもたちの思いを理解する

「子どもたちが，何をどう思っているのか。何が好きで，何をしたいと思っているのか。……。」

毎日のように，教室で顔を合わせる子どもたちが，ふだんいったい何を考えているのか把握することは，たいへん難しい。日頃から，話を聞いているように思えても，実は，子どものことについてよく知らないことに気がつくことがよくある。

また，総合的な学習では，学習を進めるにあたって，子どもの興味・関心を生かしていくことが大切である。子どもたちは，自分の興味・関心があることを素材として，学習を進めることにたいへんな意欲を示す。

つまり，子どもたちの興味・関心を総合的な学習の具体的な場面に生かしていくこととなれば，ふだんよくわからないと感じている子どもたちの実際の姿を，深く理解する必要があるのである。

2 子どもの興味・関心を基にして，学習の流れを工夫する

学校カリキュラムに基づいた総合的な学習単元を実施するとき，単元に示された範囲の中で，子どもたちが興味・関心をはっきりと明確に示せるような手だてが必要がある。そして，自分が気になる事柄から生まれた課題が自分の力で解決できるように，学習の進め方に配慮することが肝要となる。

本校（東京学芸大学附属大泉小学校）では，「国際・環境・人間」という視野から生まれた単元について，インパクトのある導入から子どもが課題を進められるようにしている。

そして，課題を決めていくとき，あるいは，追究の方法を明確にするとき，教師が子どもたち一人ひとりがどのようなことに目が向いているのかを確かにすることを大事にしている。

「おもちゃ」をテーマに自分の成長を見つめる学習を進めようとしたき，子どもたちの持つおもちゃとは，どんなイメージなのか。コンピュータに近いおもちゃなのか，それともゲームといわれるような大勢で遊べるものなのか。それとも，人形のような自分の思い出が深いものなのか。

また，おもちゃで活動を進めるようにするときに，子どもたちはどんな追究活動を始めるのか等，学習を始める前の休み時間や給食の時間などを活用して子どもたち一人ひとりの思いを聞き出しておく。

学校カリキュラムとして予定している総合的な単元と，子どもたちのもつその単元にかかわる学習のイメージとを，寄せ合わせながら，目の前にいる子どもたちへの学習の流れの確立を図っていくことになる。原則的に一人ひとりの学習であるとはいえ，導入段階で導入づけを図ったり，追究の方法について理解を深めたりするとき等の教師のかかわりについて，子どもたちの興味・関心に基づいて進めることを丁寧に実行したい。　(熊沢義夫)

J　学習課題

Q59　学校や地域の特色に応じた課題

point
1　地域の特色と特色ある学校
2　子どもたちを見つめて
3　こんな子どもに
4　子どもがつくる総合的な学習

　学校や地域の特色に応じた課題をどうとらえ，具体的なテーマとしてどのように取り上げるか。

1　地域の特色と特色ある学校

　総合的な学習の時間においては，これまでいろいろな教育活動に活用してきた地域の特色を，さらに具体的につかむことが必要である。そして，地域の特色を子どもの実態に応じて，なにを，いつ，どのように生かして総合的な学習の時間を編成するか，学校の創意ある活動としての課題を明確にして取り組むことが大切である。そのことによって「生きる力」を育成するそれぞれの学校の特色がより鮮明に見えてくる。

　八女市立川崎小学校区は，河川，山や田畑がある自然環境に恵まれた地域である。八女茶が栽培され，伝統産業の石灯籠の生産も盛んで，丘陵には，徐福伝説のある童男山古墳がある。3世代同居家庭も多く，古くからのよきものが大切にされている校区である。学校では，古墳で行われる徐福伝説を中心にした祭り「童男山ふすべ」や用水路開発に尽力した先人の「慰霊祭」等の地域行事を教科等に関連として位置づけたり，石灯籠職人さんをゲストティーチャーとして「石を彫る」図工科学習をしたり，地域の「人・もの・こと」を活用した教育課程を編成・実施するとともに，日常的に体験を重視した教育活動を推進し，開かれた学校運営に努めている。地域の方の学校教育に対する関心は高く協力的である。

　このような地域や学校の特色を生かして，どうテーマを設定していったかについて平成10, 11年度の実践をもとに具体的に述べてみたい。

2　子どもたちを見つめて

　社会の急激な変化と目の前にいる子どもたちの姿から，いま，教育は大きく変わることが求められている。

　そのためには，各学校において，教育課題を明確にして課題解決のためのテーマを取り上げなければならない。つまり，子どもを見つめ，実態に応じて地域や学校の特色を生かした課題解決の筋道を考える必要がある。子どもの実態分析からどのような力を育てたいか，どんな子どもにしたいか，ということからテーマを設定することが大切である。

　「人・もの・こと」に恵まれた環境の中で育った子どもたちは，素直で協調性があり，ものごとを共感的に受けとめ，批判的な物言いや争いごとを好まない。

　生活の中で，自分自身や友達の考えや行いを問い直したり，異議を唱えたりすることが苦手で厳しさに欠ける。言われたことは喜んで実行するが，指示待ちの傾向にある。自分から進んで意思を示したり，解決に立ち向かおうとする意欲が乏しく，意見交流や討論などには消極的になりがちである。

　学習面でも，自らのこだわりある目的意識，課題意識が低い。そのため，結果に対する自己評価も不十分で，向上心や意欲につながりにくい。そのため，より高い自己実現を目指す意欲的な学習にはなりにくい。

3 こんな子どもに

　実態分析をすることで子どもに必要な資質能力（「生きる力」）を明確にしていくことがテーマ設定に欠かせない。子どもに育てたい力が明らかになると、総合的な学習の時間の方向が決まってくる。その上で、地域や学校の特色を内容・方法に生かした総合的な学習の時間のテーマが決まることになる。

　そこで、前述の学校の教育課題から課題解決のための総合的な学習の時間のテーマ決定に至るまでをまとめてみると、次のように考えられる。

```
◎いま本校の子どもに必要なもの
(1) 課題に対する思いや考えにこだわりをもって取り組むこと
(2) 解決すべき課題に対して、「人・もの・こと」と深くかかわりながら、自分でまたは友達と考えや活動を高めていくこと
(3) 自ら考え、主体的に判断していくのに必要な基礎的基本的な知識や技能を身につけること
                                    実態から
```

```
◎教育活動のあり方の基本
子ども理解を深め、子どもを学習の主体者とする教育活動の創造を目指す
```

```
◎教育活動の創意工夫
(1) 問題解決能力を育成するため、体験をとおして学ばせ、失敗体験・挫折体験・感動体験を大事にする
(2) 支援者も子どもとともに行動し、見届けながら、「自立」と「共生」の視点から支援する
(3) 子どもに常に自分をふり返らせ、自己発見・自己理解を深めさせ、高まっていく自分に気づかせる
                                    学校の特色
```

4 子どもがつくる総合的な学習

　地域の人的・物的・社会的環境の特色や、これまでの学校運営・教育活動等の特色に立って、総合的な学習の時間のテーマは決まってくる。

　これまで述べてきた例では、地域の「人・もの・こと」を活用しながら、子どもが体験をとおして主体的に学んできた学校の経緯から、総合的な学習の時間を「チャレンジタイム」と名づけ、次の三つの領域で構成した。

- チャレンジ体験
  - 子ども主体（子どもの興味・関心に基づく課題—企画・具体化ともに子どもが行う）
  - 学級テーマ　・１年間かけて
- チャレンジ学習
  - 教師主体（今日的な課題—教師が企画・子どもが具体化して行う）
  - 学級テーマ　・時期的なもの
- チャレンジ研究
  - 子ども主体（今日的な課題の中から、子どもが決定した課題—子どもと教師で企画・子どもが具体化して行う）
  - 個人やグループテーマ　・休業期間を中心に

　子どもの興味・関心に基づくテーマで、しかも学級を一つのテーマとすることは、指示待ちの本校の子どもには困難であるが、必要な資質や能力を育成するのに欠かせないことと考えた。

　具体的には、子どもが自分探し（得意なこと・苦手なこと・将来やってみたいことなど）から始め、こだわりをもってやりたいことを決めた。そして、学級で一人ひとりがその思いを出し合い、しっかり伝え合うことによってテーマが決まった。実際３か月もかかった。試行錯誤しながら自分たちの決めたテーマを追う様子は、こだわりをもって夢を追う姿に見えた。

　特色を生かして決めた各学校のテーマは、子どもに必要な資質能力（「生きる力」）を育成するものとなりうるに違いない。

（熊谷ミヨシ）

K 教育課程

Q60 学校の特色を生かした教育課程

point
1 学校の特色とは何か
2 学校の特色の二つの側面
3 どこに特色を求めるか

学校としての特色をどのように教育課程に出せばいいのか。

1 学校の特色とは何か

　学習指導要領の冒頭（第1章総則第1教育課程編成の一般方針・1）において，「学校の教育活動を進めるに当たっては，各学校において，生徒に生きる力をはぐくむことを目指し，創意工夫を生かし特色ある教育活動を展開する中で，自ら学び自ら考える力の育成を図るとともに，基礎的・基本的な内容の確実な定着を図り，個性を生かす教育の充実に努めなければならない」と，生きる力を育むためには，各学校の創意工夫を生かした特色ある教育活動，特色ある学校づくりを進めることが不可欠とされ，従来の「各学校の創意工夫」の一層の推進が求められている。

　そこで，まず問題となるのは，「特色」をどうとらえるかである。「特色」というと，ややもすれば，他校にないその学校の独自のものととらえ，さらには，「アッと，大向こうをうならせるもの」「周囲を驚かせるもの」「花火のような華やかなもの」と受け取られがちである。

　ここでいう「特色」とは，そのような奇異をねらった活動を指しているのではない。学校の実態，生徒の実態，地域の実態に裏付けられ，根拠をおき，そこから絞り出された学習課題は，当然のことながらその学校ならではの特色をもつものであり，そのことを大事にしていこうというものである。実態に根拠をもたない花火だったら，それはかえって生徒に迷惑な活動ともなりかねない。

2 学校の特色の二つの側面

　そこで問題は，それぞれの学校がどこにその学校ならではの特色を求め，発揮していくかである。そこには大きく二つの側面があると思われる。一つは，その学校ならではの独自の新しい教育活動をどう創り出していくかである。もう一つは，それぞれの学校の条件を生かし，教育課程の運用をどう弾力化するかである。

　前者のその学校ならではの独自の創意ある教育活動の内容としては，さらに大きく次の3点が求められている。

① 「総合的な学習の時間」を創設し，各学校が創意工夫を生かした教育活動を行う。
② 選択履修幅の一層の拡大を図り，生徒の個性を生かす教育を推進する。
③ 教科等の特質に応じて目標や内容を複数学年まとめるなど，基準の大綱化が図られたものに対し，指導計画の作成等において各学校の独自性を発揮する。

　なかでも焦点は，総合的な学習の時間である。この総合的な学習の時間は，指導の目標から指導の内容に至るまで，すべてを学校の創意工夫に委ねたという点で画期的なものである。それだけに，学校の特色ある教育活動が生まれ，また期待されているわけである。

　後者の教育課程の運用の弾力化の具体的場面としては，主として次の点をあげることができよう。

① ティーム・ティーチングをはじめとする

指導体制，指導組織の弾力化，グループ学習や異年齢集団等による学習集団の弾力化をどう図るかである。なかでもゲスト・ティーチャーとの指導体制や，交流，ふれあいを通じたグループ学習が重視されている。
② 日課表，時間割，1単位時間と，ゆとりという点からの時間の弾力化が強く求められている。時間の枠に内容を詰めるのではなく，内容が時間を決めるという逆転の発想が必要となっている。子ども主体の活動主義の総合的な学習では，より一層，こうした時間の弾力化が強く求められる。
③ 学習の場，学習環境も，総合的な学習に典型的に見られるように，体験的，実践的な学習，問題解決的学習が強調されるにともなって，その拡大，深化が求められている。情報環境としての整備，自然の学校，生きた学校としての地域環境の学習環境化がなかでも重視される。
④ これらの点とも関連して，「開かれた学校」が求められている。総合的な学習では学校を地域に開くことが不可欠の要件ともいえよう。地域の人々との交流，他のいろいろな学校との交流，地域環境や地域人材の活用等，地域こそ新しい学習の手がかりとなっている。

3 どこに特色を求めるか

現実の世の中と子どもとが直接的に向かい，体験的，問題解決的に取っ組み合いをしながら学習を進める総合的な学習においては，より一層，「地域，学校，子どもの実態」に左右され，またはそれを拠り所にすることが求められている。これらの実態をどうとらえ，反映していくかが，教育課程に特色を生み出すことになってくる。それだけに実態とは何であり，どんな指標から成り立っているかがまず問われてくる。

① 地域の実態
　・自然環境（自然，気候，地理など）
　・社会環境（産業や職業構造，生活様式や慣習，歴史，伝統，文化など）
　・教育環境（社会教育施設，文化施設，地域住民の学習要求や学校への期待，協力体制，地域課題など）
② 学校の実態
　・学校規模（指導体制，校務分掌，研修体制，コミュニケーション，学級編成など）
　・教師の指導力（意識改革，教育や授業の方略や工夫改善，仕事への意欲や自信，リーダーシップなど）
　・施設，設備（教室，運動場，情報環境，学校園，田畑や林など）
　・学校・学級文化（風土，雰囲気，人間関係，地域との信頼関係，交友関係など）
③ 子どもの実態
　・生活態度（地域や家庭での生活，友人関係，基本的生活習慣，社会的関心や道徳性，不安や悩み，趣味・嗜好，家庭での人間関係や家族関係など）
　・成長の過程や特性（身体能力や健康，情緒や性格の傾向，自主性・探究心，社会性，創造性など）
　・学習態度（学習への意欲，知的好奇心，学習の負担や成就感，将来の進路や自尊感情，期待や不安，悩みなど）
　・個人差・個性（習熟の程度，興味・関心，学習スタイル，学習スキルなど）

もちろん，これらの指標が総合的な学習のカリキュラムや単元とどうかかわりあうかは，強弱・濃淡の差がある。そのことを前提に，子どもの願いや興味・関心，学校の条件，地域の環境的特性や地域課題を中軸として構想し，デザインしていくことが重要である。

（児島邦宏）

K　教育課程

Q61　指導計画作成上の留意点

指導計画作成にあたってどのような事柄を押さえたらよいか。

point
1. 魅力ある学校づくりのグランドデザインをもとに
2. 子どもの学びを大切にした年間指導計画作成の流れ
3. 単元指導計画の作成上の留意点
4. 学びのスタイルの多様化・弾力化を図る

1　魅力ある学校づくりのグランドデザインをもとに

　魅力ある学校づくりや特色ある学校づくりが，直接的に反映されるのが総合的な学習の時間である。活動の方向性を明確にし，子どもの学びの広がりや深まりを保障する指導計画でありたい。そのためには指導計画作成にあたって次の点に留意したい。

　①総合的な学習の時間の趣旨を踏まえる

　創設の趣旨やねらいなどを十分理解したうえで，また教育課程全体のバランスの中でテーマや活動内容を決定し，指導計画を作成しなくてはならない。

　②子どもを取り巻く地域の社会環境や自然環境を生かす

　これまでの教科の学習以上に家庭や地域，自然などとのかかわりの深い活動になる。学習の素材を教師自ら観察・調査し，活動に適した場所，安全性，協力体制や人材などを把握しておくことが求められる。

　③子どもの実態を把握する

　子どもの発達の状態，学習や生活の実態，ものの見方や考え方などを把握しておくことは活動の質，動機づけ，活動の場や構成の仕方を決定する重要な資料になる。

　④学校の教育課題やこれまでの実践研究の積み重ね，学校の特色を踏まえる

　学校教育目標や年度の重点目標，期待する子ども像は各学校の教育課題を表している。総合的な学習のねらいや内容等との関連を十分に図っていく必要がある。

2　子どもの学びを大切にした年間指導計画作成の流れ

　(1)　子どもとともに活動内容やテーマを決める

　大まかな課題やテーマは教師が子どもの生活と結びつく現代的な課題を念頭において決定する。対象に対する子どもの意識をイメージマップやウェビング法で探り，連続・発展を図り，主体的な追究が可能な活動を考える。

　その際，子どもがかかわる対象そのものがもつ多様性，総合性を生かし，多様な活動の組み合わせで多面的な追究をうながす活動を考えることが大切である。

　(2)　子どもの学びを踏まえた単元配列と実施時期の決定

　およその構想が決まったら，年間の中での活動のまとまりを想定し，配列し，実施時期を想定する。地域にかかわる活動が多くなることが予想されるので，地域の特色も考慮する必要がある。

　(3)　授業時数を割り振る

　年間総時数・活動に必要な時数をもとに時数の配当を行う。配当時数は，子どもがじっくりと主体的な学習に取り組めるようにゆとりをもって配分したい。

　(4)　各単元の目標，内容，活動，教材等を具体的に構想する

　子どもが課題を選択して学習を進める場合や個別にテーマを設定して追究する学習など

も想定される。グループ学習や個別追究に応じた支援体制も必要になる。

(5) 子どもの学びの姿をもとに評価し，指導計画を改善する

子どもの学びに合わせて単元構成，配列，展開を修正・改良しながら進めていく。とくに，総合的な学習の時間は前年度実践の模倣であったり，形式化する活動であってはならない。

3 単元指導計画の作成上の留意点

単元の指導計画では，課題設定，課題解決，まとめ・発表の各段階で，次の点に留意する必要がある。

①課題設定の段階

子どもが実感をもって問題解決に当たるには，対象と主観的なかかわりをもっていることが大切となる。単元づくりに際しては，テーマに迫る対象と十分にかかわる場を設定することが重要である。そして，そこから生まれる思いや願い，発想や追究の方向をとらえる教師の支援を学習計画に位置づけていく必要がある。

②課題解決の段階

自分の課題を明確にした子どもの学習が行動化・実践化していく過程である。課題解決のための活動が進むなかで，自分たちの取り組みをふり返ったり，充実感や満足感を味わったりする自己評価の場を位置づける必要がある。

③まとめ発表の段階

調査したことの発表会，地域の専門家を招いての意見交換，通信ネットワークを使ってのテレビ会議等の活動を設定し，相手意識に支えられた表現意欲を高め，自己の生き方にかかわる主張を展開できる子どもの姿を目指したい。

4 学びのスタイルの多様化・弾力化を図る

総合的な学習では，多様な学習形態がとられる。単元の構想段階から，一人ひとりの意識の流れに沿って学びのスタイルの多様化・弾力化を図る必要がある。

〈個別追究型〉

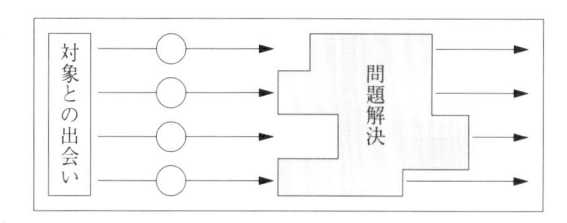

対象との出会いから生み出された課題を，子どもたち一人ひとりが追究していくスタイル。個性的な学びを保障したい場合に有効である。教師は，願いを生み出す場の設定や解決方法の助言，価値づけなどの支援を行う。

〈拡散・収束型〉

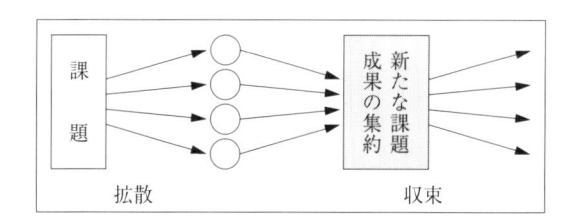

個やグループの課題追究として学びが拡散する場と共通理解や今後の方向を見出す収束の場を位置づける。課題に対する追究やテーマにより深い接近が図れる。拡散は子どもの活動性を保障し，収束では深まりのある情報交換や今後の方向性の確認が支援となる。

このほかにも，子どもの思いや願い，持ち味等に合わせて活動を選択する〈選択学習型〉や学級やグループ全体で活動を進めたり，協力して解決していく〈集団思考・活動型〉等が想定できる。

指導計画の立案の段階で想定しておき，子どもの実態を見ながら修正・組み合せを行うことが必要である。

（佐藤真市）

K 教育課程

Q62 年間指導計画の立て方のポイント

point
1 子どもと共に創りだす教育計画
2 作成にあたって

　子どもの興味・関心を中心においた年間指導計画の立て方のポイントはどこにあるか。

1 子どもと共に創りだす教育計画

　「内から育つ」子どもを育てるには、そのための教育計画が必要である。しかし、この計画は、予め年間の学習内容を固定しておいて、それを月別に割り振るというようなわけにはいかない。それでは「意欲にかかわる学力」を育てることにはならないからである。

　「意欲」の具体は、発想力・構想力・実践力・自己評価力の四つに分析されている。これらが育つためには、子どもが自ら発想したり、構想したり、実践したり、自己評価したりして学習していくことが大切となる。学力は学習体験を通してのみ培われていくものであるから。とすれば、教育計画には何らかのかたちで子どもの参加がなければならない。

　教育計画は、年間学習計画、題材の学習計画、週の学習計画、単位時間の学習計画の順に立てられる。そして学習の実際の中で、この逆の順序をたどって修正されていく。子どもの参加は、計画の段階や修正の段階で活動の具体に即して行われる。

　年間学習計画は、学年の計画を参考にしながら、学級ごとに立てられる。学年の計画は、これまでの本校の実践により「こういう題材であれば、子どもに学力を育てることができそうだ」というものを取り上げてまとめたものである。そして、学習指導要領に照合しながら、学習内容の押さえどころを明らかにする。これは、学習の普遍性を問うことである。

　このようにして立てられた年間計画を基準にしながら、そのときどきに題材の学習計画が立てられる。子どもたちの発想や構想の具体をとらえ、それが年間の学習の流れの中にどう位置づくかを点検して題材を決め出していくのである。その点検の基準が年間学習計画である。

　題材の学習計画は、子どもの活動展開の予見に基づいて週程に組み込まれ、週の学習計画となる。週の時間割ができ上がっていて、そこへ学習内容を割り振るのではない。予見される学習内容によって、週ごとに時間割を作っていくのである。このような手順を経て題材の学習計画に行きつく。そして、学習の実際の中で計画は絶えず見返され、修正されていく。そこにも学習計画への子どもの参加がある。これが子どもと共に創りだす教育のもととなる。

2 作成にあたって

　意欲にかかわる学力を子どもに培うには、子ども自らが発想・構想・実践・自己評価できる学習を保障してやらねばならない。そのためには、題材構想に留意しなければならない。次の2点がとくに大事であると考えている。

○題材が子どもの生活に根ざしたもので、体当たりで活動できるもの。
○題材は活動の連続を図れる大きなまとまりであること。

　以上のように考え、年間指導計画を作成している。

（浦野紀和）

K　教育課程

Q63　一単元の時間数

> **point**
> 1　長時間にわたる単元構成
> 2　少ない時間での単元構成
> 3　学校ごとに考え方を明確にする

一単元の時間数をどのくらいと考えればよいか。

すでに何年も前から総合的な学習を実施して成果をあげている学校の例を見ると，一単元の時間数は，まさにさまざまである。100時間に及ぶ単元構成をしている学校から，15時間程度の時間で単元を構成している学校もある。

なぜこれほどの違いがあるのであろうか。基本的な考え方を比べてみる。

1　長時間にわたる単元構成

100時間に及ぶような単元構成を進めている学校では，「山」「川」「まつり」などの地域の素材や環境問題等広く課題意思が持てる単元となっている。学校ごとに特徴はあるが，大きくまとめてみると，次のような特徴があげられる。

- 大きなテーマの中に，小単元といえるようなものがいくつか合わさって大単元を構成している。
- 子どもたちが，大きなテーマに対して自分の課題をしっかり持てて追究できるように時間が確保されている。
- 実践スキルと呼ばれるような，熟練することが大切な要素についての時間が確保されていることも多い。

2　少ない時間での単元構成

20時間程度の単元を，年間にいくつも合わせて総合的な学習を構成しているような場合，主に次のような考え方となっている。

- 単元ごとに，テーマがはっきりしており，地域・環境・福祉というような視野が，単元ごとに明確に位置づけられている。
- 一定の範囲の中での問題解決学習であり，課題設定や追究が，決められた時間の中で繰り返し行われる。

3　学校ごとに考え方を明確にする

多くの時間で単元を構成することと小単元構成と，どちらがよいのかということではない。どちらの考え方に立って，子どもの力をつけていくのかということであろうと考えられる。

総合的な学習で重要となることは，子どもたちが現代の課題とどのように付き合っているのか，そして，生きる力につながる問題解決の力をどのようにつけていくのかということである。

大単元構成では，大きな流れの中で様々な課題に対面できるようにできていることが多く，また，一つのテーマに対して課題をどうするのかじっくりと取り組めるようにしながら，子どもの力を育成するような構成となっている。

小単元構成では，年間を通して様々な課題と対面できるように構成されており，また，時間は多くないが問題解決を繰り返すことで，力を育成しようとするものである。

どのような考えに立つのか，学校ごとに立場をまとめることが大切である。　　（熊沢義夫）

K 教育課程

Q64 異学年合同，交流，全校縦割り活動の位置づけ

point
1 異学年合同，異学年交流，全校縦割り活動で，他者理解の姿勢をはぐくむ
2 教育課程に位置づけるときの留意点
3 学校の特色を生かした工夫の一例

異学年合同，異学年交流，全校縦割り活動などを，教育課程にどう位置づけたらよいか。

1 異学年合同，異学年交流，全校縦割り活動で，他者理解の姿勢をはぐくむ

現代社会に目を向けると，価値観の多様化，国際化，情報化，科学技術の進展などに拍車がかかり，他者理解の姿勢や的確な判断力，行動力がいままで以上に求められている。子どもの社会では，生活環境の変化や少子化により，自然に親しんだり，集団で遊ぶ機会が少なくなってきている。そのため，相手の気持ちを汲み取ったり，みんなで一つのことを解決したり，創造したりする経験が，いままで以上に大切になってきている。

子どもたちは，集団の中で，身近な人とのかかわりを通して，自分と異なる他者の存在を意識し，理解していくことの大切さを感じていくことができる。子どもたちにとって身近な他者は，まず，同年齢の学級・学年の友達であろう。自分と同等の反応をしてくれる友達に，自分の強固な思いをもって本音でかかわることで，子どもたちは，友達という他者を理解していく。

さらに，異学年集団で活動する場面を意図的に設定することで，子どもたちは，自分とは異なる見方や考え方，感じ方をする異学年の友達とかかわり，他者理解の姿勢を一層はぐくんでいく。ここでは，自分と異なる他者を理解し，その人を認めながら付き合っていこうとする姿勢とともに，相手が喜んでくれることを，自分の喜びと感じとる思いやりの心までをもはぐくむことができる。

このようにしてはぐくまれる「他者理解の姿勢」は，社会の一員として共生していくための基礎であり，国際理解，情報，環境，福祉・健康などの今日的課題をも解決していける資質であると考える。

2 教育課程に位置づけるときの留意点

異学年合同，異学年交流，全校縦割り活動など，異学年集団で活動する場を教育課程に位置づけるとき，次の場合が考えられる。

①児童会活動やクラブ活動，学校行事など特別活動の時間
②総合的な学習の時間
③清掃活動，朝の短い学級活動など，常時的な活動の時間

このほかにも，部活動や学校生活の中での遊びや，通学班活動なども考えられる。いずれの場合にも，各学校の特色を生かした工夫が求められる。

異学年集団での活動を進めるにあたっては，複数教師の支援体制を確立することのほかに，次のような点にも留意したい。

①意図的・継続的に異学年集団での活動を位置づける。
②子どもの側に立った活動を構想し，異学年の子どもたちが，互いのよさを発揮しながら，主体的・創造的な活動が展開されるように支援する。
③集団活動の中に，個人と個人の交流が生まれるようにする（person to person）。

これらの点を踏まえながら異学年集団での

活動を推し進めていくことが、個人と個人のかかわりを深め、他者理解の姿勢へとつながっていくのである。

3 学校の特色を生かした工夫の一例

本校では、1年と6年、2年と5年、3年と4年の各学級を姉妹学級（交流学級）として位置づけ、異学年集団での活動の中心に据えている。

姉妹学級は、何十年も前から継続的に位置づけられており、子どもたちの生活に根づいている。子どもたちは、毎年、新しい学年と姉妹学級になることを楽しみにしている。姉妹学級での活動は、運動会の姉妹行進、セレクトランチ（交流給食）、児童会行事、縦割り活動などの特別活動から、清掃活動、朝の会のお世話などの常時活動にまでわたっている。そして、姉妹学級との交流の中核をなすのが、生活タイム（総合的な学習の時間）における交流会である。すなわち、本校では姉妹学級を核にして、異学年集団で活動する場を位置づけている。

ここでは、6年生の姉妹学級との交流を中心とした異学年集団での活動を例に述べる。

入学式、それは、姉妹学級として一緒に活動する妹（弟）との出会いである。子どもたちは、交流を重ねる中で、個人と個人の絆を深め、他者理解の姿勢をはぐくんでいく。

> 入学式、手をつないだら、妹（1年生）の子が少しふるえてるのがわかって、私までドキドキしました。教室にいくまで、なかなか話せませんでした。――（略）――「このかばん私がつくったんだけど、かわいいかな？」と聞いたら、「かわいい」って小さな声だったけど、話してくれました。うれしかった。　　（里子の日記）

姉妹学級の両担任は、特別活動における定期的な交流のほかに、子どもたちの求めに応じて、弾力的に交流会の場を保障していく。子どもたちは、昆虫探し交流会、読み聞かせ交流会、水泳交流会、スポーツ交流会、お弁当交流会など、様々な交流会を企画していく。

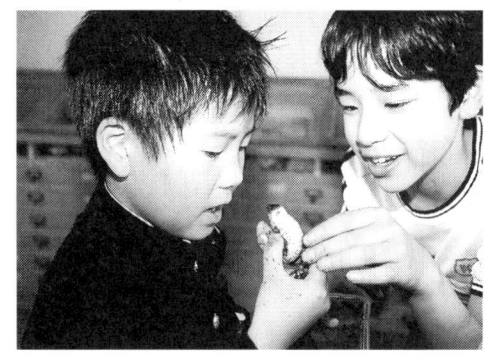

カブトムシのよう虫を見つけてきた子

私たちは、他者理解の姿勢をはぐくむうえで、この交流会を大切にしている。

交流会は、子どもたちにとっては、1年生のときからの活動である。低学年のときに高学年からお世話してもらったという喜びが実感されるからこそ、受け手として培われてきた思いが、高学年になって力強く現れてくるのである。そして、小さい子にやさしくしようという気持ちからの活動は、奉仕の気持ちをはぐくみ、好意を前提とした他者理解の姿勢を身につけることができる。

また、交流会では、はたらきかける対象が身近であり、かつ即座に成果を確かめられやすいために、活動の見通しや評価がしやすい。そのことは、活動の活性化にもつながるものである。さらに、目の前の妹学級の子をイメージして語られることは、友達と本音をぶつけあっていくことをねらううえで有効なのである。

異学年集団との活動を通して、他者理解の姿勢をはぐくんだ子どもたちは、対象を校外の自分と異なった人へと拡げていくのである。

（小嶋利之）

K 教育課程

Q65　指導案の書き方

指導案の書き方の特徴とそのポイントはどこにあるか。

point
1　活動が見える指導案
2　活動がイメージできる単元名
3　学校研究テーマとの関連
4　単元レイアウト
5　総合的な学習の運用計画
6　本時展開の指導案

1　活動が見える指導案

「総合的な学習の指導案をどのように書けばよいですか」と尋ねられれば，「活動が見えるように書きます」と即答する。活動が見えるように書く。これは，総合的な学習の特質からくるものである。

総合的な学習は，車椅子体験やゴミの現地調査，商店街の見学など行動的な活動を中心にして展開される。座学を中心にする教科学習の展開とは大きく違う。どのような活動の組み合わせによって，総合的な学習が展開されていくのか，活動の流れを目に見えるようにすることが総合的な学習の指導案作成のポイントである。

では，活動が見える指導案をどのように書けばよいのか，指導案の記述項目に従って述べていくことにする。

2　活動がイメージできる単元名

単元名は，出版本の題名に匹敵するほどの重みがある。単元名を見れば活動の意図がわかる。

例えば「元気が一番！　私の健康宣言」という単元名はどうだろう。題名を見ただけで活動の輪郭が見えてくる。まず保健の時間で学習した「病気の予防」「健康な生活」を活動の手がかりにする。そして，自分の健康度をチェックする活動で問題意識をもつ。生活をふり返り，生活習慣病に気づく。その後，生活習慣病をつくりだす食生活，食品調べ，睡眠のとり方，ストレスの怖さなどについても調査する。そして，積極的に健康食品，健康生活について工夫する。さらには，健康について他へPR活動もする。このように題名から活動をどんどんイメージすることができる。単元名は，活動のイメージづくりの鍵である。

3　学校研究テーマとの関連

総合的な学習の時間にどのような内容を取り上げるかについては，各学校の裁量に任されている。どのような内容を取り上げるかは，学校の重点教育目標と深くかかわるところである。指導案作成段階においては，取り上げる中心活動と学校研究テーマとが深くかかわる。そのかかわりを記述することによって中心活動の教育的価値が明確になる。

〈本単元で大切にしたい学び〉私たちの学校では，学校研究テーマ「豊かに学び，自ら行動する子の育成」と「単元で大切にしたい学び」との関連をまず記述することにしている。本単元において子どもにふれさせたい価値，主題の価値，中心活動の意味，そして教師の期待と願いを明記する。

次に〈子どもの育ち〉〈教師のかかわり〉についても記述する。

4　単元レイアウト

総合的な学習の指導案の要は，単元レイアウトである。総合的な学習には教科書がない。単元レイアウトは，総合的な学習の教科書づくりであり，総合作戦づくりでもある。

〈場の設定〉活動の流れを「学習の場」とし

てとらえる。関心をもつ場，課題をつかむ場，調べる場，広げる場，生かす場など子どもの意識の流れを予想し，活動の流れを組み立てる。基本的な過程は，問題解決型のプロセスで組み立てる。本校においては，基本プロセスを「学びとる場」と「学び返す場」とに大きく二分して構成している。総合的な学習の展開において，「学びとる場」での子どもの動きと「学び返す場」での動きとに大きな違いがあるからである。また，子どもがデザインしながら進める学習展開を大切にするために，「複線化した場の設定」も取り込む。

〈活動の流れ〉子どもの意識の流れを予想して描き出した「場の設定」に沿いながら，子どもの予想される課題意識と予想される子どもの活動とを読み込んでいく。場面ごとの課題，活動，予想されるグループの活動などを読み込む。そして，一つひとつの活動を枠で囲み，活動の流れが一見できるように工夫する。

〈学習環境〉活動の流れを読み込むと同時に学習環境についても丁寧に読み込む。総合的な学習は，体験活動や創作活動など多様な活動の連続で構成される。それらの活動がどのような学習環境のもとでなされるのか。それを読み込むことによって，活動内容を具体的にイメージすることができる。どのような学習形態で進めるか。どのような交流形態か。支援者は，教師だけか，ゲストも入れるか。また，どのようなメディアの環境を準備するか。資料等をどのように配置するか。形態，教材，資料，人的・物的環境について細かく読み込み，それらの配置を予想し，「学習環境構成図」を作成し，活動展開を細かくイメージする。

〈期待する子どもの学び〉活動の場，活動の流れ，学習環境等の読み込みが完了したところで，各場面ごとに，子どもたちにどのような学びを期待するかを吟味する。期待する学びの姿は，各場面での活動目標でもあり，評価の観点でもある。場面ごとの学びの姿を明確にすることによって，「総合は，活動あって，学びなし」といった活動主義への批判に応えることができる。

5 総合的な学習の運用計画

総合的な学習は，教科の学習，道徳，特別活動，課外活動などと深く結びつけられて実施される。そこで，これらの諸活動と総合的な学習との関連を明確にしておく必要がある。本校では，「総合的な学習の運用計画」を指導案に盛り込み，教科学習，他の諸活動との関連性を明確にし，横断的指導にも配慮している。運用計画を作成することによって，総合的な学習の独り歩きを防ぎ，総合的な学習の目的でもある「知の総合化」に接近することができる。

6 本時展開の指導案

本時展開の指導案は，活動過程，配時，子どもの活動と意識の流れ，支援と評価の枠組みで構成する。

本時展開の指導案は，単元レイアウトをさらに詳細に記述したものである。総合的な学習の展開においては，同一の課題を同一の方法で学習を深めることは滅多になく，グループ活動が中心になろう。本校の指導案では，各グループの活動を「モデル手順」として明記している。「モデル手順」は，子どもたちが目的に沿った活動をしているかを評価するときの手がかりにもなる。

単元レベルの指導案の書き方を中心に述べてきた。

なお，総合的な学習の指導案の書き方を探るとき，幼稚園・保育所で行われている指導案の書き方がよいヒント資料になる。参考にされることをお勧めする。

（山本昌猷）

K 教育課程

Q66 総合的な学習の単元の特質

総合的な学習における単元の特質はどこにあるか。

point
1 単元の特質
2 経験単元
3 総合単元
4 大単元

1 単元の特質

単元というのは，教科と教材の中間に位置するもので，ある教科の内容をなす教材を断片的に脈絡なく子どもに与えるのではなくて，教材を一定のまとまりのあるものとしてとらえ，有機的に組織したものである。その単元をもとに学習を展開していくとき，それを単元学習と称している。

したがって，子どもからすれば，個別の知識や経験をまとまりのない脈絡を欠いた当てのない学習としてでなく，目的や見通しをもった学習としてとらえることができ，能動的に受けとめることができるようになる。

また，「あれも，これも」といった単なる知識や経験の集合でなく，事象の構造や法則性，学びの態度や方法といった一貫した学習を組織することが可能となる。

ところで，総合的な学習における単元は，その学習のねらいや特色から，これまでの教科等に見られない，いくつかの特質を有している。そのことをまず，押さえておくことが重要である。

① 教材単元に対して「経験単元」としての特質を有している。
② 多様な内容を含む「総合単元」としての特質を有している。
③ 一つの単元が長時間に及ぶ「大単元」としての特質を有している。

2 経験単元

単元には，大きく「教材単元」と「経験単元」との二つがある。「教材単元」とは，子どもが理解し習得すべき知識の一つのまとまりからなる単元である。ここでは教科の枠はそのままにして，その教科の枠の中で，その学習の内容の統一を図り，組織とするという立場がとられる。

それに対してもう一つの「経験単元」というのは，子どもたちの純然たる生活経験や興味・関心を中心として，有機的なまとまりとして構成された単元で，教科の枠を離れて構成されることとなる。生活の現実に生じる諸問題を解決する経験のまとまりから構成される。

もちろん，コア・カリキュラムのように教科の枠の中に経験単元をもち込むこともある。また，一定の知識の習得とは別に，日常の生活改善・向上を目指した能力や態度からなる内容が，経験単元として教科の中に持ち込まれることもある。社会科，家庭科，生活科等がそれである。

それだけに，教科の枠の内にあるか外にあるかが絶対的な基準ではない。クロス・カリキュラムのように教科横断的な学習において，経験単元が取り入れられる。そうしたなかで，経験的な単元で構成される代表的な活動は教科外活動であり，特別活動がそれである。それとともに，総合的な学習がその代表的な活動になってきた。

つまり，総合的な学習は，学校や地域という「生活の場」を中心に，「現代社会の課題」

という生活の問題を対象に，子どもの「社会的な興味や関心」から直接的，主体的に立ち向かう学習であり，その三者の交差する接点に有機的なまとまりとして単元が構成されていくことになる。さらに，こうした経験単元をもとに，社会と向かいあいながら，自分の生き方を考え，子どもがおとなになっていく学習（社会的自立）でもある。

3　総合単元

　総合的な学習における単元は，生活経験の組織化という点で，基本的には経験単元の性格からなるが，さらにそのことを含めて，多様な側面を内包するものであり，その点で総合単元と呼ぶにふさわしい。もしくは「総合の多様性」に由来するところでもある。

　その一つは，生きる力は「全人的な力」であるとされているように，現実の世界に主体的に対応していく人格の全的統一性を総合的な学習は求めている点である。感性を含めて子どもが自分のすべての力を投入して対象にどっぷり漬かりながらその課題の解決を求めていくところに，教材単元にない特徴がある。

　第二は，総合的な学習は観念的な学習ではなく，具体的な現実の生活の場に立脚して，体験的・実践的に生活体験をとらえ直し，再編成していく生活学習である。その生活こそは，教科等によって分断されるのではなく，多様な要素が入り組んだ総合的なものである。つまり，生活という総合的な対象を学習の課題として単元が構成される。

　第三は，問題の発見に始まり，その調査，分析，まとめ，発表（報告）等へとつながる子どもの主体的な問題解決の過程からなる自己活動，主体的・自主的な学習活動である。その問題解決にあたっては，これまでの教科等で学んだ知識，技能，考え方，学びの方法が総動員され，「知の総合化・実践化」が図られていく。その総合化された「知」によって単元が構成される。

　第四は，総合的な学習では，一人の力で問題の解決を図るにはあまりにも複雑で手ごわい対象であり，共同の学習によってはじめて問題の解決に迫ることができる。つまり，協力して知恵を出しあい，手分けして共に学びあうことなくしては，現実世界の複雑で入り組んだ問題に対処することは困難である。そこに学ぶ側のネットワーク型学習の必要性が生じてくる。

　このように，総合的な学習においては，人格の統合，生活総合，教科総合，共同，助け合い学習といった諸々の要素が包摂され，そこにまた，この学習における「総合単元」としての複合した色彩が強まってくる。逆にこうした多面的な様相に着目した単元づくりが求められているわけである。

4　大単元

　総合的な学習の単元のもう一つの大きな特徴は，一つの単元が年間35～40時間にも及ぶという「大単元」によって構成できる点にある。このことは，教科等に見られない特色を生み出すことにもつながる。

① 　生きた現実世界を対象とするだけに，思いきった授業運営上の弾力化を可能とする。
② 　挫折や失敗を大事にすることができ，意図的に組み込むことすらできる。また，試行錯誤的学習によって，フィードバックによる「ふり返り学習」やフィードフォワード（予測的評価）による「見通し学習」を可能とし，生きる力の育成に資する。
③ 　授業のゆとりが生じ，子ども自身が自らの学習として時間と活動を支配し，思いきり自分を発揮できるという「自己活動」を可能にする。そこに，主体性が育ってくる。

（児島邦宏）

K　教育課程

Q67　カリキュラム全体への位置づけ

> **Point**
> 1　教育課程上に必ず設置する
> 2　内容面と能力面で教科等との関連を図る
> 3　各学年の独自性を認め合う

総合的な学習の時間をカリキュラム全体の中でどのように位置づけたらよいか。

1　教育課程上に必ず設置する

総合的な学習の時間については、学習指導要領の総則の中でその趣旨、ねらい、学習活動及び実施上の配慮事項を定め、教育課程に必置することと授業時数を示しているだけである。いわゆる目標・内容に当たるものは示していない。目標や内容は各学校が学校、地域、子どもの実態に応じて設定できる。

2　内容面と能力面で教科等との関連を図る

教育課程の中での総合的な学習の時間の孤立は避け、教科、道徳、特別活動と関連を持たせることが重要である。実際、総合的な学習の時間の設置が決まった当初は、「総合的な学習は特別なもの」という意識が学校現場には強かったが、試行的に実施する過程で、他教科等との関連を重視する学校・教師が増えてきている。

まず、内容面の関連については、各学年の教科等の目標・内容との関連を図り、教科の学習成果を大いに生かしたい。例えば、環境に関する課題に取り組む場合には、理科や社会科で身につけた知識や技能が必要となる。総則の中でも述べられているように「各教科等で身に付けられた知識や技能を相互に関連付け、総合的に働くようにすることを目指す」ためには、教師自身が教科学習等と総合的な学習との関連を意識する必要がある。「無理なく」関連させたり、生かしたりする手だてが教師に問われる。

次に、能力面での関連を図りたい。「子どもたちが総合的な学習に取り組む様子を見る度にいかに自ら学ぶ力を各教科等で付けてこなかったかを反省させられる」という声をよく耳にする。総合的な学習での主体的な学習を展開していくうえで必要となるスキル、つまり、話す・聞く、話し合う、観察・実験を行う、データを処理する、パソコンを操作する、インターネットを活用するなどの力を各教科等で十分に習得させておきたい。

3　各学年の独自性を認め合う

総合的な学習には多様なタイプがある。学年団で具体的な単元の開発を進め、次年度以降にモデルプランとして引き継ぐ「学校プラン」や、毎年度新しい教師集団で子どもの実態等を踏まえて開発する「学年プラン」、各学級で独自に活動を展開する「学級プラン」、子ども一人ひとりの思いや興味・関心を重視し個別あるいはグループで異なる内容・活動を展開する「個人プラン」が考えられる。

具体的な単元づくりは学年単位で進められる場合が多いが、総合的な学習に対する理解や思い、願いは、教師によって異なり、学年によっても子どもの実態は異なる。学校として共通のタイプにこだわらないで、例えば、学校として育てる力を共通理解したうえで、取り扱う課題だけでなく、取り組み方も各学年団の独自性にまかせ、違いを認め合うといった方法も考えられる。

（村川雅弘）

K　教育課程

Q68　弾力的な学習集団の運営

弾力的な学習集団の運営をどのように図っていけばよいか。

point
1. 総合的な学習における学習集団
2. 学習のテーマと学習集団
3. 学習のねらいと学習集団

1　総合的な学習における学習集団

総合的な学習の学習集団は，それぞれの学校の実態や活動・追究するテーマ（問題・課題）やねらいによって運営されている。

総合的な学習の時間における学習集団には，以下の形態が考えられる。

- 個人　　・小グループ　　・学級
- 学年　　・異学年（学校）

2　学習のテーマと学習集団

総合的な学習において，活動や追究をする母体を，どのような集団にするかは，テーマによって吟味すべき大切な点である。

個人や小グループという学習集団は，大きな一つのテーマのもと，少しずつ活動や追究の内容が違うという場合が多い。例えば，環境問題が大きなテーマとしてある場合，グループや個人のテーマが，リサイクルであったり，酸性雨であったりするということである。また，個人やグループといった場合，それぞれにテーマが全く違うことがある。あるグループが環境をテーマにし，あるグループが国際理解をテーマとしているというような場合である。さらに，同じ具体的なテーマのもと，そこにかかわる活動を，グループや個人で行うということもある。例えば，福祉がテーマで，施設への訪問を一緒に行い，交流をするような場合である。

学級，学年，異学年といった場合には，一つの具体的なテーマのもと，より多くの力を結集し，活動を推進するタイプのものが多い。例えば，河川の環境美化のための活動を行うような場合である。

3　学習のねらいと学習集団

総合的な学習で，どのような子どもの姿を求めるのかによって，学習集団についても吟味するとよい。本校の総合的な学習の場合について述べてみたい。

本校の総合的な学習では，「人とかかわりながら，他者理解の姿勢を高め，心を育てる」ことをねらっている。子どもたちが総合的な学習でかかわる人には，ともに活動する友達，活動の中で出会う人がいる。このような人とのかかわりを重視したいとねらい，本校では，学習集団を学級にしている。学級という一つの小社会の中で，子どもたちは，同じ思いや願いで活動し，人とかかわっていく。そして，学級を母体に活動するからこそ，友達とも本音でかかわり，個が磨かれる。

このようなねらいをもって，本校は，学級集団を母体にした総合的な学習を進め，子もたちの確かな成長を見ることができた。

活動や追究のテーマ，ねらいを明確にし，それに合わせて，最も有効な学習集団のあり方を吟味することが，弾力的な運営において，大切になる。

（牧野　守）

K 教育課程

Q69 弾力的な時間運営

point
1 なぜ，弾力的な時間運営か
2 弾力的な時間運営の方法例

弾力的な時間運営をどのように図っていけばよいか。

1 なぜ，弾力的な時間運営か

新しい教育の方向は，「生きる力」をはぐくむという視点に立ち，これまでの教師主導や教科優先の授業を見直し，子ども自身の問題意識や見方・考え方を大切にした取り組みが進められている。

新設される総合的な学習の時間では，これまで学校ではできなかった活動や社会要請のある分野に視点を当て，多様な体験と手続きをとおして豊かに学ぶことのできる活動の工夫が一層求められている。そこでは，子ども自身の興味・関心や気づき・発見を大切にしたり，季節や地域の行事に合わせた授業づくりをしたり，集中的に見学・調査するなどの工夫が求められてくる。

すなわち，子どもの学びを中心とするカリキュラム編成であり，そのために内容や時間を弾力的に取り扱う工夫の必要が生じてきたのである。

子どもを中心とするカリキュラム編成を行う場合，1単位を一律に45分とすることができない場合が生じてくる。つまり，子どもの学びを軸にして授業を組織していった場合，30分間で事足りる場合もあれば，45分間，60分間，90分間必要な場合も生じてくるということである。

このような学校教育の課題を受けて，新学習指導要領第1章総則第4の3で「各学校において，各教科などの年間授業時数を確保しつつ，児童の発達段階及び各教科などや学習活動の特質を考慮して適切に定めるものとする」と弾力的な時間運営のあり方を示している。つまり，45分というこれまでの考え方によらず，各学校の計画的・効果的な教育のあり方で1単位時間を運用することができるということになる。

2 弾力的な時間運営の方法例

時間を弾力的に取り扱うことは，学級単位での実施も可能である。しかし，特色ある学校づくりや学校目標の達成を考えた場合，教科や学年間といった学校全体の視野から日課表を見直さなければならない。すると，そこには「時程」の考え方をめぐって，様々な問題が生じてくる。そのような問題と解決策，ねらいなどを教師と子ども双方が理解しあってこそ，意義ある「弾力的な取り扱い」が実施できる。

(1) 一単位時間の工夫による方法

弾力的な時間運営の工夫として，一単位時間の取り扱いの工夫による方法がある。

一つ目は，45分を15分のユニットから構成されたものと考える方法である（15×3）。45分を基準としながら15分ユニットを組み合わせて，30分（15×2）にしたり，60分（15×4）や90分（15×6）にすることができる。子どもたちの集中力や学習意欲，学習内容・活動の面から，ショートあるいはロングで時間を弾力的に運用することができる。

二つ目は，一単位時間を40分として取り扱う方法である。これは，従来の45分の取り扱

いを40分にすることで、全日で25〜30分の時間を捻出するメリットがある。捻出した時間をショートタイムとして活用したり、40分の授業と組み合わせて活用（40＋30＝70）することにより教育活動を効果的に展開することが可能となる。

三つ目は、40分という単位と30分（3／4）あるいは20分（1／2）という2種類の単位を組み合わせる方法である。この方法では、40分と30分を単独で活用したり、40分と40分で80分、40分と30分で70分、30分と30分で60分などのように多様に弾力的な時間運用が可能となってくる。

このような工夫は一層、子どもたちの活動や学習内容・量などに対応することになるとともに、1年生から6年生までの年齢差を抱える小学校教育の中で、「時間」をそれぞれの発達段階に即して弾力的に活用することができる。それによって、子どもたちの学びも、対象とのかかわりや他者とのかかわりを一層深め、自分を見つめ、高めることにつながる。

(2) ノーチャイムによる方法

ノーチャイム制も一人ひとりの子どもの発達段階や興味・関心、学習意欲を考慮した時間設定を教師の側で柔軟に行うことができる。実施の際には、各学校の状況に応じて、一部をノーチャイムにするのか、全日をノーチャイムにするか等、検討する必要がある。

具体的には、1・2時限間と3・4時限間、5・6時限間をノーチャイムとしたり、発展的（ノーチャイムの習慣が形成され次第）に全日をノーチャイムにすることも可能である。

ノーチャイム制の導入にあたっては、学校全体の基本的な単位時間や時程を決めて実施すること、教師と子ども双方がその意義や約束事を認識すること、などの作業が必要である。それがなければ、ノーチャイムのよさが発揮されないばかりか、問題点ばかりが現象化する。そこで次のような事項への配慮が必要である。

○ **開始・終了時刻のばらつきへの対応**

時間短縮や延長に伴って開始時刻や終了時刻を明確にしておかなければ、子どもたちは主体的に次の活動を意識して行動しない。そして、それぞれの行動にずれが生じ、ロスタイムが生じる。そこで、より子どもが主体的に行動できる要件（考え方やルール）を明確にする必要がある。また、子どもの主体的な行動を支援しロスタイムを押さえるために必要箇所への時計の設置も不可欠である。

○ **専科の時間確保**

時間延長が行われると困るのが複数学年・学級を受け持って指導する専科である。一つの学級の開始時刻がずれこむと他学級の授業調整が難しくなる。連携を密にし、専科の時間確保が図られるよう工夫する必要がある。

○ **時数管理の工夫**

時間短縮・時間延長を弾力的に行うなかで、授業実施時数が不明瞭になる場合が起こる。そこで、教科・領域、総合的な学習をどれだけの時間実施したかということが容易にわかる時数管理の工夫が必要である。

いずれにせよ、弾力的な時間運営は教育の機能性や効率性の面から実施するのであるが、その実質化に向けた評価を重ね、検証していくことが大切である。

（吉浜幸雅）

〈参考・引用文献〉
児島邦宏・羽豆成二編『小学校「総合的な学習の時間」研究の手引』pp.19-21明治図書，1999.8.
筑波大学附属小学校『研究紀要 第56集』pp.41-44，2000.6.
琉球大学教育学部附属小学校『研究紀要 第17集』p.9，1999.11.

K 教育課程

Q70 学校の規模に応じた単元設計

point
1 学校の規模と単元設計
2 学習の形態と指導組織
3 メディアと学習環境
4 インターネットの利用

学校の規模に応じた単元(カリキュラム)設定の工夫をどう図るか。

1 学校の規模と単元設計

学習指導要領によれば,総合的な学習の時間においては,各学校は,地域や,子どもの実態に応じて創意工夫を生かした教育活動を行うものとされている。このように,各学校はその学校の実態をもとに総合的な学習の単元(カリキュラム)を設定することになるのであるが,そのなかには,教師の指導体制や校務分掌,研修体制,学級編成,施設設備,学校や学級の雰囲気,そして地域との関係など学校の規模に規定されるものが少なくない。

以下,大規模校,小規模校ともにそれぞれの特徴を生かしている事例をあげながら,単元設計の工夫について述べていきたい。

2 学習の形態と指導組織

総合的な学習ではこれまでの教科とは違い,多様な授業形態で活動が行われるようになるので,カリキュラムの編成上,学習の形態とそれに伴う指導組織が重要となってくる。

京都市立御所南小学校は京都の市街地の中心に位置している。平成7年に5校が統合されて開校された学級数19という規模の小学校である。この学校の特色の一つとして,学年団でまとまって単元に取り組む学年ティーム・ティーチングを実施していることがあげられる(以下T.T.とする)。この学年T.T.の利点について,御所南小では,

- 教師の個性や特技を生かしあった協力体制が組める
- 子どもたちが学年単位での学習集団を構成することができる
- 学年オープンスペースを生かした多様な学習コースを設定できる
- テーマや対象,活動に広がりが生まれる
- 地域の協力が得られやすい

などをあげている。学年T.T.を組むことで総合的な学習において全体で学習を進める場合に,様々な視点から子どもたちを支援できる。また,個別研究や課題の順序や内容を選択して行うような,活動が多岐にわたる場合には,それぞれの活動ごとに教師が付いて支援することができる等,従来の一斉学習とは違った個別・グループなどの小集団の活動に対応できる点が大きいことも指摘できる。

そして,小学校より教科選択の幅が広く,個性化多様化を目指す中・高等学校においては,滋賀大学教育学部附属中学校で行われている「BIWAKO TIME」のような学級のみならず学年の壁も取り払い,無学年制でテーマごとに多彩な活動を行う実践がなされている。小学校に比べ,学校の規模が大きく,教員数も多いという特徴を生かした実践といえよう。

一方,総合的な学習における小規模校の利点については以下のようなことがあげられる。

- 小さな集団での活動では,個別化などを意識しなくとも,活動の中で全員が生かされる場面がある。
- 子どもたち同士がお互いをよくわかり合って生活している。
- 総合的な学習では体験活動や作業が多いが,

そこでは誰もが何らかの役割をこなさなければならなくなる。
- 活動の中で教え合ったり，リーダーシップをとる機会が多い。

その他，山村の小規模校では自然体験が豊富にできることや，地域も協力的で人とのつながりが深いということも環境のよさにあげられる。

小規模校は大規模校と違い，学年T.T.を設定することができない。このような場合，異学年とのT.T.(合同学習)が考えられる。また，担任以外の教師や地域の人たちとの交流を図りたい。とくに，進級時にクラス編成が行われない単学級の小規模校においては，高学年になるにつれ，学級内の子どもの人間関係や，学習に対する姿勢が固定化しがちである。異学年との交流，インターネットを使った他校との交流，地域の人との交流などが行われる総合的な学習は，これまでの学級内だけの活動とは違った子どもの姿や，関係を生み出す場となるであろう。様々な活動を通して，改めて子どもたちがお互いに認めあうことで，学習の展開のみならず，その後の学級運営にも大きな効果が期待できる。

3 メディアと学習環境

大規模校に比べ小規模校の場合，図書，ビデオなどの視聴覚教材の数が不足している場合が多い。放送教材やインターネットの普及により，以前より情報は集めやすくなっているものの，それだけに頼らず，できるだけ地域に根ざした実践を行うことを勧めたい。また，とくに山村や農村部など自然環境が豊かな地域の学校では，体験中心の総合的な学習を行うべきである。先に示した，一人ひとりが役割を果たす機会をもてることや，インターネット等のメディアを十分に活用して得た情報と，自分で実験したり，調査したりして得た情報や実体験とのバランスを考慮したとき，各学校独自に行ったこれらの体験が生きてくるであろう。

4 インターネットの利用

情報教育についてさらに詳しく解説するならば，「近い将来，すべての学校がインターネットに接続することを目指す」という中央教育審議会第1次答申を受け，文部科学省は各校がインターネットに接続できるような環境を整備しはじめている。インターネットの出現により，学校規模や地域による情報量の差は縮まりつつある。インターネットの活用法としてあげられるいちばん代表的なものは，検索システムや，メールを利用した情報収集であるが，インターネットの特徴は，その双方向性にある。すなわち，情報の収集及び発信である。活用例としては，インターネットを利用したテレビ会議システムによる，他校との討論会，発表会などを通した交流等がある。すでに僻地の学校と都市部の学校を結んで合同授業を行う研究開発事業が平成7年度から進められており，「相手校の理解だけでなく，自校の地域の特色を深く理解できるようになった」という成果も報告されている。今後は，学校間でさらに多くの交流が図られるようになるであろう。他に，交流という面では，ホームページを設けて，それまでの研究の成果を発信したり，共同で研究を勧めることも考えられる。これらインターネットを利用した活動を単元に組み入れ，活用していく各校の実践を期待したい。 　　　　　(吉永健夫)

〈参考文献〉
村川雅弘研究代表『研究代表総合的学習のカリキュラム開発今日的課題の整理と実践事例分析』総合的学習カリキュラム開発研究会，1998年.

L 時間割

Q71　時間割の編成

point
1　35週で割れない時数
2　時数の配分
3　実施時数の集計方法
4　時間割の編成の仕方
5　学級便りの活用

総合的な学習の時間を時間割としてどう位置づけ，編成していけばよいか。

1　35週で割れない時数

総合的な学習の時間を時間割に位置づけるにあたり問題となるのが，総時数が35週で割り切れないため，時間割を固定的なものにできないことである。また，35週で割り切れない時数配分となっている教科もある。

そのため，従来のように固定的な時間割にすることが困難である。

2　時数の配分──平均型・集中型・分散型

総合的な学習の時間を運用する際に大切なのは，活動内容に合わせて，時数配分を決めていくことである。先に述べたとおり，活動が週○時間という時間割の中で行われるわけではない。

総合的な学習の時間においては，活動が季節や対象に左右される場合が多い。つまり，均等に時数を配分して活動を行うことは難しいと考える。むしろ，活動に合わせて時数を配分することが検討されるべきである。

年間を見通して，大きな単元で計画しながらも，いくつかメインとなる活動時期がある場合には，時数を分散しておいたほうが望ましい。

分散することで，必要に応じてたっぷりと時間をかけて活動できるからである。

また，小単元をいくつか設定して運用する場合には，集中的に時数を配分して，実施する場合が考えられる。

時数の配分を決定するには，活動内容をよく検討したうえで，カリキュラムを作っていくことが大切となる。子どもたちの問題意識，地域や季節，他の教育活動との関連性を考えたうえで，時数の配分を検討していくことになる。

3　実施時数の集計方法

時数を管理することは，固定時間割で運用していたとき以上に大切になってくる。日々の授業時数を丹念に記録し集計することが求められる。その際に有効なのがコンピュータ

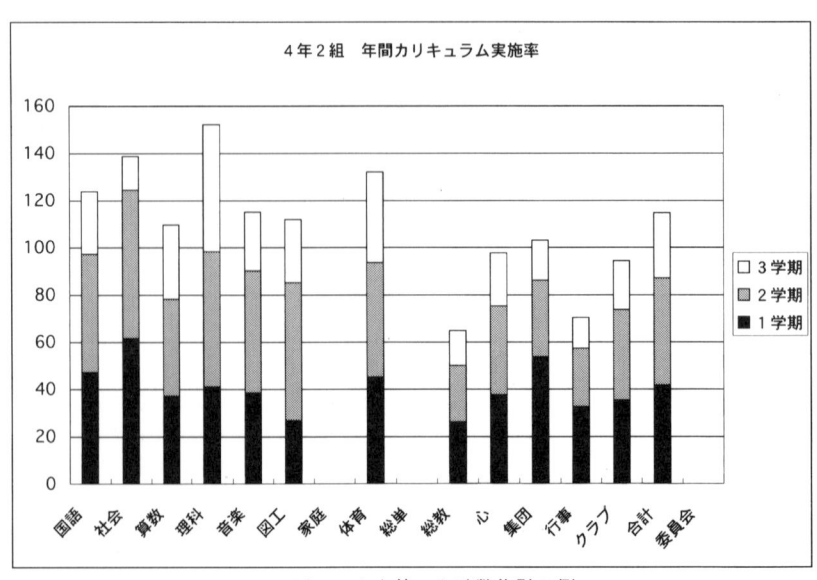

4年2組　年間カリキュラム実施率

コンピュータを使った時数集計の例

を活用した集計方法である。

コンピュータを活用すれば，週の実施時数を算出するプログラムが作成できる。週の実施時数を入力することで，容易に集計でき，グラフ化したり，予定時数に対する実施率なども簡単に表示したりすることができるようになる。

常に実施時数を把握することで，今後の活動予定に見通しをもつことができる。子どもが学習の主体となる活動は，教師の予想するものと大きく異なる場合が多いものである。今まで以上に実施時数の管理が大切なものとなっていくのである。

4　時間割の編成の仕方

時間割の編成は，見通しをもちながら計画的に行っていくことになる。その基本となるものは，年間カリキュラムである。ここでは，カリキュラム・デザインができているものとして話を進めていく。

時間割の編成には，いくつかの方法が考えられる。どの方法がよいかは実際に取り組んでみないと何ともいえないし，それぞれの好みの問題もあるはずである。しかし，最初からすべての時間割に内容を当てはめていくことは至難の業である。したがって，1週あるいは2週，4週程度のものを作成することが現実的である。

①最初の2週くらいの時間割を決めて実施する。その後は，その実績を評価しながら，そのつど，あるいは，2週程度のスパンで時間割を作成していく。この場合，毎週，保護者に予定を知らせていくことになる。

②週当たりの平均時数を算出し，いくつかの時間割のパターンを作っておく。その組み合わせにより，数週間の予定時数が実施できるように繰り返していく。

③月ごとなど，ある程度，長期的な見通しの時間割を作って実施する。実施しながら翌月を考えていく。

④ある程度固定的な時間割で進めていきながら微調整したり，学期の終盤で時数を調整したりする。時間の変更については，担任が実施時数を算出したうえで，実施時数に大きな偏りがないよう配慮することが必要である。

これらを組み合わせることも可能と考える。大切にしたいのは，子どもの学び，活動の展開に応じた弾力的な時間割の編成である。今まで以上に教師が主体性をもって，時間割を編成していくことになる。

担任以外の専科教諭や教頭が，授業に入る場合の調整も大切な点である。基本的な入教や出教を決めておくことはもちろんであるが，調整をするための工夫を考えたい。例えば，2週間を見渡すことのできるホワイトボード予定表を作成し，誰が，どの学級で授業するのかを見渡せるようにするのである。これにより，ティーム・ティーチングで授業を行う場合の調整が容易にできるようになる。

5　学級便りの活用

時間割の編成が，固定的なものでない以上，学級便りなどを通じて，保護者に確実に伝えていく必要がある。先に述べたとおり，毎週あるいは，2週分，1月単位で知らせていくことになる。

学級便りをとおして，時間割を伝えるとともに，子どもたちの活動の様子をきめ細かく伝えていくことも，総合的な学習の時間を保護者の皆様に伝えていくよい機会と考えられる。

（國元慶子・福保雄成）

L 時間割

Q72 日課表の工夫

日課表をどのように工夫したらよいか。

point
1. 弾力的運用ができる日課表を
2. 職員朝会を行わない
3. ノーチャイム制で弾力的に進める
4. 職員全員でつくり上げる

1 弾力的運用ができる日課表を

総合的な学習では，子どもの興味・関心を大切にしながら，思い切り主体的に対象にかかわっていく姿を期待している。したがって，子どもが十分に活動したり思考したりできるように，時間割や校時表の見直しや工夫をした日課表を作成することが肝要である。とくに重要になってくるのが，日課表の弾力的な運用である。以下に具体的な例を述べる。

2 職員朝会を行わない

総合的な学習では，ときには授業時間以外に実施することもある。

栽培活動や飼育活動を行っているときは，登校直後から子どもの活動が始まる。野菜に水をあげたり，生きものに餌を与えたりするため畑や飼育場に集合し，そこで，野菜の観察をしたり動物の成長を確かめたりする。また，校外学習に出かけるときも準備や質問事項の確認などをする。このような朝の活動での子どもの姿を見とったり，適切な言葉がけなどの支援をおくるために，そのため教師も朝から子どもの活動にかかわり，子どもとともに1時間目を迎えたい。

そのため，朝の職員朝会をなくすことが考えられる。職員朝会を行わず，その代わりに職員終会に切り換えるのである。職員朝会は，主として当日の予定や連絡を伝達することが多い。しかし，これらは，前日の職員終会で代替できる。また，当日の急遽変更した内容に対しては教務室にある連絡黒板を確認すればすむことである。このように職員朝会を行わないことで，朝の活動から子どもたちと積極的にかかわることが可能になる。

3 ノーチャイム制で弾力的に進める

活動内容によって，総合的な学習が2時間連続授業（あるいはそれ以上の時間）が必要になることがある。逆に，30分で終了する活動もある。このようなとき，授業の開始や終了時を子どもの学びや活動内容を考えながら柔軟に決定できるようにノーチャイム制にし，45分1単位時間にこだわることなく授業を進めたい。

また，休み時間の工夫も考えられる。1時間目と2時間目，3時間目と4時間目の休み時間はあくまでも移動時間などと考え，5分程度の休み時間とする。その分，2時間目終了後の休み時間や昼食後の休憩時間に十分な時間を確保する。余裕のある時間にすることで，休憩時間も総合的な学習を授業時間から継続して行うこともできるなど，柔軟な活動時間を構成することができる。

4 職員全員でつくり上げる

以上述べたような内容による日課表を進めるためには，学校職員全体の共通理解が必要になってくる。「子どもの活動を進めるうえでどうすれば効果的であるのか」，「子どもが思い切り活動できる日課表とは何か」という視点で話し合い，全職員一体となって日課表の改善にあたりたいものである。　（尾身浩光）

L　時間割

Q73　まとまった時間の組み込み方

point
1　子どもの意識を大切に
2　弾力的運用を

まとまった時間を必要とするとき，時間割にどのように組み込み調整していくか。

1　子どもの意識を大切に

　総合的な学習では，子どもが課題を見つけ，自ら学び，自ら考え，主体的に判断することがねらいの一つとなっている。つまり，総合的な学習は一人ひとりの子どもがつくっていくものなのである。

　したがって教師は，子どもの意識を大切にしなくてはいけない。決められた時間に，決められた内容で，決められた活動をするという考え方ではない。あくまでも，子ども自身の意識を大切にして行っていくのである。

　また，総合的な学習では，子どもの体験的な活動や問題解決的な学習が重視されている。そうすると，教室外で活動する機会が多くなってくる。例えば，校外学習に行くことを考えてみる。時間割では総合的な学習は2時間しか組み込まれていないとしよう。しかし，この日は天候がよく，活動に最適な日だと判断した場合，1日校外で活動することがある。

　総合的な学習をしていくと，否応なしに柔軟に対応せざるを得なくなる。学級担任は，年間カリキュラムをもとに，週単位の活動のプランを立てていく。子どもはそれを見ながら，1週間の活動の見通しをもっていくのである。そして，毎日の実践の中で修正した部分は，ホワイトボードに修正していく。

2　弾力的運用を

　平成14年度から実施される学習指導要領では，各教科等の標準時数の関係で，毎週固定的な時間割を繰り返し実施していくことができなくなる。各学校で，創意工夫しながら時間割を弾力的に運用することが求められてきている。

　総合的な学習の時間は年間110時間（中学年で105時間）とされているので，おおよそ週3時間配当できる。しかし，1回の活動で複数時間の活動を設定すると，活動時間が不足することになる。そこで，年間カリキュラムに基づいて活動の見通しをもちながら計画的な実施が必要になる。

　週時数や月の時数を考えながら教科との授業実施時数のバランスをとることが大切になる。活動の進行状況を考え，特定の日や週に集中したら，次の週は教科の学習を中心に進めるなどして時数のバランスを考え実施していく。

　また，週の時間割の作成に際しては，活動の進行状況を考えたり，子どもと話し合ったりしながら予定を決めていくことも求められる。そして，1週間や1か月の見通しをもちながら，軌道修正していくような弾力的な運用も必要になってくる。

（近藤隆司）

L 時間割

Q74 時間割についての保護者の理解

日程や時間確保について、保護者からの理解をどのようにして得たらよいか。

point
1 特色ある学校像の提示
2 何を身につけさせたいのか
3 はじめに子どもありき
4 ふだんから敷居を低く

1 特色ある学校像の提示

教育課程審議会は、その答申の中で「これからの学校像」を次のように示した。

- 子どもたちが伸び伸びと過ごせる場としての学校
- 自分が興味・関心のあることにじっくりと取り組めるゆとりのある学校
- わかりやすい授業が展開され、わからない場合は、わからないと自然に言え、学習のつまずきや試行錯誤が当然のこととして受け容れられる学校
- 子ども同士や子どもと教師の信頼関係が確立し、子どもたちが安心して力を発揮できる場としての学校

そして、子どもの自分探しの旅を助けてやるのが教育であり、自己の確立とともにお互いに支えあって生きていく共生・共存も強調されている。

子どもたち一人ひとりの多彩な学習課題の追求と多様な学習活動の展開により、学校内から学校外、地域へと子どもの学習の場は拡大されて完全学校週5日制を念頭に、子どもの生きている生活・環境総体の中で教育システムを構築することがいま、求められている。

換言すれば、「おらが学校」が、いま、何をどのようにしようとしているのか、その説明責任が問われているのである。逆に学校としては、教育課程改訂の趣旨や総合的な時間の特設について説明をし、保護者や地域の理解協力を求め、強固な連携体制をつくる好機としてとらえることが必要である。

他の学校と一味違う特色ある学校づくりについての今までの実績に加えて、地域性を生かした総合的な学習の時間の積極的な導入が、さらに一層スクール・アイデンティティの確立を確かなものとしてくれる。

2 何を身につけさせたいのか

なぜ教科・領域にも属さない総合的な学習の時間がわざわざ特設されたのか、これは少なくともカリキュラム（教育課程）の一大改革（改造）である。

私たちは、長い目で見て、子どもの成長、発達の基盤となるいろいろな経験を意図的に多様な活動を通じて与えている。そのなかで得た様々な体験が、子どものこれからの認識や価値観の形成を支えてくれる。

一方では、教科学習を中心にして、子どもが系統的に知識・理解・技術を習得していくように適切な学習課題を順次設定し、十分な指導のもとに取り組ませていくことによってすべての子どもが一定水準以上の学力を確実に身につける。

しかし、現実は子どもたちに成長と学力をバランスよく保障してやることは至難に近い。そこで、この二つを別々に考えて実践するのではなく、総合的な学習を導入することによって、子どもの体験的学習における自己選択や自己決定を用いて、学力も身につくし、成長も保障して取り込む教育課程づくりであることを自らもしっかりと認識し、学校からも

積極的に発信することが肝要である。

3 はじめに子どもありき

総合的な学習では、学習の主体者、つまり主人公は子どもである。はじめに教師ありきでも、内容ありきでもない。社会的な課題からの要請があったにしても、基本的にはあくまで、やらせではなく、はじめに子どもありきである。

どのように学習を進めるか、また、単元をどう構成するか、教師はあくまで強力かつ有力な支援者の1人である。

したがって、各校ですでに開発され、年間学習計画の中に設定された大単元なり中単元は、つまるところ子どもの活動の深まり具合によって、その進行具合も影響を受け、変更を余儀なくされるまさに計画案であることを保護者に伝えたいところである。

とくに直接的な体験や活動を重視するのが総合的な学習であるから、子どものペースに合わせ、時間もかかる、まさにロングスパンにわたる活動になる。また、体験の内容から時宜の問題も生じて、期間が限定されるものも出てくることになる。

戦前、東京の下町、台東区の富士小の5年生の総合的な学習「資源」では、時間配当は100時間で、日数にして18日間、映画見学、独自学習、一斉練習、相互学習、課題作業といった内容で長期的に構成されている。

いずれにしても、その子なりの自然な追究の仕方で、ときには立ちどまり思案し、こだわって、自己決定をし、自己選択をして取り組んでいくわけであるから、もっとやりたい気持ちが湧いてくれば、当然、それを保障してやる手だてを打たなければならない。

保護者にしてみれば、ふだんの授業とどう違うのかという反応が強い。教科学習と違った子どもの取り組みの姿が出てくるようにちだんと待ちの姿勢を強くして支援してやることが、保護者への回答にもつながっていく。

教科書がないのに、どのようにして勉強するのかと疑問を発する保護者もいる。そのときは、どのようにして単元を開発するのか、その産みの苦しみをざっくばらんに語ってやることが、総合的な学習の時間の理解にもつながり、今後かかわって協力支援を請うときにもプラスになる。

子どもが胸をときめかすようなテーマ、どうしてだろう、こうやってみたい、これはやりがいがあるといった子どもの興味・関心からだけの単元開発だったら苦しみは少ない。

学ぶことの価値あるテーマとの出会いももたせてやりたいし、子どもにとっての必要感、必然性のあるテーマにもふれさせたい。ときには、葛藤内容を中核とする単元構成も必要となってくる。

つまるところ、この総合的な学習を体験して、本当によかったと学びの価値について子どもが口にしてくれれば最高という思いも保護者に伝えたい。

4 ふだんから敷居を低く

地域に支えられた学校が、総合的な学習では、地域に積極的にかかわっていくことは至極当然である。

ふだんから敷居の低い開かれた学校であることが、自然なかたちで総合的な学習への理解を容易にしてくれるし、協力性を生む。

ノーチャイム制の導入も子どもによる時間の自主的管理であって、時間割がフレキシブルになったときへの対応はもちろんであるが、総合的な学習の時間における子どもの主体的な活動への取り組みをより自信をもったものにしてくれる強力な一因となっていく。

(大野晏且)

L　時間割

Q75　長期休業時間の活動

長期休業時間にはどのような活動を行うことができるか。

point
1　長期休業時間中の活動
2　総合的な学習の発展としての活動
3　総合的な学習としての自由研究
4　実践上の留意点
5　生涯学習に向けて

1　長期休業時間中の活動

夏休みに代表される長期休業時間中に子どもたちが行うことができる活動は，大きく二つに分類することができる。一方は，それまでの総合的な学習に対する興味・関心がたいへん高く，休業中も継続して課題を追究していきたいという欲求から行われるものである。総合的な学習の発展的な活動といえよう。もう一方は，個別または小グループ単位で行う自由研究で，意図的に長期休業を総合的な学習の単元展開の中に含んでいる活動である。それぞれの活動において，長期休業中ならではの，ふだんの学習とはさらに違った活動が展開され，これらの活動をとおして，子どもたちは個性を伸ばすと同時に，自分なりの研究方法や実践力，継続力を身につけることができると期待される。上記の力は，第15期の中央教育審議会の第1次答申で提唱された「生きる力」につながるものであり，とくに伸ばしたい資質・能力である。以下，具体的な活動と，実践上の留意点について論じていく。

2　総合的な学習の発展としての活動

1学期の総合的な学習の時間に取り扱った内容について，夏休みにも引き続き，一人または小グループで調べたという例は多い。総合的な学習の活動を全体的またはグループで行った場合，どうしても個人的には，「このようなことを調べたかった」「このような実験・調査をしてみたかった」という不満が残る。また，川の上流から下流まで，それぞれの水質や，棲んでいる生き物についての調査等，校外で行わなければならない場合には時間の関係で不十分に終わってしまうこともある。とくに，その場所に幾度か通って定点観測をするという場合には，時間を十分に確保することは困難である。これらの活動を，長期休業中に行うことで十分な調査を行うことが可能になるわけである。

3　総合的な学習としての自由研究

個別または小グループ単位で行う自由研究で，意図的に長期休業中の活動を総合的な学習の単元展開の中に含んでいる例である。個別で活動を行うということと，休業中ということで，自分の力で学習を進めていく必要があることから高い学習スキルが要求されるため，6年生で総合的な学習の総括として行われることが多い。

活動内容は個人の趣味を最大限重視したもので，テーマも多種多様である。長期休業中の活動を単元の中に設定している理由としては，学校内で資料を使い調べるという学習も大切であるが，長期の休業を生かして，そこで学校内では体験できない活動をしたり，地域に密着して，長期間にわたる調査や観察を行ったりする機会にしたいという教師側の意図が強いといえる。活動は終了後，中間発表をしてから引き続き行われていく点が，夏休みに行われる自由研究とは大きく異なっている。

4 実践上の留意点

　長期休業中は，教師は子どもたちを支援する機会が極端に少なくなる。子どもたちが自らの判断で活動できるように，事前・事後の指導を十分に行う必要がある。長期休業前に子どもたちに活動の計画を立てさせるとともに，教師がそれをもとに，計画に無理がないか見直し，調べ方についての疑問について助言をしたり，励ましたりなどの支援を行う。

・意欲づけ

　それまでの学習の発展として，または引き続き調べてみたいという意欲をもって活動する場合は問題はないが，とくに総合的な学習の一部として単元の一部に組み込まれている場合には，活動に対する十分な意欲づけが必要である。6年間の総合的な学習の総括として行うことは，それまでの学習の経験から自分の興味のあることに気づき，それを追究することで，課題を発見しやすくするという面からも意義のあることである。もちろん，他の学年でも，取り上げる意義は十分にあるが，学年の発達段階に沿った課題設定を行うことが重要であることは言うまでもない。

・保護者・地域への説明

　これからの教育のあり方は，学校，地域，家庭すべての場を通じて行われることを目指している。休業前の参観会・懇談会の場で保護者への研究の意義や進め方，観察や実験への協力などを説明したり，文章で通知したりして家庭への協力の要請をする必要がある。とくに，川や海，森など自然について調べるときの，安全面の確保については十分にお願いしたい。

　また，地域についても，活動の内容を学校便りやホームページなどで伝えていくことが地域の協力を得て，学習を効果的に進めることにつながっていく。

・評価

　総合的な学習のねらいは，生きる力の育成であり，具体的には「自ら問題を発見し，課題を設定し，具体的な計画を立て，解決する資質の力の育成」であり，「学び方やものの考え方を身につけ，問題の解決や探求活動に主体的創造的に取り組む態度の育成」である。このように，結果ではなく，学び方を学ぶことがねらいであることから考えるならば，作品自体より，その過程をどのように評価するかが重要であるといえよう。

　ポートフォリオ評価は，調査した結果や作成した作品のみならず学習活動の計画表やねらい，親からのコメント等，それをまとめる過程で集めた情報などの学習の足跡を保存しておく。これは長期間の活動をふり返るにはたいへん有効な評価方法である。また，中間発表会でそれまでの活動の経過を発表し合い，お互いに評価をすることも自己評価を補完するのに効果的である。さらに，他者を評価することで自分自身の学習をさらに見つめ直すという効果も期待できる。

5 生涯学習に向けて

　これから，総合的な学習が本格的に実践されるなかで，これまであまり教師の手の入ることがなかった夏休みの自由研究が，総合的な学習の活動の延長として行われることが多くなることが予想される。長期の休業中にも自ら学習を進めていくことができるということは，総合的な学習のねらいであるといえる。自分で課題を見つけ，それを追究していくという姿勢を育成することは，子どもたちがこれからの生涯学習の一端を担っていくという点からも重要であり，多くの実践が待たれるところである。

〈吉永健夫〉

L 時間割

Q76 学年ごとに実施する場合の時間割

point
1 総合的な学習の時間の実践の現状
2 総合的な学習の時間割編成の留意点

　学年ごとに総合的な学習を実施する場合，どのように時間割の編成を行うか。

1 総合的な学習の時間の実践の現状

　総合的な学習の時間105〜110時間は，週当たり3時間の割り振りになる。そのことから，学年で時間割を編成するということは容易にできそうに思える。

　しかし，今日，総合的な学習の時間は多様な方法での運営が試みられ，多様性が増してきているのが現状である。

　例えば，内容面から見ると一つの場合もあれば，二つ，三つと複数の場合もある（105〜110時間を○○タイム，□□タイム，△△タイムと分けて考える場合）。そして，その実施形態が学級単独で活用する内容であったり，同学年で取り組む学年総合の形態をとっていたり，3年〜6年をプールにした縦割り・異学年総合の形態をとっていたりする場合も多い。さらに，学年で取り組む総合的な学習においても，時期や内容によっては学級単位で行ったり学年で行ったりなどの多様な取り組み方が見られる。

　そのような多様な総合的な学習の時間の学年時間割を編成するということになると，一層多面的な視点から工夫を図らなければならない。

2 総合的な学習の時間割編成の留意点

　学年で総合的な学習を実施する場合，活動を響き合わせるためにも時間割上で時間をそろえる必要がある。

　しかし，子どもの活動時間をよりよく保障するという立場からすれば，単に1学年の時間割編成というわけにはいかない。すでに述べた多様な形態・方法で取り組まれる総合的な学習を念頭におき，そのうえで学年の子どもたちの活動の場や資料，機器などが存分に活用できる要件を整えた時間割の編成を行わなければならない。つまり，総合的な学習においては，学年差によらず，内容や活動の重なりが出てくることから全体的視野に立って時間割を編成するということが大切になる。また，子どもの興味・関心を高めることも考えた時間割の工夫ある設定が求められる。

　その視点として，次の事項が考えられる。
○特別教室が重ならないようにする。
　・図書室　　　・コンピュータルーム
　・視聴覚室　　・会議室や多目的ルーム
　・屋内運動場等・その他
○時間延長等も可能にするため，午後に組む（弾力的な運用）。
○活動をじっくり行うことができるように2時間連続で設定する。
○子どもの負担にならない曜日設定を行う。
○3・4・5・6学年の中で同時限で編成したほうがよい学年と，そうでない学年の意義づけを考える。

　時間割を編成する作業においては，1単位時間の考え方やノーチャイム制，ユニット方式などの導入をどうするかなど，時程の問題ともかかわってくる。そのような面とも照らし合わせながらの工夫が，子どもが生きる総合的な学習の時間となる。

　　　　　　　　　　　　　（吉浜幸雅）

M 系統性

Q77 学年間の系統性

学年間の系統性をどう考えればいいか。

point
1. 学年間の系統性をめぐる様々な論議
2. 育てる力の系統性
3. 内容の大まかな系統性
4. 学年テーマと学年の独自性

1 学年間の系統性をめぐる様々な論議

総合的な学習は地域や学校，子どもの実態に応じて，各学校が創意工夫を生かした教育活動の展開を図ることが原則である。具体的な単元開発を進める際に，学年間の系統性が問題となる。「学年ごとに取り組む課題やテーマを設定してしまうと，子どもの興味・関心・求めに応じたり，『生きる力』をはぐくむという総合的な学習のよさやねらいが失われる」という考えや「各学年が自由に取り組む活動内容に重なりが生じる」「自由にさせるだけでは『生きる力』は育たない」などという考えがある。学校として，学年として，何をどこまで共通にするのか，学年や学級，個々人の独自性や個性を尊重したうえで学習をどう積み上げていくのかが課題である。

2 育てる力の系統性

伊那市立伊那小では，学級主体で異なる活動を展開する。各学級での教師と児童との協議により，年度始めにテーマや活動が決定され1年間（場合はよっては複数年）にわたって展開する。課題や内容は自由であるが，育てる学力を明確にしている。「学ぶ力」を「意欲にかかわる学力」「情意的な学力」「知識・技能的学力」の三つと考え，とくに「意欲にかかわる学力」の「こうしてみたい（発想）」「こうしたらどうだろう（構想）」「実際にやってみよう（実践）」の三つが「どうだったか（自己評価）」を伴いながら繰り返し起きていると考えている。

3 内容の大まかな系統性

横浜市立日枝小では，内容系統表（試案）を作成し，各学級が取り組むテーマや具体的な展開を考えていく際の拠り所としている。この系列表は，縦軸に「自然」「社会」「自分」の三つの視点と生命，自然環境・季節，資源，健康・安全・福祉，成長・生き方，生活環境などの14の基本的な視点を，横軸にこれらの「対象への認識が深まり」を置いている。そのうえで，低中高学年ごとに具体的な内容項目を設定している。

4 学年テーマと学年の独自性

京都市立御所南小では，期待する10の資質・能力（課題発見力，自己決定力，自己評価力，人間関係力など）を明確に示したうえで，学年テーマ（1年「しぜん」，2年「まち」，3年「きょうと」，4年「水」，5年「伝統」，6年「人」）を設定している。具体的な活動内容は年度によって異なる。また，学年ごとに整理した資質・能力は，単元開発において具体的な活動を設定する際の目安となる。

このように，研究先進校ではそれぞれ取り組み方は異なるが，各学年で取り組む課題や内容，育てたい資質・能力のスコープとシーケンスをある程度明確にしている。資質・能力または内容のスコープとシーケンスをゆるやかに示すことで，学校としての系統性を持たせたうえで，各学年・学級の独自性を保証しようとしている。

（村川雅弘）

M　系統性

Q78　各校種間（小・中・高）の系統性

総合的な学習の時間のねらいを踏まえ，各校種間（小・中・高）でどこまで育てればよいのか。

point
1　総合的な学習のねらい
2　学習スキル
3　自己の生き方
4　各校種間の連携

1　総合的な学習のねらい

　まず，基本的には各校種間でどこまで育てればよいという具体的な基準というものは存在しないということを明らかにしておきたい。総合的な学習の目標は，従来の教科のような達成目標ではなく，方向目標として提示されているからである。これは，従来の教科と総合的な学習との違いを端的に表しているといえる。小・中・高等学校における総合的な学習の時間のねらいについては，学習指導要領に次のように掲げられている。

> 　総合的な学習の時間においては，次のようなねらいをもって指導を行うものとする。
> (1)　自ら課題を見付け，自ら学び，自ら考え，主体的に判断し，よりよく問題を解決する資質や能力を育てること。
> (2)　学び方やものの考え方を身に付け，問題の解決や探究活動に主体的，創造的に取り組む態度を育て，自己の生き方を考えることができるようにすること。

　これら(1)及び(2)のねらいは，小・中・高ともに共通であるが，具体的にどこまで育てるべきかということに関しては何も説明されていない。あくまでも，上記のねらいに基づいて各学校が地域や学校の実態を考慮に入れながら，学習の内容や方法など特色のあるカリキュラムを編成・実施しなくてはならないということである。

2　学習スキル

　では，実際に各学校がねらいを基にどの程度まで育成するか設定するときには，とくに何を手がかりにしているのだろうか。小・中・高それぞれの段階でねらいを考えるとき，手がかりとなるのものの一つとしては，それぞれの学校における児童・生徒の姿であり，それは発達課題によるところが大きい。先のねらいの(1)では，情報の集め方・調べ方・まとめ方・発表の仕方など総合的な学習を支える資質や能力といった学習のスキルを獲得するといったねらいが示されている。総合的な学習の先進校ではこのような学習スキルについて，各学年で目標を定めているところが多い。とくに，情報教育のリテラシーについてはパソコンの扱いや情報の活用の仕方など各学年の目標を設定している例が見られる。

　校種別で比較すると，小学校段階では基本的な学習のスキルの育成を目指している。基本的といえども，高学年になると個人研究が可能になり，実際，6年生でそれまでの総合的な学習のまとめとして個人研究を取り入れている学校も見受けられる。中・高等学校ではさらに高度な情報収集や処理を行ったり，パネルディスカッションやディベートなどで自らの意見を論理的に相手に伝え，討論したりするようになる。

　以上，学習のスキルについて取り上げたが，これらのスキルは各教科等での基礎基本となる知識や技能と関連するものが多い。仮に中学校で小学校と同様な課題を取り上げた場合でも，知識の深まりや，調べ方などの選択肢の広がり等から，自由度の高い，小学校とは

また異なった活動が可能となることがいえよう。さらに，この選択肢の広がりはさらに高等学校で顕著である。これは，学習指導要領の改訂の基本方針の③「ゆとりのある教育活動を展開する中で，基礎・基本の確実な定着を図り，個性を生かす教育を充実すること」についての各校種における履修の幅の違いからも明らかである。

3 自己の生き方

(2)は，(1)を通して，問題の解決や，探究活動に主体的，創造的に取り組む態度の育成を図りながら，最終的に自己の生き方を考えることができることを目標としていることを示している。この最終的な目標の自己の生き方という点については，学習指導要領の解説に各校種それぞれの段階に合わせた説明があり，それが参考になろう。

まず，小学校では「……自分の考えや意見をもったり，自分のよさに気付き，自分に自信をもったりするなどして自己の生き方について考えることができるようにすることをねらいとしている」。中学校では「……自己を見つけ，現在や将来について真剣に考え，卒業後の進路を主体的に選択し，生きがいのある生活をしていくという自己の生き方について考えることができるようにすることをねらいとしている」と補足している。高校では，さらに「……特に，高等学校の段階においては，自らの意見や考えをもち，論理的に表現したり，討論したりする力，社会に対する意識を深め，自己の在り方生き方について考え，主体的，自律的に学ぶ力を身に付けることが強く求められており，この時間の意義は極めて大きい」としている。

以上のように，小学校では，まず，活動を通して自分のよさに気づいたり，自信をもったりという自分について知るということが中心となる。進路選択を控えた中学校では，これからの卒業後を見据えて自己の生き方について考え，高校ではさらに現実の社会に対する自己のあり方や，生き方を確立していくという，それぞれの段階での目指す児童・生徒の姿がねらいとして表されている。

具体的な例として，島田市立初倉南小学校では，子どもたちが身近な人の話を聞いて生き方や，仕事，地域について学ぶことをねらいとして「話の泉」の時間を設置している。それらの話の中から，興味をもったことが総合的な学習の導入となることも多い。総合的な学習で取り上げる内容は，中学年では身近な地域の文化や産業，自然，人等に対し，グローバルな立場から社会や世界の視点で考えることが可能となる高学年では，環境や，世界の人との共生などとなっている。とくに，小学生では，各学年の発達段階の差が顕著であり，身近な体験から世界へ視点を広げていくというねらいに則した実践ということができる。

4 各校種間の連携

これまで述べてきたように，ねらい(1)及び(2)について具体的にどこまで育成するかという課題は，各校に課せられる課題であるが，同時に1校だけの問題というわけにはいかない。各校種間，また同じ校種間においても，あまりにも取り組みに格差があるような状態は解消されねばならない。生活科が新設されたころ，幼・小の連携の必要性が盛んに強調された。これからは，さらに小・中・高の連携が求められるであろう。各校ともに，地域や学校独自のカリキュラムを開発しながらも，縦横の連携をとっていくというバランス感覚が求められているのである。すでに始められている中高一貫教育なども含め，総合的な学習の本格的実施に向けてのこれからの実践的課題である。

(吉永健夫)

M 系統性

Q79 低・中・高学年ではぐくむ力

低学年・中学年・高学年ではぐくむべき力は何か。

point
1 学校として期待する子どもの育ちを想定し，共有する
2 低学年では，「人・もの・こと」にかかわる喜びの感覚と自分意識を
3 中学年では，追究活動を見通す力を
4 高学年では，学んだことを活用・応用する力を
5 全学年で学び方と自他を尊重する心を

1 学校として期待する子どもの育ちを想定し，共有する

小学校学習指導要領解説「総則編」に，総合的な学習のねらいが示されている。(1)

これは，総合的な学習の時間ではぐくむべき資質や能力の大枠，あるいは目指すべき方向を示しているものである。

また，研究者や先進校では，総合的な学習の時間にはぐくむべき力として，

> 関係・応用力，問題解決力，課題追究力，情報活用力，コミュニケーション力，共に協力する力，表現力（プレゼンテーション），交流・実践力

などを取り上げていることが多い。

しかし，これがすべての学校の状況や子どもの実態に合致しているとは言いがたく，網羅的にすべてを育成しようとする必要はない。

総合的な学習は学校の独自性を尊重した学習であり，そこではぐくむべき力も個々の学校に任されているといってよい。

そこで，まず学校として期待する子どもの育ちを想定し，それを教職員・保護者等が共有することが必要となってくる。

具体的には，学校教育目標と子どもの実態，保護者や地域の願い，教師の願いなどを十分に把握し，期待する子ども像を具体的に描いてみる。そして，そのような子どもを育成するには，どのような資質や能力をはぐくむこ

とが必要かを考えるのである。

学校として，総合的な学習を通して積極的に子どもの育ちを支援するならば，期待する子ども像を共有するためのこのようなステップがどうしても必要になってくる。

このとき，総合的な学習の趣旨やねらいから考えても，身につけさせたい資質や能力を必要以上に細分化するのは望ましくない。いくつかの力を包含し，総合した力としてとらえ直してみたい。

観音寺市立観音寺南小学校では，このような力を「二つの力と一つの心」（学び続ける力，自律に向かう力，自他を尊重する心）と想定している。(2)

以下，低・中・高学年それぞれの段階でとくに重視したい資質や能力について，このような考え方からその系統性を考えてみる。

2 低学年では，「人・もの・こと」にかかわる喜びの感覚と自分意識を

低学年での生活科を中心とした学習では，「人・もの・こと」にかかわる喜び，かかわられた喜びの感覚をもたせたい。

このためには，個々の子どもの活動の場を十分に保障するとともに，自分の思いを表出したり，活動や気づきの意味や価値を自覚させる自己評価や他者評価の場が必要であることは言うまでもない。

このような学習により得られたかかわる喜びの感覚は，学習の主体が自分自身であるという感覚を高める。また，問題解決力の第一

歩としての自分なりのこだわりや思いを醸成し，自分にとって大切な問題が何かを発見する力を養うことにつながる。

さらに，自分らしい学び方を意識するとともに，友達や周囲の人々を学び合い支え合う仲間として意識するようになる。

このように，かかわる喜びの感覚と自己意識の芽生えは，新たな学習への意欲や関心を高め，主体的な学習を支える土台となる。

3 中学年では，追究活動を見通す力を

中学年では，見通しをもって問題解決に取り組む力（追究活動を見通す力）を身につけさせたい。

追究活動を見通す力とは，自分なりに問題意識を継続しながら，自分なりの解決方法を模索しようとする力であり，最後まで追究活動をやり通す力である。

ここでは，
- 追究の課題が明確である
- 学習の仕方や進め方がわかる
- 学習に没頭できる
- 友達との交流がある
- 対立や葛藤・共感がある

などの子どもの姿が想定できる。また，これは支援者（教師）が子どもの成長を見とる観点でもある。

このような力を身につけることは，かかわる喜びの感覚や自分意識をさらに高めるとともに，自分にとっての学ぶ意味や学ぶ喜びの感覚を一層高める。

4 高学年では，学んだことを活用・応用する力を

高学年では，学んだことを活用する力，応用する力を身につけさせたい。

学んだことを活用したり，応用したりする力は，自分と対象とのつながりを強く意識し，実践化への意欲的を高めていくことである。

このような力を育てていくためには，これまでの自分の活動への取り組みの様子をふり返り，自分にとっての活動の意味を多面的にとらえ直し，自分らしいものの見方や考え方を自覚する場が必要である。

ここでは，情報を収集したり，処理・活用したりする力，相手を意識した表現の仕方，共に活動する力などが必要であり，以下のような子どもの姿が想定できる。
- 自ら学習をふり返ることができる
- 社会との接点がある
- 他者の役に立てた感覚がある

このような過程を通して，学びが本当に自分のものとなるとともに，地域社会や周囲の人々と共に生きる感動を実感していくことができる。

5 全学年で学び方と自他を尊重する心を

このように低学年から高学年への子どもの育ちを想定してみると，総合的な学習は具体的な体験を通して「知る楽しさ」「学ぶ喜び」「共に生きる感動」を味わう学習であることがわかる。

だからこそ，「表現力」「コミュニケーション力」など，体験や活動を支え，より豊かにしていく基礎的な技能や態度を活動内容に即しながら全学年を通して取得させることが必要である。

また，具体的な活動や体験を通して，「共に協力する力」「自己評価力」など，自分や友達を正しく理解し，集団の中で自分を生かそうとする意欲や態度（自他を尊重する心）を積極的に育てたい。

（石田謙二）

〈参考文献〉
(1)文部省小学校学習指導要領解説「総則編」
(2)香川県観音寺市立観音寺南小学校　平成11年度「研究紀要」

Do

N　支援体制

Q80　教師の相互理解

総合的な学習についての教師の相互理解をどう図っていくか。

point
1. 導入・発想・実践
2. 研究分科会の活用
3. 校内研究会便りの発行
4. 学年会の取り組み
5. 参考文献・資料等の交流

1　導入・発想・実践

　総合的な学習について，全教員の共通理解ができていると思って進めていき，いざ授業を組み立てる段階になったら，あまりの格差にお互いにびっくりということが少なくない。

　各自の柔軟な発想を引き出し，生かすためにも基本的なことについて共通理解を図っておく必要がある。

　総合的な学習の基本的な考え方についての導入は，管理職が資料を作成し，全教員に話題提供をして実施していく。総合的な学習をどのように進めていくかについての導入は，研究主任が具体的な資料をもとに投げかけて曖昧な興味・関心を実践に向けて明確にしていく。

　また，総合的な学習はこのようにあるべきだという「べき論」をやや控えて，お互いの思いやアイデアを語り合えるようにすると相互理解が進む。

　さらに，どのような課題によって，どのような計画を立て，どのように活動させていったらよいかなど「実践」を想定して，話し合いや雑談の場をもつようにするとよい。

　なお，あまりにも理解が進まなかったり，ねじれが生じているときには，外部から講師を招聘して交通整理をすることが必要である。

2　研究分科会の活用

　総合的な学習の進め方の方針が決まると，総合的な学習の授業を計画し，実施することになる。授業担当者やその教員が属している研究分科会が中心になって単元の構想，子どもの実態や願いの把握，授業案づくりなどが進められることが多い。

　そこで，単元の構想の段階，子どもの実態や願いを把握する段階，授業案づくりの段階など，そのつど，他の教師，他の分科会に投げかけ，感想，思いつき，ヒントなど手がかりになることをもらうようにするとよい。

　このことは，総合的な学習の授業を開発する側の役に立つだけでなく，その外側にいる教師にとっても当事者意識を駆り立て，理解の内容と程度がしだいに共通化していく効果がある。

　A校では，授業案を立て授業をするまでに，次の3段階について，研究分科会が検討し，当該者に参考意見として提供するように工夫している。

　①単元構想の筋立ての段階
　②授業案作成の段階
　③授業終了直後

3　校内研究会便りの発行

　話し合いをして確認したはずにもかかわらず，全く理解しあえていないということがよくある。自分の理解の正確さをふり返ることが少なく，よくわからないことを質問することに躊躇することが原因である。

　B校では，「校内研究会便り」を発行し，全教員が共通理解しておいたほうがよいことについては，図や文章できちんとまとめて再確認するようにしている。

研究会便りは，各分科会ごとに担当し，研究推進委員会がまとめるようにすると多くの教員が「これでよいのか」，「こういうことだったのか」と関心をもつようになり，教師の相互の理解が促進される。

4 学年会の取り組み

総合的な学習について話題になる機会は，学年会が多いであろう。子どもの学習や生活指導に知恵を出し合い，工夫し，協力することが日常化していることから当然であろう。また，学級数の少ない学校では，低・中・高学年別，または下学年・高学年別という組み合わせにすればよい。

気心の知れた仲間で，次のようなことについて，学年会で話題にしていくように努めれば，次第に総合的な学習についての相互理解が深まっていくであろう。

①総合的な学習の趣旨
②総合的な学習のねらい
③総合的な学習の課題と取り上げる内容
④単元の展開の仕方
⑤学習活動の組み方
⑥学校外の活動のさせ方
⑦学校外授業協力者との連携
⑧学習形態や指導体制の工夫
⑨総合的な学習の評価計画と評価技法

これらについては，学年の気心の知れた話し合いで共通理解できることもあれば，よくわからないということもある。他の学年，管理職，ときには外部講師を招聘して改めて話し合うことも必要になる。

総合的な学習についての教師の相互理解は，教師にとっての総合的な学習であって，他から安易に教わるということはなるべく避け，自分たちで考え出したいものである。

5 参考文献・資料等の交流

総合的な学習が成立するためには，子どもに必要な情報や資料がある程度整っていることが必要である。

このことは，教師が研修し，総合的な学習について共通理解するために必要とされる。例えば，次のような情報や資料などが目にふれやすくなっていることが大切である。

①各種審議会の答申
②学習指導要領，学習指導要領の解説
③教育委員会作成の資料
④関係著書，雑誌
⑤他の学校の研究紀要
⑥各学校の指導案
⑦一般新聞，教育関係新聞
⑧インターネット

C校では，①～⑧が職員室にあって，教員が必要なときに必要なものを自由に利用できるようになっている。

①～③は教頭と研究主任が関心をもち，④と⑦は校長が気をつけていて，⑤⑥は各教員がそのつど気づいたときや研修会に参加したときに，⑧はパソコンに堪能な教員に頼りつつ，情報や資料の収集に努めている。

具体的な情報や資料に基づいて検討したり，話し合ったり，作り上げていったりすることは，相互理解を図り，総合的な学習の発想を広げ，単元を開発し，実践を定着するうえで極めて大切なことである。

D校では，校長と有志教員が，手作りの資料「総合」を作成し，総合的な学習の単元開発の例，総合的な学習の考え方の紹介，評価の考え方と仕方，保護者の受けとめ方や要望，学校外協力者や教材の作り方などについて簡潔に，わかりやすく，タイムリーに提供している。はじめのうちは関心を示す教員は少なかったが，最近はじっくり読み込んでくれる人も出てきて，少しずつ効果が現れてきているということである。

(小島　宏)

N 支援体制

Q81 校長や教頭の協力

校長や教頭などとの授業における協力関係をどう図るか。

point
1 協力関係の中身
2 単元の構想・指導案作成
3 講師・授業協力者との渉外
4 授業への参加
5 授業の評価

1 協力関係の中身

授業における協力関係には，次のような場合が考えられる。
○ 授業づくりに関すること
○ 教材や学習環境づくりに関すること
○ 渉外に関すること
○ 実際に授業に参加すること
○ 授業の評価

また，授業における協力の必要な人間関係には次のような場合が想定できる。
○ 学年の教員との関係
○ 他の学年の教員との関係
○ 校長，教頭との関係
○ 専科・養護教員との関係
○ 栄養職員，事務主事，用務主事との関係
○ 保護者との関係
○ 学校外協力者との関係
○ 講師・指導者との関係

2 単元の構想・指導案作成

総合的な学習の単元を開発し，実施していくためには，単元の構想から指導案の作成までの段階が山場である。次の①～④の段階での協力が最も必要である。
① 子どもの実態把握，教師の思い
② 課題の見通し，内容の模索
③ 単元のおよその流れ
④ 指導案の作成と準備

①では，学年教員，計画・実施したことの経験のある教師の協力や校長・教頭の助言を進んで求めるようにする。そして，学級の子どもの実態や自分の願いをどのようにしたら生かせるかを考えればよいのである。

②では，子どもにどのような課題を追究させたらよいか，子どもがどのような課題を追究することを望んでいるかをとらえ，単元の大まかな流れを構想する段階である。この段階は，授業者の発想や個性を一層際立たせるためにも様々な人から意見やヒントをもらったほうがよい。

その際，自分の考えを前面に出し，それに対するコメント，感想，全く異なる考えを求めるようにしたい。

3 講師・授業協力者との渉外

授業に関する協力は，授業を成立させる様々な条件を整える段階においても考えなければならない。

研究授業をする場合には，指導・助言を求める講師を探し，依頼し，応分の謝礼金を支払うまで校長，教頭，事務主事の渉外・事務処理が必要である。

授業で外部協力者の参加を得たいときにも前年までの記録や経験者の話，校長，教頭，事務主事などの協力が必要である。ときには，予算執行の問い合わせを教育委員会の担当者にしなければならない場合も起きてくるであろう。

また，授業を展開していくことになれば，大がかりな仕掛けづくりに用務主事の知恵と技能を借りることも出てくる。

総合的な学習は，子どもの知識・技能等を

総合的に活用して展開するとともに，学校の教職員の知恵と労力を総合的に発揮するものであるといえよう。

大まかに言えば，校長はねらいに即した実施に向けての方向づけ，教頭は円滑な実施ができるように運営を進めること，事務主事等は実務や役務によって条件整備を進めること，教員は発想，起案，計画，実施など授業に直接かかわることにおいて協力関係を考えていけばよいと思われる。

4 授業への参加

さて，総合的な学習が実際に展開する段階での協力関係の主眼は，授業への直接関与，言い換えれば授業参加である。

授業参加には，次のような場合が考えられる。

① T.T.教員として子どもの指導に直接，すべての段階にかかわっていく。
② ある一部分に，助手としてかかわる。
③ 授業の一部に専門家としてかかわり，指導をしたり，質問に答えたり，意見を述べたりする。
④ 授業の一部に安全を確保したり，引率を担当したりなど，子どもの管理を行う。
⑤ 子どもの学習活動や発表会に参加して，質問したり，感想を述べたり，改善意見を言ったり，よいところ，努力したところ，進歩したところなどを伝えたりする。
⑥ 授業を観察したり，記録したりして，授業改善に向けての資料を整えたり，授業をモニターして改善意見や感想を授業者に伝えたりする。

校長・教頭は①，⑤，⑥，教員は①～⑥，職員は②，③，④，⑤，学校外協力者は③，⑤，保護者は②～⑤などにかかわることができるであろう。

A校では，小規模校であることもあり，グループで活動するとき，しばしばT.T.として校長が参加している。

ただし，校長・教頭が過度に授業にかかわり，子どもの人気者になって悦に入ってるようであってはならない。

B校では，養護教諭や栄養職員が，健康や食物にかかわるテーマの学習活動に専門家として参加し，指導している。

C校では，保護者が授業に助手や引率者として参加したり，発表会に招待されて感想を述べたりしている。

D校では，学校外の専門家やボランティアに授業に積極的に参加してもらい，子どもの課題と意欲に応える授業づくりを進めている。

5 授業の評価

これからは，授業における子どもの高まり，教師の指導技術の向上に関して，「授業の評価」を重視していかなければならない。

とくに，教師には，次の三つの能力と態度が要求されるであろう。

① 教育愛のある授業が要求される
② 子どもを高める授業実践が要求される
③ 専門家としての高度な指導技術が要求される

誠実に，熱心に授業をしたというだけでは，子どもも保護者も納得しない。専門家としてのプロの技が求められ，子どもを確実に高める教師しか認められない時代が来ているのである。総合的な学習の評価は，校長や教頭のみならず，教職員，保護者，学校外協力者などが協力しあって，「評価」のあり方を考え，実践し，相対的評価を超える「評価のあり方，評価の方法，評価の活用の仕方」を開発する必要があると考える。

（小島　宏）

N 支援体制

Q82 養護教諭や学校栄養職員等との T.T.

point
1 T.T.ネットワークの可能性
2 T.T.プランナーとしての学級担任
3 養護教諭との T.T.における三つの側面
4 「食」から広がる学校栄養職員との T.T.

養護教諭や学校栄養職員等との T.T.のあり方をどう図るか。

1 T.T.ネットワークの可能性

子どもの興味・関心を高め、自己実現や問題解決に対して、サブティーチャーの適切な助言や情報提供が得られることによる T.T の効果は大きい。学習形態をその目的に応じて柔軟にし、子どもの思いや願いが生きる有益な手だてとして、専門性を授業の中に取り入れる。その道の有識者や協力者、情報提供者や経験者など、身近に存在している多彩な人材とともに授業を創っていくのである。

2 T.T.プランナーとしての学級担任

子どもの意識がつながり、生き生きとした活動が連続していくためには、子どもの実態に沿って日常的にかかわることのできるサブティーチャーの存在が重要な鍵を握っている。

養護教諭や学校栄養職員は、その道の有識者として最も身近な存在である。両者にサブティーチャーとして授業に参画してもらう。授業の中でその専門性を発揮する場面を取り入れることができるうえに、担任と１年間の構想を話し合ったり、子どもと日常的にかかわったりすることができる。長期にわたる活動では、日頃から活動に参加し、子どもの活動を見とったり、かかわったりする中で、子どもへの支援を効果的に行うことができるのである。

お互いの専門性を生かしながら協力しあって教材研究を進めることは、互いに授業の質を高めあうことにつながる。T.T.によって個の見とりが的確かつ多面的に行えるようになることは、子ども一人ひとりの学びを子どもの目線から見つめていくうえで有効である。

3 養護教諭との T.T.における三つの側面

総合的な学習は、子どもが健康についてじっくりと考えたり、自分の心身や健康について思いや願いを高めたりする場として有効である。これが日常生活で生かされていくと、健康に生きる力が培われていくのである。

T.T.における養護教諭の役割は次の三つの側面があげられる。

(1) 年間を通した支援

学校保健安全計画には、年間を通して学年の発達特性に合わせた指導内容がある。例えば、○月は手洗いについて、○月は歯について、○月は……というように組まれている。子どもの実態に即して計画されてはいるが、総合で行った場合、より子どもに即したものにすることができるのである。

学年や学級のプランの中に、養護教諭の視点で活動に即して健康にかかわる内容を取り入れていく。例えば、動物と遊んだり世話をしているときは、手洗いやうがい、排便習慣などを入れていく。原っぱで遊んでいるときは、帽子の着用や衣服の調節、ハンカチの携帯、自分でできる怪我の手当などを入れていく。栽培活動では、栄養や食事などを入れていく。このように考えていくと、学校保健安全計画にある内容がかなり網羅されてくる。

また総合的な学習では、子どもの活動や生

活により密接な健康に関する活動を組むことができる。実体験を伴った活動をとおして，子どもが必要感をもって活動することができるようになる。

これらを，計画段階から実践，評価に至るまで担任と養護教諭が十分に話し合いながら進めていくことによって，それぞれの役割が果たされていく。

(2) 養護教諭によるトピック単元

子どもとともに養護教諭が活動する中から，トピック単元を行うチャンスをとらえることができる。

例えば，牛，ヤギ，アヒルなどの世話を養護教諭が子どもとともに行う。そのときに，子どもたちは，「牛がボトボトとうんちをしていたよ。だから，元気だね」「ヤギのうんちがくっついていたよ。食べ過ぎなのかな。おなかの調子が悪いのかな」というように，それぞれの動物の糞から日々の健康状態を観察している。このようなとき，日頃からの排便習慣や排便と健康について，子どもとともに考えるチャンスである。

自分と動物の大便を比較しながら，自分の排便についてふり返り，排便の大切さや習慣化する方法を考えていくことができるのである。さらに，食事や生活リズムなど生活の仕方について目を向けていくことにもつながる。

(3) 総合的な学習が広げる家庭との連携

子どもの健康の基礎をつくる家庭と共通理解に立って活動することこそ，日常生活に生きる力が培われる。そこで，養護教諭としては家庭とのパイプ役として，日頃から積極的に情報の提供・収集を行っていく。総合的な学習での子どもの姿を養護教諭の立場でとらえ，学級便りに「養護教諭から……」というように載せていくことによって，さらに，家庭との連携を高めることができる。

4 「食」から広がる学校栄養職員とのT.T.

総合的な学習に繰り広げられる多様な体験活動の中で，「食」に関連する場面が少なくない。食について考えることは，自分の生き方を見つめるきっかけになると考える。「栽培」「季節」「暮らし」というようにテーマが直接的な場合と，活動の途中や行きつくところが食になる場合とがある。ヤギを飼育していたクラスが餌から食を見つめていったり，豚を飼育していたクラスが豚のと畜（解体処理）を問題提起として，最終的には食を考えたりすることがある。このように，食はとても間口が広い。間口の広さが追求の糸口を見出していくことを容易にし，多様な気づきからものごとを関連的にとらえたり，多面的にとらえたりすることができるのである。

例えば「旬」をテーマに笹だんごを作る活動では，学校栄養職員からは安全面や技術面での補助だけでなく，積極的に授業に参画してもらう。学校栄養職員のネットワークにより，お菓子屋さんの店長や市場のおばさんなど，多様な人材をその道の名人として授業に迎えることができるのである。

また，給食の献立に焦点を当て，旬の味覚について専門性を生かした情報を提供してもらうことも容易になるのである。

ただし，学校栄養職員は食の専門家であるからといって，すべてを任せてしまったり，時間制で任せたりする方法ではT.T.の相乗効果は期待できない。子どもの考えを引き出し，子どもと共に活動することで表出する学びを大切にしていく。「栄養や食べ物の話をするよ。でも，あなたたちからも学ばせてね」という両者の姿勢によって，T.T.は一層の広がりをもつのである。

（青野敏樹，遠藤かおる，吉村和代）

N 支援体制

Q83 保護者や学校外の教育者との T.T.

保護者や学校外の教育者との T.T. のあり方をどう図るか。

point
1. 生活科のノウハウの活用
2. 授業参観から授業参画へ
3. まずは地域理解から
4. 事前のミーティングを密に
5. 人材活用の仕方の工夫

1 生活科のノウハウの活用

総合的な学習の時間の実施に向けた各学校の取り組みのプロセスをたどっていくと，必ずその展開にあたっての手順や，導入にかかわる諸準備の中で，保護者や地域の人々との連携・協力体制の整備が謳われている。

そこでは，活動内容や場面によって，T.T.による指導形態の採用や，保護者，地域の人々を社会人講師として招き，協力指導を受けることが言及されている。

さて，1989年（平成元年），小学校低学年の教科の総合化として体験的な学習をとおして総合的な指導を行う生活科が新設された。

中野重人氏が「生活科のもつ総合性とその意義」でふれているように，生活科は分科の教育思想ではなく，総合の教育思想を担う一つの教科であるが，その実施にあたって蓄積されてきた地域の人々との協力体制や，地域素材の活用等から生まれた「生活科マップ」や「人材バンク」に見られるノウハウをこの際積極的に生かすべきである。

それによって，生活科と総合的な学習との関連がどのようになっているかを意識的に取り組むきっかけにもなる。

いずれにしても，生活科以上に総合的な学習の時間では，地域の特色を生かした活動に取り組むという大命題があるわけで，保護者や学校外の教育者（ゲストティーチャー）との協力授業は不可欠の条件となったわけである。

言い換えれば，家庭・地域社会の教育資源の支援を人的にも物的にもどのように受けるかととらえることができる。

2 授業参観から授業参画へ

地域との協力体制を充実しようと考えたなら，従来のように外側から学校を参観してものを言ってもらうのではなく，直接に参加，参画してもらい，共に考えてもらうように働きかけることが求められる。これは説明責任の共有にもなり，まさに学校を内から支えてくれていることになる。だからこそ，いま，学校人にコーディネーターとしての役割が強く求められているのである。外からのアイデアや意見を受容するだけが開かれた学校ではない。要は，それをどう主体的に調整するかである。

そのために保護者や地域の情報をどのように収集し，活用するか，また，それを逆に，どのように返していくかという双方向性をもった情報処理が必要になる。

まずは学校からの家庭・地域に向けての発信である。情報提供，参加呼びかけ，ゲストティーチャーとしてのお誘い，外部講師としての登録依頼，共同活動へのお誘い等がある。

3 まずは地域理解から

総合的な学習を進めるにあたって，学校が拠って立つ地域の把握・理解が不可欠である。とくに単元を開発する際の地域マップや人材バンクといった地域の人的・物的環境や自然環境，社会環境から割り出された情報を入手するためにも，地域理解は丁寧になされなく

140

てはならない。

　地域理解にあたっては，まず学校を具体的に支えている保護者や地域の人々の期待や願いをつかむことである。このことが総合的な学習を進める際のパートナーシップをより一層強固なものにしてくれる。

　次にその地域の社会環境（歴史，伝統文化，自然，産業等）や自然環境の理解である。

　最後は，子どもにとって身近な学習素材，教材としての地域理解である。

　これらの地域が，総合的な学習の展開にあたっては，あるときは，学習活動の内容として，またあるときには，学習活動の場として，子どもたちに直接的にかかわってくれることになるのである。

　そして，これらをベースにして，生活科の実践のときに作成された生活科マップや人材バンクと同様に，情報のマップ化やバンク化・リスト化が図られることになる。

4　事前のミーティングを密に

　生活科の実践での地域人材を発掘し，その情報を人材マップや人材リスト，人材バンクとして整理した経験を生かして，再度，誰もが教師という認識でまず対応に当たりたい。

　その際，その人材が授業については全くの素人であるケースのほうが多いのであるから，事前における学習のねらい，活動の流れ，どの場面で登場するのか，指導時間はどのくらいか，どのような内容について指導してほしいのか等，十分に時間をとって細部にわたり相談・説明して共通理解を深めて，T.T.指導者の役割を明確にしておくことが大切である。

　すぐれた技能をもった職業人や専門家は高度の指導技術をもっているのであるから，その指導技術を学習に役立てるわけであり，それによって学習環境が予想をはるかに越えて拡大されるのである。

　学校外の教育者にT.T.として支援してもらう際の留意点として，東京都立教育研究所の「総合的な学習の時間に向けた学校・学年経営の在り方」（1999年）によれば，以下の4点が指摘されている。

- 「人材」はあくまで教材であり，教師ではない。活動の目的，内容の構成については学校や教師が責任をもつ。
- 事前の打ち合わせを十分に行い，協力者と緊密な連絡を取って，教育活動の展開に共通認識をもつ必要がある。
- 最初から完璧な学習をねらわず，一つひとつ積み重ねながら，学習をつくり上げていく姿勢で臨みたい。活動の事実を大切にして児童・生徒に学びの場を保障してやることが大切である。
- 協力者との連携の大切な部分として，互いの情報を提供し，交換する。情報を「知らせてもらうこと」「教えてもらうこと」を迷惑がらず，必要な情報を取捨選択する必要がある。情報を提供しあうことで，互いのコミュニケーションが活発になり，教育活動が円滑に行われることにつながる。

5　人材活用の仕方の工夫

　人材活用にあたっては，T.T.によってどの学習環境が，どのように拡大され，質的にも高まるのか，それぞれの指導者の役割を明らかにしておくことが肝要である。そうすることによって，ゲストティーチャーを交えた学び合いの場が保障されることになる。

　人材バンクに登録される情報としては，どの学習単元で活用されるのか，指導時間，指導対象，指導場所，謝礼，プロフィール（年齢，性，住所，勤務先，実績，業績），推薦者等が考えられる。たった1枚であるが，このカードの有効活用が授業を活性化してくれるのである。

　　　　　　　　　　　　　　（大野晏且）

0 学習組織・形態

Q84　学習組織・形態の弾力化

学習組織・形態の弾力化をどう図るか。

point
1　問題解決的な学習を組織する
2　一人ひとりの活動の保障
3　子どもの興味・関心に合わせたグループ

1　問題解決的な学習を組織する

　総合的な学習のねらいの一つである「自ら課題を見付け，自ら学び，自ら考え，主体的に判断し，よりよく問題を解決する」ためには，問題解決的な学習を組織する必要があるだろう。

　問題解決的な学習の流れは，ふつう三つの段階で語られることが多い。
○学習の対象に対して，興味を持ったり，疑問を持ったりしたことを話し合い，学習の方向を決めたり，自分のやりたいことを持ち，活動の見通しを持ったりする段階
○子どもたちが持った見通しに沿って，主体的に調べたり，工夫しながら創作したりする段階
○自分たちの活動内容を交流したり，他の人に表現したりする中で，他の人から自分の活動を評価してもらったり，自分自身でふり返ったりして，活動の手応えをつかみ，新たな活動の意欲を持つ段階

　そのためにも，子どもが今どのような意識をもっているのかをつかんでおく必要がある。

2　一人ひとりの活動の保障

　同じものを学習の対象として設定しても，子どもの興味・関心は同じとは限らない。また，その表現方法も多様である。総合的な学習においても，このような子どもの多様な個性を十分に発揮できるようにしたい。したがって，子どもたちの学習活動は，同じ時点で見たときには，それぞれ違った活動をしているはずである。このような多様な活動が見られるように，複線型の学習活動を構成していくことが望まれる。

3　子どもの興味・関心に合わせたグループ

　生活班や学習班ごとに課題を決めさせて学習を始めるのではなく，一人ひとりの思いや願いに合った活動ごとにグループを組む必要がある。また，学級の枠を外して，グループを組んだり，ときには異学年とのグループを組んだりすることも可能になってくるだろう。

　学級や学年の枠を外していくことは，子どもの人数も増えるだろうが，その分教師の数も増えていくので，ティームティーチングが組みやすくなってくる。さらに，複数の教師が見ていくことで，一人の子どもをたくさんの教師の目で見ていくことができるようになってくる。

　このことは，学級で抱えていた問題も，学校全体で考えていくことができるようになるし，複数の教師が担当することで，より専門的な分野でのかかわり方ができるようになってくるものと思われる。

　また，グループは，課題別ばかりではなく，目あて別，まとめ方別，発表の仕方別など，その方法や種類は，その場の要望によって，多様に考えられる。

（栗田　稔生）

O 学習組織・形態

Q85 個人差に対応した学習形態

point
1 子どもの主体的な追究活動を支えるための学習形態を工夫する
2 主体的に追究しようとする態度とグループ内で学び合う態度をはぐくむ

個性・個人差に対応するために，学習形態の工夫をどう図るか。

1 子どもの主体的な追究活動を支えるための学習形態を工夫する

子どもの主体的な追究活動を最大限保障し，様々な興味・関心や多様な学習活動に応えるためには，グループ学習など子どもの個性や個人差に対応した学習形態を工夫する必要がある。その際，グループ学習の編成の仕方として，課題別グループ，表現方法別グループなどがある。

(1) 課題別グループ

学習の対象と出合ったときの子どもの興味・関心が多岐にわたり，その学習活動も多様になることが予想される場合には，課題別のグループを編成し，一人ひとりの学習活動を支えることになる。

例えば，「自分たちの町のよいところ」を調べて，その成果を自分なりの方法でまとめ，町の人へ発信する活動では，子どもはその興味・関心に応じて「自分たちの町の名所や名物」「昔の町の様子」「古い道具の種類や使い方」など様々な課題を設定する。このような子どもの興味・関心を最大限保障しようとすると，生活班や学習班ごとに課題を決めさせるのではなく，一人ひとりの思いや願いに合った課題ごとにグループを組む必要が生じてくる。また，必要に応じて学級枠を外してグループを組むことになるだろう。

(2) 表現方法別グループ

子どもの追究活動を最大限保障しようとすると，課題を追究する段階だけでなく，追究の成果を表現したり発信したりする方法も多様になることが予想される。

例えば，先に述べた「自分たちの町のよいところ」を調べて発信する総合的な学習では，子どもは伝えたい相手や伝える状況に応じて様々な表現方法を選択する。自分たちの学習の成果を街頭で町に観光にくる人に伝えたいのであれば，パンフレットやポスターといった表現方法を選択する。また，郵便局などに作品を展示していただくなどして，町の人に「自分たちの町のよさ」を伝えたいのであれば，壁新聞やガイドマップなどの表現方法を選択する。さらに，動きや音声のあるものは，ビデオカメラを活用することも考えられる。

また，発表会を行う場合には，パソコンのプレゼンテーションソフトなどを活用する，OHCやOHPなどを活用する，劇やペープサートの形式で発表するなど，発表に仕方でグループ分けを行うことも必要である。

2 主体的に追究しようとする態度とグループ内で学び合う態度をはぐくむ

指導者は，例えば学級枠をはずしたT.T.を活用するなどして，このような子どもの多様な学習活動を支える必要がある。また，追究方法や表現方法を記載した学習マニュアルの活用も必要になってくる。さらに，個人で学ぶだけでなく，子どもたちがグループ内で共に学び合う態度を育てていかなければならない。

(外山善正)

0　学習形態・組織

Q86　集団学習と個別の学習

大集団や小集団による学習と個別の学習を，どのように生かしていくか。

point
1　目的・目標を設定する段階
2　目的・目標を追究する段階
3　自分の追究活動をふり返る段階

　総合的な学習は，問題解決型の学習である。問題解決型の学習は，概ね(1)目的・目標を設定する，(2)目的・目標を追究する，(3)自らの追究活動をふり返り考察吟味する，という三つの段階で構成される。総合的な学習の中には，目的・目標の設定からふり返りまでの問題解決の1サイクルをすべて個別の追究活動で行う「個人カリキュラム」の学習も存在する。しかし，単に自分のしたい活動をすればよいというわけではなく，学級や学年として共有した目標を設定し，学級や学年全体で一つのテーマに基づいて取り組む活動を構成することが多い。それでは，大集団や小集団による学習と個別の学習を，どのように生かしていけばよいのか，問題解決学習の各段階ごとに考えてみる。

1　目的・目標を設定する段階

　目的・目標を設定する段階では，一人ひとりの子どもが対象との出合いによって，どのように自分のしたい活動や追究したい問題をもち，それらをもとに学級や学年として，どのような共有した目標をもつかが問題となる。

　指導者は，まず一人ひとりの子どもが目的・目標を明確にもてるように「対象との出合い」を工夫する。子どもが「対象」と出合い，対話することによって矛盾や葛藤，知的欲求などを感じ，学習の意欲をかきたてるのである。

　「実物を提示する」「ビデオを視聴する」「実際に出かける」「○○さんの話を聞く」などの活動がそれにあたる。

　次に，大集団や小集団の中の「友達との対話」によって，疑問や矛盾，葛藤などを出し合い，一人ひとりの思いや発想を整理・統合し，テーマの本質を含んだ解決すべき共通の問題にゆるやかに焦点化していく。

　そして，一人ひとりが解決すべき共通の問題を意識しながら，自分が解決したい問題について解決の見通しをもつようにするのである。

　その際，指導者は，一人ひとりの子どもが自分のしたい活動や追究したい問題をしっかりともつことができたかを，学習計画カードなどを活用して，評価しておく必要がある。

2　目的・目標を追究する段階

　目的・目標が設定できると，課題別の小集団による追究活動や，個別の追究活動が中心となる。その際の子どもの活動は，教室の外で学ぶ，地域で学ぶ，パソコンやインターネットを活用する，ゲストティーチャーに話を聞くなど，さらに多様化することが予想される。

　しかし，いくら子どもの主体的な活動を重視するといっても，子ども任せで指導者不在では学習は成立しない。例えば，課題別の小集団による追究活動が，一部の子どもの思いだけで進んだり，自分がしたい活動や解決したい問題が見出せず，友達の指示を待っていたりするだけでは，総合的な学習の時間のねらいは達成されないのである。

そこで，指導者は，一人ひとりの子どもがしっかりとした問題意識をもち，学習が成立しているかどうかを，絶えず評価する必要がある。そして，活動に停滞が見られる子には，調べ方やまとめ方，解決の方向性などの示唆や助言や，友達との相談，新たな活動体験の構成など，タイミングの良い支援が必要になってくる。

　一人ひとりの学習がある程度軌道に乗ると，指導者は小集団の中での学び合いや教え合いの場を随時構成する必要がある。アイデアや情報，追究の成果を交流する中で，互いのよさを認め，共に創り出す喜びを感じることができるようにするのである。

　このように，目的・目標を追究する段階では，まず一人ひとりの学習がしっかりと成立することが大切である。次に，小集団による学び合いや教え合いによって，他の友達から学ぶことの大切さを感じたり，自分の追究活動が他の友達に認められることで，一人ひとりの子どもが自分の追究活動に自信をもったり，満足感や効力感を感じることができたりすることが大切である。また，必要に応じて，大集団での中間報告会や発表リハーサルなどの場を構成し，自分たちの追究活動を見直し，軌道修正することも必要になる。

　いずれの場合も，子どもが主体的な追究活動を進めれば進めるほど，指導者の働きかけも積極的に行う必要がある。

3 自分たちの活動をふり返る段階

　子どもが主体的な追究活動を進めたならば，自分たちの追究活動の成果を「自分自身」や「友達とともに」ふり返る場を大切にしたい。

　例えば，自分たちの追究活動の成果を発表する場合には，発表を聞いてくれる友達や先生，保護者，地域の人などに，発表を聞いて感じたことを書いてもらったり，話してもらったりして，他者からの評価をもらうようにする。このような活動を構成することで，子どもたちは自分の考えとは違う異質な考え方を理解することやその対応の仕方を学び，自分の考えを広く他に理解してもらうことの大切さに気づき，そのような手だてを学ぶのである。また，自分に対する自己肯定感情が育つのである。また，課題別グループ内で互いの追究成果を交流し，他の子どもから学ぶ場を構成する相互評価も大切である。

　このような追究の成果を交流する活動が終わると，学習の始めに設定した共通課題に照らし合わせて，大集団で自分たちの追究活動を考察・吟味する場を構成するとよい。

　最後に，個別の学習のふり返りとして，一人ひとりが「自分の目的・目標はどれだけ達成できたか」（学習内容面），「どんな技能や能力が身についたか」（学習方法面），「感じ方や行動の仕方がどのように変わったか」（態度面）を自己評価し，自分自身の変容を感じることができるようにすることが大切であると考える。

（間地洋介）

0 学習形態・組織

Q87 異年齢集団による学習形態の工夫

異年齢集団による学習形態の工夫をどう図るか。

point
1 「生きる力」と「人とかかわる力」
2 学習形態①―ボランティア活動
3 学習形態②―テーマタイム活動
4 学習形態③―ジャンボ遠足
5 学習形態④―ジャンボ遊び

1 「生きる力」と「人とかかわる力」

　総合的な学習が「生きる力」の育成を意図して創設されたことは，周知のごとくである。

　その「生きる力」の重要な一つの柱として「人とかかわる力」があげられよう。学習指導要領の総合的な学習の時間の配慮事項で，ボランティア活動や地域との連携活動が例示されていることも，この「人とかかわる力」育成への着目であると考えられる。

　教科・道徳等の子どもたちの学習は，教室における集団活動が中心になる。同じクラスの同年齢の仲間とのかかわりが日常的に展開されることになる。

　総合的な学習の学級単位の活動も大いに展開されるだろう。心を許しあえる人たちとの交流は，もちろんそれなりの意義がある。「人とかかわる力」の育成も，様々な場面で図ることができよう。

　けれども，あえて学級集団にとらわれず，異年齢集団を組織して，総合的な学習活動を展開することには大きな意義がある。

　クラスの仲間とは違い，その人間性をよく知らない異年齢の人と一緒に活動することをとおして，子どもたちは様々な思いを体験するだろう。自分の気持ちが伝わらず，あるいは相手の意図がわからず，ギクシャクした人間関係に陥るかもしれない。しかし，そのうまくいかないなかでこそ，子どもたちは「人とかかわる力」を身につけていく。その力こそが，真の意味での「生きる力」なのだ。

2 異年齢集団による多様な学習形態①―ボランティア活動―

　本校では，週1時間「ボランティア活動」と称する総合的な学習を設定している。参加児童は，5・6年生（後期は4年生と5年生）の2学年全員である。

　まず，上学年の6年生一人ひとりが自分が考えた「みんなの学校生活をよりよく，より楽しくするためにできること」を自己申告する。そして同じような思いをもつ仲間と一緒に活動集団を作る。

　次に，その6年生が提示した様々なボランティア集団の中から，5年生が自分の参加したいものを選択し，メンバーとして加わる。

　こうして多くの異学年集団が組織される。

　実際の活動は，6年生が中心になって5年生と一緒に活動内容を考え，計画を立て，全校児童のために行動する。

　5年生は，その6年生の姿からリーダーとしてのあるべき姿を学び，同時に活動の仕方も学びとっていく。そして，自分たちが上学年になったとき，今度は全校のリーダーとして何をどうすべきかを考え，新たな活動を展開する。

3 異年齢集団による多様な学習形態②―テーマタイム活動―

　テーマタイム活動も，4・5年生あるいは5・6年生の2学年の異年齢集団をベースにして展開している。

　このテーマタイムは，教師集団が提示した

複数のテーマから，自分が追究したいものを選択し，活動を展開していく時間である。

この時間をともに過ごす仲間は，学級・学年を離れた，同じようにこのテーマを好んで選んで集まってきた子どもたちである。この新しい仲間と一緒に，数か月間にわたる活動期間の計画を練り，協力して実際に動く。

5年生は，上学年の6年生と集団を作ることにより計画立案や活動の方法を学ぶ。この体験は，教室内の仲間同士では得がたい貴重なものといえる。

付け加えれば，テーマタイムでは「教師」さえも子どもたちの選択に委ねることになる。担任以外の教師とのかかわりによって，子どもは新たな面を見せてくれたり，また，新たな自分自身を発見したりする事例が多い。

4 異年齢集団による多様な学習形態③ ―ジャンボ遠足―

毎年，秋になると，全校で一斉に「ジャンボ遠足」を実施する。簡単に言うと，1日の活動のすべてを子どもたちに委ねる遠足である。

まず，6年・3年・1年の同じ数字のクラス同士（本校では，1組，2組…を1部，2部…と呼ぶ。したがって，1部は1部同士の異年齢集団になる）で4グループ，同じく5年・4年・2年で4グループ，全部で八つの縦割り異年齢集団を組織する。

各グループのリーダーとなる6・5年生たちは，最初に遠足の目的地を探す。低学年の子どもたちを引率するためには，学校からの距離や現地までの交通手段を考慮しなければならない。また，異学年集団で活動するためにはそれなりの活動場所を備えた所でなければならない。候補地が挙がったら，実際に現地を下見調査したうえで，目的地を決定する。

次に，遠足のしおりを作成し，グループのメンバー全員に活動予定や準備などの説明会を開く。1年生にもどうすれば楽しい遠足になるかを考慮し，みんなから意見をもらう。

そして，遠足当日は，目的地までの引率，昼食を含めた1日の活動をすべてのリーダーの高学年たちが責任をもって担当する。

教師はこの日一日，「黒衣」役に徹する。しかし，途中や現地の事前調査など子どもたち以上に徹底しておく配慮は当然である。

5・6年生は，この「ジャンボ遠足」の活動をとおして，リーダーとして働くことのたいへんさを知る。同時に責任を果たし了えた充実感を実感するのは確かである。

また，中学年や低学年の子どもたちは，指示に従うことの大切さや，自分勝手に行動するのがいけないことを体験として学ぶ。

5 異年齢集団による多様な学習形態④ ―ジャンボ遊び―

自然な子ども社会を取り戻すことを目的として，半日を子どもたちの自由な活動に委ねるのが，この「ジャンボ遊び」である。

同じ遊びをしたい仲間をポスターで募り，異学年異年齢の子どもたちが入り混じって活動する低学年の企画に高学年が入って遊んだり，またその逆もあったりして，子どもたち同士の交流が実現されている。

地域での異年齢活動集団が崩壊しつつあることが指摘されて久しい。少子化現象はさらにその傾向を強めている。かつて，異年齢の遊び集団の中で，子どもたちは確かに人とどうかかわればいいかを体験として学んだ。それは教室の教科学習では決して得られない貴重な「学び」だった。まさに「生きる力」の学習だったと言っていいだろう。

総合的な学習における「異年齢活動集団」の組織は，その意味で大きな意味をもつ。

（二瓶弘行）

P　課題設定

Q88　よりよい課題に高める教師の支援

Point
1　白紙単元学習
2　白紙単元の実際から
3　活動を創り上げていく子どもたち
4　比較によって生まれる課題

　よりよい課題に高めるために教師の支援はどうあったらよいか。

1　白紙単元学習

　「文字通り何にも染まっていない白紙の状態から，子どもの興味・関心を大切に学習材を発掘し，活動の歩みを見つめながら子どもと教師がともに計画し，創り上げていく学習」。

　本校では，上記のような考えのもと，総合的に進めていく学習「白紙単元」を展開し，長年にわたり多くの試みが積み重ねられてきている。

　この学習では，教師は一方的・注入的に学習を進めようとすることなく，子どもの意識の流れを大切にすることによって生まれるであろう新たな展開の深まりを見通して支援していくことになる。

2　白紙単元の実際から

【縄文人の知恵にふれる～6年　私たちの里芋～】

　4年生のとき，畑で麦や長芋を育てた子どもたちは「小学校最後の年，学級のみんなともう一度何か作りたい」と考えていた。

　何を育てようかと考えていくなかで，様々な作物が候補にあがったが，なかなか決まらない。しばらくして，社会科の縄文時代の学習の中で「縄文人は里芋を育てていたらしい」「それをクッキーのようにして食べていたんだ」ということについて調べた友達の発表を聞いた子どもたちは，里芋栽培への意欲を自分たち自身で高めていった。この活動の中で，子どもたちが課題を絞っていった過程及び，教師の支援について述べたい。

3　活動を創り上げていく子どもたち

　5月，植え付けはしたものの「里芋の世話は，どのようにすればよいか」と栽培方法に不安をもっていた子どもたち。そこで里芋の栽培について思っていることを発表し合う時間を設けた。

子ども　「水はどのくらいあげればいいのかな」
A児　　「そんなにあげなくていいと思う。あげすぎると温度が下ってよくない」
子ども　「あげすぎると根が腐ってしまうかも」
子ども　「でも，調べたら里芋は乾燥に弱いってことがわかった」
B児　　「家でサトイモ科のカラーを育てていたとき，水をたくさんやらないといけなかったから，里芋もたくさん水が必要なんじゃないかな」
C児　　「家の近くに，水芭蕉（里芋科）が生えているんだけど，そこは湿っているから，里芋も湿ったところがいいと思う」

　子どもは，自分たちで水やりの必要性について気づいていった。そこで教師は，さらに確信のもてる資料「雨の多かった年に珍しい里芋の花が咲いた」という新聞記事を提示したところ「やっぱりたくさん水をあげたほうがいい」「ぼくたちの里芋もたくさん水をあげて，花を咲かせたい」と語り，朝，昼，放

課後と休み時間のたびに水をあげている子どもたちの姿が見られた。また，当番を決めていないのにもかかわらず，休みの日に草取りや，水をやりにくる子どもの姿があった。

〈この事例での考察〉

子どもたちは，植え付けなどの栽培活動の中で次々と自分たちの課題を見つけ出していった。子どもたちが自ら課題を見つけ，単なる水あげから，里芋の生長にはたくさんの水が必要だということに気づいていった要因として，次の三つのことがあったからではないか。

- 「里芋を立派に育て，たくさん収穫したい」という子どもの願い
- 里芋が育つためにはたくさんの水が必要という教材自身のもつ本質
- 世話をする中で里芋に寄せる気持ちを高めていってほしいという教師の願い

この三つが絡み合ったとき，子どもたちは自分の内に活動を創り上げ，よりよい課題を生み出していくのではないかと思われる。

4 比較によって生まれる課題

たくさん収穫したいという願いのもと，中庭の畑，プランター，学校の上にある畑に植えることが決めだされていった。

6月，里芋の生長を観察していくなかで，「上の畑のほうが，中庭より早く植えたのに，生長が遅いよ」と畑による育ち方の違いに気づきだした子どもたち。そこで「上の畑の育ちが悪いのはどうしてだろう」という問題について話し合う時間を設けた。「日当たりが違う」「上の畑には土手があるから風通しが違う」という意見とともに「雑草の量が違う」という意見が出てきた。

そのとき「私たちにできることはなんだろう」と問いかけたうえで，雑草の量と収穫量の違いを表すグラフを提示した。そのグラフから雑草量と収穫量が反比例することに気づいた子どもたちは「畑に行こう」と教室を飛び出し，畑までの坂道を駆け上がっていった。そして時間が来ても一向にかまわず雑草を取っている姿が見られた。

その後，「日当たり」にこだわる子は用務員さんを呼んで一緒にまわりの木の枝払いを，「風通し」にこだわる子は土手の草取りをと活動を進めていった。

〈考察〉

①時間の保障

子どもたちは2か所の畑に何度も通ううちに「育ち方の違い」について気がついていった。同じ場所に何回も行くことで課題が見えてきたのではないかと思う。

②その子なりの追究を支える場や状況の設定

「日当たり」「風通し」など，それぞれの課題に向かって草取りが行われた。この子どもの姿から，子ども自らが「草取りをしたい」となっていくような支援が必要なのではないかと思われる。

③子どもの気づかなかったことをほんの少し提示する。

「雑草の量」が原因かもしれないと考えはじめた子どもに対して，資料を提示し，子どもの考えの裏付けをすることで，活動が確かなものになっていったのではないか。

(村松 晋)

P 課題設定

Q89 課題設定の力の育成

point
1 失敗は成功のもと
2 対象とのよりよいかかわり

課題発見や課題設定の力をどう育てたらよいか。

1 失敗は成功のもと

【私たちの里芋～縄文土器で里芋を煮よう～】から，子どもたちが課題を発見していく姿を中心に述べていきたい。

6年生で里芋を育てはじめた子どもたち。その里芋を自分たちの作った土器で煮たいと考えはじめた。

そこで，尖石考古館の館長さんに本物の土器をもってきていただき，教えてもらいながら土器製作をした。1か月ほど乾燥させ，校庭で野焼きをすることになった。割れないように願いながら，おそるおそる火を近づけていく。炎が大きくなるにつれて，じっと自分の土器を見つめはじめた子どもたち。「割れないで。里芋の神様お願いします」と空に向かって手を合わせる子の姿が見られた。

焼き上がった土器を大事そうに両手でかかえて帰る子どもたち。翌日，完成を喜びながらも次のように語った。

A児　「いま作ったのは小さいから，里芋が多くても二つか三つしか入らない」

B児　「もっと大きいのを作らなければ里芋は煮れない」

C児　「今回はかわら粘土半分で少し余ったから，1個全部使えばこのくらい（大きさを手で表す）のができる」

これでは里芋を煮ることができない。里芋を煮るのに適した土器を作らなければ次に進めないと感じた子どもたちは，2回目の土器製作に取りかかっていった。

・D児の日記より

> 昨日から2日間作っていた土器がやっと完成しました。土器の形を選ぶとき，横長，かきまぜるスペースが広い，持ちやすそうの三つの点を考えました。縦長のすごくきれいなやつはあったんだけど，料理の時に少し都合が悪いように感じて友達と相談したうえで決めました。料理をするときは，ほんとに縄文に近づくようにはだしになったりしたいと思いました。味付けとかも塩（海水）でやりたいです。

〈考察〉

①試行してみる

1回目の土器製作をしていくなかで，「これではだめだ」と次の課題を発見していった子どもたち。2回目は，図鑑などから「里芋を煮るのに適した形」であろう土器をそれぞれが選び出し，実物大に拡大コピーしたものを参考に土器製作を進めていった。

この事例から，失敗してもいい，まずはやってみる，試行してみることが課題発見や課題設定の力につながると言えるのではないだろうか。

　②願いを確認し，考えあう場を設ける

　1回目の土器と自分たちの願いのずれを感じた子どもたち。そのずれを確認しあう時間を設けたことは，自分たちの願いに向けてより確かなイメージをもつことにつながったのではないだろうか。そして，次へのイメージがはっきりしたとき，子どもたち自身に課題が見えてくるのではないだろうか。

2　対象とのよりよいかかわり

　11月，プランターや鉢に植えた里芋を収穫することになった。葉や根は土に返し，ズイキは祖父母参観日のときに，おばあさん方から聞いた「乾燥させれば食べられる。昔は産後によく食べた」というお話から，取っておいて乾燥させておくことになった。

　収穫も終わりに近づいたとき「まだあるかもしれない」と畑に戻された土を掘り返している喜美子。その姿を見た子どもたちは共に埋まっている小さな芋まで見つけ出していった。収穫された芋を大事そうにかかえて離さないE児。「赤ちゃんをかかえているみたい」と笑顔を見せた。

　収穫の作業を終えて教室へ帰ると，先に戻っていた子たちが保存場所について話し合いをしていた。

E児　「この袋にいれて，風通しがいいところに置いておけばいい」
子ども　「すごーい」
C児　「試し掘りの時は，洗っちゃったけど，土がついたままのほうが長持ちするし，いつまでもサトイモの味が落ちないらしい」
子ども　「じゃぁ，外に置いておけばいいよ」
子ども　「でも，夜は寒いし，霜も心配」
F児　「班で当番で，朝来たら外に出して放課後また教室に戻せばいいよ」

　F児の意見にうなずいた子どもたちは，音楽室の前がいいのではないかと場所を決めていった。

・E児の日記より

> 　今日，里芋の収穫をしました。私はおばあちゃんから保管しておく方法を聞いてきていました。このことをおばあちゃんに聞く前は，何かの役に立てないかと思い，ずっと考えていたんだけど，おばあちゃんの家の蔵を見ると，ジャガイモなどの芋類があったので聞きました。すると，今日言ったことがわかったのです。
> 　私はそのとき，「やった，みんなのためにも，里芋のためにも役に立てる。うれしい！」と思いました。やっと念願の夢がかないました。

〈考察〉

　「里芋のために役に立ちたい」と願うあかねは，保管方法について自己課題をもち，生活の中で課題解決の見通しをもっていった。

　このE児の姿から，子どもたちは，自分たちの願いに向かって，対象（里芋）にかかわるなかで，しだいに，対象を自分のこととして見るようになっていき，対象にとってのよりよいかかわり方を見出そうとしていくのではないか。そして，よりよいかかわりを求めようとしていくなかで，自ずと課題が生まれていくのではないかと思われる。

（村松　晋）

P 課題設定

Q90　子どもの興味・関心を引き出す方法

子どもの興味・関心を引き出すにはどんな方法があるか。

> **point**
> 1　単元の構想
> 2　子どもの学びをうながす
> 3　本物との出会い

1　単元の構想

　本校の白紙単元では「白紙の状態から，子どもの興味・関心を大切に学習材を発掘し～」と考えている。単元の始まりの場面をとおして子どもたちの意識がどのように高まっていったのかを考えてみたい。

　4月，校外への散歩を計画し，春を楽しんでいた子どもたち。畑まで来たとき「4年生のとき，ここで麦を育てたんだよね」「楽しかったなぁ」「今年も何か作りたい」という会話が聞かれた。4年時の学習のことを懐かしそうに話しだす何人かの子ども。そこで，畑の横でその話題を取り上げて「今年はどんな活動をしようか」と問いかけ，話し合いの時間をもった。「畑で何か作りたい」という意見が出されると，早速，何を作るかが話題となっていった。

　「すいか」「とうもろこし」などの意見が出るなかで，「今年，理科でジャガイモを勉強するって言ってたから，芋を育ててみたい」「でも，どんな種類の芋を作ろうか」という意見から芋の種類を調べてみることになった。

　図書館などで，いろいろな芋についての調査活動を始めていくなかで「ジャガイモ」「さつまいも」「やつがしら」などがあがり，「芋といってもいろんな種類があるんだ」「ジャガイモの中にもたくさんの種類があるなんて知らなかった」と驚く声が聞かれた。

　そして，「昔は芋っていったら，里芋のことだったんだって」「さつまいもなどは育てたことがあるから，育てたことのない里芋を育ててみたい」「(やったことのない)新しいことに挑戦してみたい」などの意見が聞かれた。

〈考察〉

　子どもの興味・関心から，自分たちの活動をイメージし，単元を構想していく場面である。この子どもの姿から，興味・関心を高めていったものは何であるのか。

①これまでの体験が見通しにつながる

　4年生のときの体験から，畑での栽培活動に対し，「楽しそうだな」という親愛の情とともに，「何とか自分たちでやれそうだ」という見通しができていった。これまでの体験があったからこそ，畑に向かったとき，栽培活動に対する関心が高まったのではないかと思われる。

②活動への期待感

　これまでの活動に支えられ，さらに新しいことに挑戦していきたいという活動への期待感が里芋に対する関心を深めていったのではないか。

2　子どもの学びをうながす

　社会科の時間，縄文人の暮らしについて調べていた子どもたちは，縄文クッキーに注目していく。調べを進めていくなかで，材料の中に里芋が使われていたことを見つけだしてきた。「そんなに昔からあったなんて知らなかった」「里芋を収穫したら，縄文クッキーも作ってみたい」と里芋に対する認識を新た

にしていった子どもたち。さらに、「万葉集」の中に「宇芋（うも）」という名前で里芋が登場しているということを紹介すると、里芋づくりの活動に意欲を高めていった子どもたちであった。

　〈考察〉
　この場面での子どもの姿から、子どもたちの興味・関心の高まりが今後1年間続く題材を成立させていくことになったのではないかと考えている。ここでは、子どもの心を刺激し、興味を起こさせていったものは何であったのかを述べてみたい。
　①未知で好奇心をくすぐる題材
　「どんな作物を育てようか」という課題に対して、自分たちで調査活動を行い、友達の意見に耳を傾けながら「里芋を作っていこう」と決めだしていった。その過程から、今まで考えもしなかった「縄文人の食生活と里芋の結びつき」について調べた友達の発表から、里芋栽培への意欲を高めていったのではないかと思われる。
　②子どもの学びをうながす環境つくり
　子どもの生活の中で、対象に注意し、関心をもち、ついに興味をもつような環境をつくりだしていかなければならない。
　この場面で教師が、子どもたちの興味・関心を高め、題材を設定するために考えていた手立ては
・社会科の時間に、縄文人の食について調べる時間を設ける
・縄文クッキーについて調べてきた子の意見を取り上げ、全体に広める
・「万葉集」に里芋が登場するという資料を提示する
である。歴史を学びはじめたところであり、子どもたちは「どんな勉強をしていくんだろう」と期待感をもっている。この時期に縄文と里芋のつながりにふれたことは、里芋に対する関心を高めるのに有効だったのではないかと思われる。

3 本物との出会い

　里芋つくりにあたって、「できるだけたくさんの里芋をつくりたい」という願いをもった子どもたち。まず、いろんな場所の畑を自分たちで確保していった。
　いよいよ里芋の種芋を手にすると「しましま模様がついている」「この毛みたいなのは根になるのかな」（A児）、「中がどうなっているか見てみたい」（B児）、「どっちから芽が出るんだろう」と口々に疑問や感想を語る姿が見られた。そのなかで、「そういえば、どっちを上にして植えればいいのかな」（C児）、「とがっているほうから芽が出てきそうだ」と実際に植えて育てることを考え、疑問や不安を語り出した子の意見から、まずは芽がどちらから出るかを調べ始めた。
　「見たときは、とがっているほうから芽が出ると思っていたけど、逆だった」「芽が出るほうを下に植えると、8kgぐらい収穫できるらしい」（D児）、「かなり大きくなるらしいから、畝をつくって30cm間隔くらいで植えればいい」などの意見や、インターネットで里芋の産地を調べ、富山県の農協に育て方を問い合わせた子どももいた。

　〈考察〉
　ここで初めて、実物の里芋を手にした子どもたち。「中はどうなっているのかな」という疑問から始まり、自分たちで課題を見つけ、解決していく姿が見られた。
　この事例から、本物に出会うことで、興味・関心が高まり、さらに次への追究の意欲が生まれていくのではないかと思われる。

（村松　晋）

P 課題設定

Q91 子どもが設定した課題の扱い方

point
1 醸成
2 学びをうながす醸成
3 子どもの育ちを待つ

子どもが設定した課題をどこまで認めたらいいのか。

1 醸成

　子どもが設定した課題に対して，直接的にチェックすることはしないように考えている。しかし，子ども自らが創り上げていく学習であっても，ただ子どもに任せきっておいたのでは課題も生まれてこないし，学習も成立していかない。そこで，子ども自らが深めていくような醸成が必要となってくる。

　醸成とは，子どもの心を刺激することによって，一部の子どもの内に芽生えた意識が多くの子どもの中に広がり，やがて学級全体の共通意識になっていくことを表現した言葉である。この醸成の場面では次の二つのことを大切に考えていきたい。

　　○対象に注意し，関心をもち，子ども自らが興味をもつような環境づくりをすること
　　○注意・関心・興味の方向が子どものどんな心的内容を中心に進行しているかとらえ，子どもを前面に立てて支援すること

では，具体的な場面の中で，どう醸成の場を設定していったのか述べていきたい。

2 学びをうながす醸成

　縄文土器で里芋を煮ようと活動を始めた子どもたち。土器を製作している最中「そういえば味付けはどうすればいいんだろう」「縄文人はどうやって煮たんだろう」と今後のことに目を向けはじめた子どもたちの姿があった。そこで教師は，自分の思っていることを出しあう時間を設けた。

A児　「海水を使ってたんじゃないかな」
B児　「調味料になった木の実があったんだと思う」
C児　「つけたしで，諏訪は海の近くじゃないから塩はなかったと思う」
D児　「日本じゃないかもしれないけど，土から塩が取れるって聞いたことがある」
E児　「諏訪から海まで歩いていくには時間がかかるから，他の調味料があったんじゃないかな」
F児　「ここから海までは遠すぎるから，ここら辺にあった木の実や葉で調味料にしたんだと思う」
G児　「前に縄文時代の食料を調べたときに，調味料はハーブを使っていたと書いてあった」
H児　「塩がなくては人間は生きていけない。でも，諏訪から海までは行かなかったと思う。そこまではしないでしょう」
I児　「取りに行ってたかもしれない。諏訪でとれた黒曜石が全国にいっていたじゃん」
J児　「井戸尻遺跡かな？　貝殻が出ている。貝があるなら海にも行ってたはず」

　そこで，諏訪で出土している勾玉の原料であるヒスイは，日本海の近くの糸魚川（姫川下流）が原産であること，和田峠の黒曜石は

日本中の遺跡で発掘されているという資料を提示した。

すると「諏訪でも少しの量なら塩が手に入ったんじゃないか」「海の近くの人とも交流があったかもしれない」などの意見から「海水から塩をつくって味付けしたい」ということになっていった。

そんななか、まだ、納得のいかないK児は、見学で訪れたことのある井戸尻考古館に「諏訪でも塩を使っていたのか」と問い合わせた。

翌日、考古館からFAXが届いたと喜んでクラスに報告した。「井戸尻考古館に聞いてみたんだけど、そんなに手の込んだ料理はなかったって。ただゆでて、塩をつけて食べていたんだって」この意見をもとに「塩はあったんだ」と自分の意見を確信する子どもたちであった。

この週の日曜日、教師は海水を取りに、海へと車を走らせることとなる。

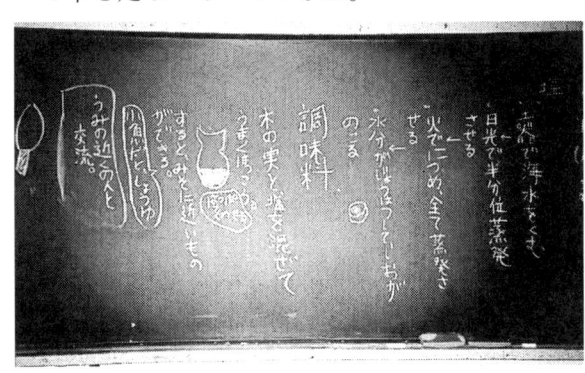

〈考察〉

この場面における醸成の場は次のようであったと考える。
・遺跡に見学に出かける
・和田峠の黒曜石で矢じりをつくる活動を行う
・「味付けはどうするんだろう」という子どもの考えを取り上げ、全体に広める
・茅野市の発掘現場から「県下最大級のヒスイ勾玉発見」の新聞記事とその原産地が糸魚川であるという資料を提示する

このような活動をとおして子ども自らが価値ある課題を見つけ出せるようになっていくのではないかと思われる。

3 子どもの育ちを待つ

「海まではいっていない。そこまではしないでしょ」と考えていたH児は、D児の「土から塩が取れる」という意見に共感していく。そこで、その日の放課後、諏訪の土から塩が取れるかもしれないと、近くの山に登り、取ってきた土を煮詰め、コーヒーのフィルターで濾過し、蒸発させ、塩が取れるか実験を始めた。

しばらくして、「塩ができたよ。しょっぱかった」と報告する姿があった。H児の手にする小さなビーカーには確かに塩らしきかたまりが見られた。

〈考察〉

簡単には納得しない、自分の五感を使って確かめてみなければわからないというH児の姿から、子どもたちは自分の設定した課題に向かうとき、追究の意欲が高まっていく。そして自分の納得いくまで追究する中で、自分の内にある「より高いもの」「より確かなもの」を求めようとする心が芽を出し、自分自身を伸ばしていくのではないかと思われる。

その結果、一見遠回りのように見えても、醸成し、子どもの育ちを待つことが、学習や学級にとって価値ある課題を子どもたち自身の手で設定していくことにつながっていくのだと思われる。

(村松　晋)

P　課題設定

Q92　グループでの課題設定と個人の課題設定の扱い方

point
1　グループでの活動
2　個とグループ
3　グループと学級
4　その子の学びにつながる支援

グループでの課題設定と個人での課題設定とをどう考え，扱っていけばよいか。

1　グループでの活動

活動を進めていくうちに，自然と分担が分かれていく場面がある。ここでは個人・グループ・学級全体とのかかわりについて，子どもの姿を中心に述べていきたい。

料理が決まり，子どもたちは次に向けて活動を始めた。「場所を決めなくちゃ」「衣装も考えたい」「火のつけ方も練習しなくちゃ」「黒曜石の包丁もいるぞ」「先生たちも招待したい」などと考えていることを語った。そのなかで「これをみんなでやろうとすると無理だから，係をつくらなきゃ」という意見に大きくうなずく子どもたちであった。それを見たA児とB児は黒板に出てくると，名前の書いてある磁石を取り出し，希望を聞きながら係を決めていった。「衣装はたくさん人数がいるかな」「火が多いから他の係に移って」「これでいいんじゃない」と次のような五つの係が決定した。

・場所（かまど）係…かまどや料理で使う道具を作ろう
・衣装係…麻袋で縄文人の服を再現しよう
・火おこし係…縄文人はどうやって火をつけていたのかな
・司会係…どうやって会を進めるか計画を立てよう
・塩つくり係…海水から塩をつくろう

〈考察〉
「縄文土器で里芋を煮よう」という学級全体の願いとこれからの活動を考えたとき，分担しなければならないということに気づいていった子どもたちであった。

2　個とグループ

それぞれの活動を始めた子どもたち。場所係は近くの川にかまど用の石を取りに，衣装係は，麻袋が置いてある店がないかと町に出かけていった。

そのなかで，火おこし係のC児は，手で回してもうまく木が回らないことから，ひもを使って火をおこそうと考えていた。

そこで丈夫なひもが必要と家から皮のひもを持ちだしてくる。しかし，実際にやってみると簡単に切れてしまうことがわかっていった。「縄文だから木の皮だよ」と木の皮を探し，試してみるがうまくいかない。たこ糸，毛糸と次々に試していくがうまく回らない。「ひもを考えなくちゃ」と語るC児であった。

また，同じ係のD児は，資料から「杉の皮」が火をつけるのに適していると知ると，図書館で杉について調べていた。

〈考察〉

　C児にとっては回しやすいひも，D児にとっては火のつきやすい木と一人ひとりの課題を越えながら，グループ全体の願いに近づこうとしている姿だと思われる。

3　グループと学級

　1回目の挑戦では，火をつけることができなかった。そこで子どもたちはもう一度挑戦してみたいと考えはじめていた。

　その後，これからの学習の見通しをもつ時間を設けると次のようなことが決まっていった。

・会の名前を「里芋感謝パーティー」としよう
・料理は縄文料理，縄文風現代料理，現代料理を作ろう
・司会，飾り，火の係が必要

　それぞれの活動が始まるなか，前回火のつかなかった経験から，早速，火をおこす練習を始めた。しかし，前回同様，煙は出るが，燃え上がるまでには至らなかった。

E児	おさえ木が動かないように手とあごを使いながらおさえる
B児	「なるべく速く回せばいいんだよ」
F児	「前は下の木がずれたからうまくいかなかった」
G児	煙が出てきたら，ひもを短く持ち，回転をあげる工夫をしていた
I児	「長時間やるよりも，短い時間で思い切り速く」

　係以外の子の応援も加わり，パーティー当日やっと火をおこすことに成功し，子どもたちは歓声をあげた。

〈考察〉

　「火がつかなければ里芋感謝パーティーにならない」工夫を続けながらもなかなか成果の出ないことにあせりを感じていた子どもたち。そこで報告の時間を設け，係ごとに今やっていることの報告，悩みを相談する時間とした。

　グループの課題がクラス全体の課題となり，解決に向かって進もうとするとき，学級の結束にまでつながるのではないか。

4　その子の学びにつながる支援

　個，グループ，学級での子どもたちの姿を見たとき，その子の学びのよさは，その子がもつ本来性が発揮される場や状況の中で現れ，生かされてくる。

　教師は，子どもたち一人ひとりの気づきや思い，こだわり，そして活動の表すものすべてを真摯に受けとめ，その子の学びにつながる支援が大切になってくる。

（村松　晋）

P 課題設定

Q93 見通しをもった課題設定

point
1 「見通しをもった課題」とは
2 「見通しをもった課題」設定のための手だて
3 子どもたちの言葉による学習問題で追究の見通しを

見通しをもった課題を設定させるためにはどんな手だてが必要か。

1 「見通しをもった課題」とは

「見通しをもった課題」とは何だろうか。一つには、「何を問題にしているのか」が明確になっているものであろう。「公害について」というものよりも、「私たちの身近な生活の中には、どんな公害があるだろうか」、さらには、「学校の近くで最も交通量が多いのは、どの道路だろう」というもののほうが、何を問題にしているかがわかりやすい。

二つには、その課題から「内容や方法」が見えてくるものであろう。例えば、「学校の近くの○○川の水が、汚れてきたというのは本当か」という課題では、子どもは○○川の過去から現在に至る水質や生物のデータを収集し、その変化を追ってみることになる。また、「エコロジーカーと普通の車の違いは何か」という課題では、必要とする燃料や排出物の種類、量を比べてみることになる。さらには、「私たちの身近な生活から出される公害は防げないか」という課題では、子どもたちは自らを「防げる」「防げない」のいずれかの立場に置いて、その根拠となる事実を探すことになる。

以上のような課題であれば、子どもたちはひとまとまりの追究について、見通しをもって取り組むことができる。

2 「見通しをもった課題」設定のための手だて

(1) 背景や理由を掘り下げる

身近な環境の問題について、子ども一人ひとりが追究したい課題を設定するときに、ある子どもが「学校の近くの○○川の水の汚れ」と書いた。そこで、教師は「どうしてその課題にしたの?」と問う。すると子どもは「家のお祖母ちゃんに聞いたら、昔は○○川の水はきれいだったのに、この頃はずいぶん汚れてきたって言ってたから」と答えた。そこで、教師は「いま言ったことを生かして課題を手直しすると、調べたいことがはっきりしますよ」と声かけをして、手直しを支援する。

このように、その子どもが課題を設定した背景や理由を掘り下げながら、真意をとらえてより明確なものにしていくのである。

(2) 「課題」ー「内容」ー「方法」をつなげる学習計画づくり

子どもたちの願いや求めを中心に据えて、総合的な学びを展開していこうとするとき、何のために(目的)、何を(内容)、どのように(方法)追究するのかという学習計画づくりの場が重要になってくる。そこでは、子どもたちと教師が、これから追究していこうとする「課題」について、「内容」や「方法」を明らかにし、見通しをもつのである。

5年生の2学期から6年生の卒業間際まで取り組んだ「水俣とわたしたち」の実践では、「水俣・東京展」で胎児性の患者さんと出会ったことをきっかけに、子どもたちは「患者さんたちに自分たちが何か役に立てることはないか」という問題意識を共有する。そして、

これからの学習の進め方を考える相談の場を設けると、子どもたちは自分たちがどんなことで役に立てるか話し合った。

「患者さんは、『水俣病のことを知ってほしい』と言っていたから、水俣病のことをみんなに教えるのを手伝いたい」

「水俣病や他の公害病のことについて、もっと調べてからみんなに伝えたい」

「患者さんは『いじめや差別を受けてつらかった』と言っていたから、どうしたらいじめや差別がなくなるか考えたい」

「患者さんに励ましの手紙を書くなど、まずできることから始めたい」

このように、話し合いを通してその「課題」のもつ「内容」の輪郭が明らかになってくる。何を調べ、何を行えばよいかが見えてくるのである。

「方法」については、他の教科・領域とのつながりや、追究する「内容」の順序、その際の学習活動などについて話し合う。

まず最初に自分たちがもっと水俣病や他の公害病のことについて知らなければということになり、公害病について調べ、まとめるという活動が始まった。そこで教師が助言をして、国語の『一秒が一年をこわす』『わたしたちの生きる地球』といった説明文の構成の学習を参考に、自分が調べたいテーマについて構成を考え、資料を集めて文章に表現することになった。

次に、差別やいじめの問題について話し合うことになった。これについては、子どもたちのほうから「クラスの目あて（ゆたかでやさしく助け合う）ともつなげて考えたい」という提案があり、水俣病の患者さんが受けたいじめや差別の問題と、クラスの問題点の両方について「なくすためにはどうすればよいか」を話し合うことにした。両者がつながることで、子どもたちは自らの生き方も問い直していくことになる。

その次に、水俣病のことをみんなに知らせることになった。ここでは、一人ひとりが「みんなに何を伝えたいか」「どんな方法で伝えるか」という、さらなる「内容」「方法」が話し合われ、「6の3水俣展」を開くことになった。子どもたちは内容に応じて、「みんなの広場（児童朝会）」「ポスター」「新聞」「ホームページの画面を活用したクイズ」といった方法を選び、表現していった。そして、最後にこれまでに学んだことを、患者さんへの手紙に書き表し、患者さんのもとへ届けたのである。

このように、相談の場を追究過程の折々に設けることで、子どもたちは「課題」と「内容」「方法」を明確につなげて、追究の見通しがもてるようになるのである。

3 子どもたちの言葉による学習問題で追究の見通しを

ここまで述べてきたことに加えて、ふれておきたいのは、日常の授業のあり方についてである。一時間一時間の授業の学習問題に、「私たちも水俣病の人たちを差別したのと同じ心を持っているのではないか」といった子どもの言葉が位置づけられ、一時間ごとに追究の成果が確かめられて、学習問題も問い直され、授業の終わりには次の時間の学習問題が設定される。そして、子どもたちはその時間に感じたことや考えたことを学習感想ノートに書き記していく。こうした子どもたちの言葉による学習問題によって学びが連続・発展する授業が、子どもたちに自らの追究のふり返りとこれからの学びの発展への見通しを育てていくのである。

（内山　隆）

Q 課題追究

Q94 インタビューやアンケートによる課題追究

インタビューやアンケートによる課題追究をどう進めるか。

point
1. 追究課題の明確化
2. 目的と内容，技術の習得
3. 交渉術と感謝の表現
4. 集計と結果の解釈
5. 課題解決への活用

1 追究課題の明確化

子どもが課題を追究していく方法の一つとして，インタビューやアンケートを実施することがしばしばある。

しかし，忙しい中で対応してくれた人から，子どもが何を知りたいのか，何のためにするのか，よくわかっていないのに来られて困ったという苦情を聞くことがたびたびある。

これは次のようなことを，学校できちんと指導してから，インタビューやアンケートを実施すべきであるということを求められていると考えられる。

---
①自分の課題が言える。
②どうしてこの課題を解決したいのか言える。
③課題を解決するために，何がわかればよいのか，何が知りたいのか，何をしたいのか，何を解決したいのか，が言える。
④課題が解決すると，どんな役に立つのか，自分にとってどんなよいことがあるのか，などが言える。

A校では，課題を決めるときに，①〜④をなるべく意識させて，無理のない範囲で文で書かせるようにしている。

2 目的と内容，技術の習得

インタビューやアンケートの実施に先立って，目的と内容の計画，具体的な方法の学習が必要である。

```
目的をはっきりとさせる
      ↓
何を知りたいのか具体的に洗い出す
      ↓
インタビューを想定して，質問を書き出してみる（アンケートの質問項目を書きだしてみる）
      ↓
インタビューの練習，アンケートの予備調査をしてみる
      ↓
質問事項や聞き方を修正して，インタビューやアンケートの準備をする
```

B校では，はじめのうちは友達や家族を相手に練習させてから本番に望んでいる。ある程度体験を積むと子ども自身が工夫したり，テレビや新聞から学び取ったりして改善していくようになっていく。

C校では，国語科，社会科，算数科，理科などの学習のときに，インタビューやアンケートの仕方について，総合的な学習や生活の中で活用することを念頭において，題材を実生活の中から求めたり，実施の仕方を丁寧に

扱うようにしている。

3　交渉術と感謝の表現

　インタビューやアンケートを実施するには，相手が必要である。こちらが一方的に押しかけても満足のいく結果は得られない。

　そこで，事前に先方に連絡し，相手の都合を聞いて約束を取り付けなければならない。この場合，「2　目的と内容，技術の習得」がうまくいっていれば，交渉がしやすい。

　子どもだけに任せず，最初は教師が事情をよく話し，理解を得てから子どもにバトンタッチをしていくことが大切である。

　これらは，コミュニケーションの能力ともかかわり，これからの子どもたちにとって大切な事柄である。

　一方，インタビューやアンケートを実施したら，関係者に感謝の気持ちをかたちで表し，きちんと伝えることを指導することが大切である。

　集計結果を知らせる，研究の結果を送る，感謝の手紙を書くなど表現の仕方はいろいろであるが，お世話になったことに対する感謝の気持ちを自分なりに表現し，伝えるところまでを「インタビューやアンケート」と考えるべきなのである。

　D校にたびたび協力してくれるある人は，子どもからの報告や感謝の手紙は自分の宝物だと大事にしているそうである。

4　集計と結果の解釈

　実は，インタビューやアンケートが課題追究に役立つためには，集計と結果の解釈が十分にできなければならないのである。

　このような考えをした人がいました。Eさんはこう言っていました。結果はこのような表になりました。いちばん多いのは〇〇でした。などと，単純に集計結果のみでは，せっかく労力をかけたインタビューやアンケートが活用しきれていないことになってしまう。

　そこで，目的と内容に照らして，結果の表現とともに，次のようなことを奨励するようにしたい。

○インタビューをして，
　・このように言っていました
　・それで，私はこのように考えました
　・だから，このようにすることにしました
など，自分の課題や考えと結びつけて考えるようにさせる。

○アンケートをして，
　・このような結果になりました（表やグラフに表す）
　・この結果からこのようなことがわかりました
　・そこで，私はこのように考えました
など，自分の課題の追究に関する結論や解決に結びつけさせる。

5　課題解決への活用

　インタビューやアンケートが課題の解決に役立つようにすることが大切である。これは，何についてのデータや傾向や実態が知りたいからインタビューやアンケートを実施するのかを，はじめにはっきりさせておくことと裏腹の関係にある。

　課題の解決に役立てるように奨励するとともに，インタビューやアンケートの結果があって初めてはっきりしたことや結論づけることのできたことに気づかせることも大切である。

（小島　宏）

Q 課題追究

Q95 インターネットを活用した課題追究

> **point**
> 1 課題の明確化
> 2 活用の窓口の焦点化
> 3 情報の選択，出典
> 4 自分の解釈
> 5 情報の表現と発信

インターネットを活用した課題追究をどう進めるか。

1 課題の明確化

課題や目標が曖昧な場合は，課題追究が思いつきの，その場限りの深みのないものになりがちである。このことは，インターネットを活用した場合も同じである。

自分の解決したいこと，自分のつくりたいもの，自分の知りたいことなどが明確になっていると，その後の追究活動が進めやすく，そのうえ，つまずいた場合でも別の選択肢を探す手がかりがつかみやすくなるからである。

2 活用の窓口の焦点化

インターネットを活用して課題追究をする場合，どのような目的を達成するために活用するのかを焦点化することが大切である。

資料や情報を検索する場合も，何のために何が必要なのかをはっきりさせる。このようなことが態度化されていれば，窓口や手がかりの絞りきれない事態にも対応できる粘りや直観が備わるものである。

- 課題解決の資料を探したい
- 環境保護活動の様子が知りたい
- 子どもがしている環境保護活動の様子が知りたい
- 私たちにできることを考える資料にするために知りたいので，子どもがしている環境活動の様子を探す

ホームページを開設して，自分の情報を提供する場合と，呼びかけて特定の情報の提供を受ける場合もある。この際も，何のために何を知りたいのかをはっきりさせて取り組ませることが大切である。

Eメールで，かかわりのある学校，かかわりのある人と情報を交換したり，必要な資料や解決のヒントを得ることもあるが，窓口をなるべく狭めて，目的に合った情報を探し当てるようにすることは同じである。

したがって，子どもにコンピュータを活用させる場合には，子どもの課題に対応した学習ソフトを用意して情報を検索させたり，図鑑と同じような調べる活動をさせたりすることを越えて，教室内外に開き，相談，意見交換等ができるようにするとよい。

以上のことがらは，主として個人またはグループで課題追究をしていく場合であるが，この発想を広げていくと，遠隔地の子どもとの共同の課題追究が可能になる。また，遠隔地の学級との共同の授業展開もでき，学びの仕方や質が飛躍的に広がり高まっていく。

3 情報の選択，出典

子どもたちは溢れんばかりの情報に囲まれているといっても過言ではない。そのなかで二つの傾向を示している。

一つは，情報がたくさんあるのに，気づかないという状況である。直接的に解決を示しているものにしか目がいかないからである。課題追究の仕方が身につきつつ，情報の発見もうまくなっていくということもあるので，次のような思考回路を緩やかに体得させることが大切と考える。

○課題Aを解決したい→資料Bがほしい
　↓
　　資料Bはどうすれば手に入るか
　↓
Cがわかれば解決できそうだ
　↓
　どうしたらCを知ることができるか

　もう一つは、関連ある情報が集まりすぎてそれらの処理ができず、活用できないという状況である。これは、各教科等の授業の中での情報の収集・処理・選択の基礎・基本が指導しきれていないことに原因があると思われる。

　知識を教える際に、どのようにしてその知識が生まれてきたのかにふれる必要がある。技能を身につけさせる際に、そのこつやアルゴリズムの原理について理解させたうえで習熟させることが大切である。グラフや表、文章の書き方などの指導では、生活や学習の中で効果的に活用することと結びつけていくようにしたい。生き方にかかわる授業では、他の人のよさに素直に学んだり、感動したりすることができるようにするとともに、不正や失敗を自分とのかかわりで考え、克服に手を貸したり、反面教師として生かしていくことができるようにしていきたい。

　このようなことと総合的な学習の時間の課題追究における情報にかかわる学習体験が相まって、情報の検索や選択、活用の力が高まっていくと考えられる。

　情報の活用にあたっては、その資料を作った人の著作権を尊重することが大切である。インターネットで検索し、プリントアウトした資料の活用には自ずから制約がある。このことを教師も子どもも十分に知り、守ることが必要である。

　他人の作った資料や情報は、自分のオリジナルな考え方や方法を支えるものとして使うこと、必ず出典を明記すること、事前に了解を取ること等については、総合的な学習の時間だけではなく、生活や学習のすべての場面で実行させる必要がある。

4　自分の解釈

　子どもの課題追究の結果の中には、資料や情報を切り貼りしただけのものがある。その子にとっては、精いっぱいのものであることに心を痛めつつも、自分の解釈、自分なりのとらえ方、自分の感じ方を少しでもにじませるように仕向けていく必要がある。

　そのことによって、インターネットの活用によって得られた資料や情報を問題解決や生き方を考える手がかりとして使い、自分の解決、自分の生き方につなげていくようになると考えるからである。

5　情報の表現と発信

　インターネットはお互いの顔が見えないことから、情報の表現や発信に問題が生じる恐れがある。

　情報は正確で、見やすく、焦点化され、わかりやすく表現されていることが必要である。これは、自分の主張を的確に、しかも相手に正確に通じるようにするためである。

　ところが、品性のない表現や特定の人やグループを傷つけるような内容や表現は絶対にしてはならないし、させてはならないことである。

　また、情報を発信する場合は、意図に反して使われたり、犯罪に巻き込まれたりする恐れがあることを十分に理解させ、留意させることが重要である。このことは、教師が十分に管理し、学校におけるインターネットの活用に起因した事故、事件が起こらないように万全の措置を講じることを求めている。

　　　　　　　　　　　　　　（小島　宏）

Q　課題追究

Q96　図書資料による課題追究

図書資料を活用した課題追究をどう進めるか。

point
1　図書資料の充実
2　調べ学習の落とし穴
3　追究の構想
4　自分なりのまとめや結論
5　出典の明記

1　図書資料の充実

　総合的な学習の時間の展開には，学校図書館の存在が大きくかかわる。ところが，図鑑と参考書，統計資料，童話や小説などが整然と納まっている図書館が多く，子どもの課題追究に応えきれないことがある。

　A校では，学校図書館を次のように設計し，図鑑，各種参考書，統計資料，童話，小説に加えて，コンピュータ，テレビ，ビデオやテープレコーダーの視聴，これまでの子どもの作品，各地の資料や観光パンフレット，小・中学校の教科書などを備え，子どもの多様な課題追究に応えられるようにしている。

書庫・資料室と閲覧室を柔らかく仕切ったことによって，いくつもの学級が同じ時間に活用することができるようになっている。

　B校では，図書室をA校のように学習センターとして整備を進めるとともに，子ども同士が「このような資料を知りませんか？」，「○○は，どうしてかわかりますか？」，「ぼくは，△△をまとめました。見たい人は，○年○組へどうぞ！」などと情報交換ができるように進めている。

2　調べ学習の落とし穴

　課題追究では，図書資料を活用することが多い。コンピュータなどの活用が普及しているとはいえ，印刷情報は簡単に手に入るからである。

　図書資料を活用した課題追究は，調べ学習と称して子どもたちが最も多く取る手法で，教師も当然のように奨励している。

○課題を決める
○課題追究の計画を立てる
○図書資料で調べる
○調べたことを整理してまとめる
○発表する

　たいていは，上のような学習になり，まとめの表現や報告書の出来栄え，発表のときの資料の使い方や説明の仕方が友達や先生から認められて終わりとなる。

　つまり，調べ学習といいながら，辞書で言葉の意味を引くように，課題に関する説明を本の中から探し当ててそれを視写して，図や

写真などを加えて，体裁よくまとめるということが行われがちである。

　子どもはこれで課題追究ができたと思い込み，ある程度の満足感を得てしまう。教師も一定のかたちになって見えるので，そこそこの評価をしてしまうことが多い。

　しかし，これは学習ではない。課題追究でもない。もちろん課題解決とは言えないと考えるのである。

　課題を解決する過程で，図書資料を用いて調べることはあっても，それで課題が解決したかのように思い込ませることのないようにしたいものである。

　調べるという学習活動はあっても，調べ学習という学習形態は存在しないという徹底さが必要である。

3　追究の構想

　課題追究は，追究の構想を立て，見通しをもって，自分の立っている位置と進み具合をモニターしながら進めることが大切である。
- 課題を明確にする。
- 追究することを具体的に書きだす。
- どのような資料をどのように集めるか，何をどのように解決するかをはっきりさせる。
- 追究のおよその計画を立てる。
- まとめをどのようなかたちにするかを仮に決めておく。

　このように追究の構想を立てて進めることによって，図書資料などを，どこで，どのように使うのかがはっきりして，活用が効果的に行われるようになると思われる。

4　自分なりのまとめや結論

　一般的に追究活動にあっては，作品や解決の結果や結論に「自分らしさ」や「独自性」が必要とされる。

　総合的な学習の時間における追究活動の場合，とくに，本から引き写したことをとかく自分の結論と思い違いしがちな，図書資料を用いた追究活動では，その子のいくぶんかのオリジナリティを要求するようにしたい。
- 自分はどのように感じたか。
- 自分は何を根拠にして，どのように考えたのか。
- 自分は何を根拠にして，どのように判断したのか。
- 自分はこのようなことに工夫して作成した。
- 自分はこのことを言いたかったので，このようにまとめた。

　常に，自分で考え，自分で判断し，自分の意見を主張するように意識させることが大切である。

　A校では，結果や作品のきっかけの元になったアイデア，根拠について，できるだけ書かせたり，説明させたりしているそうであるが，あまり強くこれらを要求するとかえって大胆さがなくなるそうである。

　B校では，発表の際に，そのことにはどのようにして気づいたのですか，どうしてそう言えるのですかなどと，結果や考えの根拠にも着目させているそうである。

5　出典の明記

　図書資料を活用しての追究活動では，資料の文章や図，表などを直接根拠としたり，引用したりすることがある。例えば「児島邦宏・村川雅弘『ウェビングによる総合的学習実践ガイド』2001,教育出版」のように，出典を明記して活用するように習慣づけたい。

　ものだけでなく，他人の書いた文章，絵，図，考え方などは，その人のものであって，約束や手続きをしないで自分が作ったかのように勝手に使うことは許されないことを十分に理解させ，実行させるようにする必要がある。

（小島　宏）

Q 課題追究

Q97 映像資料を使った課題追究

映像資料を活用した課題追究をどう進めるか。

point
1　映像資料の種類
2　自分の目的の明確化
3　映像資料の活用
4　映像資料からの自立
5　まとめの工夫

1　映像資料の種類

映像資料には、古典的なものとしてスライド、16ミリ映画、一枚絵や図、最近頻繁に用いられるものとしてビデオ、デジタルカメラ、テレビ、パソコンなどがある。

これらは、市販されているもの、番組から録画したもの、生放送、教師や子どもが自作したものなど多様である。

A校では、映像資料が、各教科等別、単元別に整理され、活用しやすくなっている。総合的な学習に関しては、現在のところ、内容や課題別に整理することを検討している。

B校では、各学年のオープンスペースに該当学年に関する資料を備え、手軽に活用できるようにしている。

C校では、パソコン室や視聴覚室に映像資料を一括して整理し、何がどこにあるかが見つけやすくなっている。

2　自分の目的の明確化

資料を活用する際に陥りがちな傾向は、映像資料に限らないが、わかりやすく、見やすく、簡潔にできていることから、「わかった気になりがち」で、「そのまま受け入れがち」になるということがある。

そこで、映像資料を活用するときには、自分の課題を明確に書き表してみること。何のために、何を観察したり、調べたりする必要があるかを書き出してみる。このようなことを奨励して、自分の目的ややるべきことをはっきりとさせることが必要である。

それは、映像から得られたことを鵜呑みにしたり、表面的な理解を結論とする主体性のない追究活動にならないためである。映像資料は、現にある映像を使って作成してあるので、実際以上に印象づけたり、結論づけたりすることがあり、誤解してしまうことが起こりうるのである。

3　映像資料の活用

映像資料には、えてして、子どもの課題にずばり応えるかたちになっているものがある。教師の変わりに教え込むようなものであるのに、なぜか子どもも教師も自分で調べたり解決したりしたかのような錯覚に陥って、しかも気づかないことがあるので留意したい。

映像資料は、課題解決の過程で活用することもできるが、次のような場合に有効活用することもできる。

○ 課題の決定に先立ち、国際理解などの映像資料を見せたり、体験をさせたりして、課題意識を高めたり、課題づくりの手がかりを見つけたりする。課題との出会いの場をつくるということである。

○ 課題追究を進めるとき、どうしても現地に行けない場合や体験が不可能な場合がある。このようなときは、映像資料に頼ったり、映像資料を見て、擬似体験や観察で間に合わせることがある。

○ 文章で書いてあるものは表現が限られているので、そこから発見できることがらは限定されがちである。ところが、映像資料に

よると総括的に表現されているので、子どもの興味・関心や課題意識によって、目の着けどころがかなり拡散化できる。
○ 映像資料は、追究した結果のまとめ方のモデルとしての活用もある。
○ 子どもの追究過程でインタビューしたり、途中の経過を確かめたりするのに、ビデオレターのように映像資料を作成して相手に送り、問い合わせたり、意見をもらったりできる。
○ 見学する場合、観察したり、実験したりする場合など、事前に映像資料で概要をとらえておいたり、手順を理解したりしておくと効率的に実施できる。
○ 見学、観察、実験の際に、記録の一つとしてとりあえず撮影したり、録音しておいて、学校に戻ってから映像資料として活用することもある。

映像資料は、視聴覚を使って直観的に活用できるので多用される。そのことが、資料作成者の著作権を侵して、勝手に引用したり、無断で自分の追究の一部として取り込んでしまったりすることにつながる恐れがある。十分に配慮する必要がある。

4 映像資料からの自立

映像資料は、目と耳から飛び込んでくるために印象が強力で、説得力がある。また、映像処理が巧みで、展開が工夫されていると、そのまま受け入れてしまう恐れがある。

したがって、映像資料が、いつ、どこで、誰が作成したものなのか、可能な範囲で確かめてから使うようにしたい。統計は正しく調査されていて、適切に処理されたものであるのか、表現は子どもにとって適切なものであるか、確認させるようにしたい。

当然、子どもにこれらのすべてを要求することには発達段階からみて無理があるので、教師が十分に配慮することが大切である。

また、映像を見て観察するより、実物を観察するほうが追究活動に幅と深まりが出てくる。

映像を見て、体験したことにして頭の中で想像してすましてしまうよりも、実際に栽培して確認したり、現地を訪ねて自分で体験したりするほうが、自分とのかかわりで発見したり、実感を伴った理解や納得や気づきが得られるものである。

そこで、映像資料のよさやすぐれた面を認めつつ、本物の観察や実際の体験が得られるのに、効率の面を優先して安易な活用にならないように配慮することが大切である。実物、本物に勝る教材はないのである。

5 まとめの工夫

総合的な学習では、追究の結果をまとめて一応の区切りを付けることが行われる。

まとめの仕方としては、次のようなことが多く行われている。
○ ポートフォリオ（追究の過程と結果と評価の意図的な綴り）
○ 研究報告書
○ 作文、説明文
○ 作ったものとしての作品
○ 壁新聞、新聞、ポスター
○ 意見文、提言
○ 実際の行動の記録写真集
○ 育てた植物や動物など
○ 身につけた技や技術の披露
○ 解決した結果を盛り込んだ番組（テレビ番組、ラジオ番組）

まとめとして作成したものが、映像資料として、次の学年の追究のための資料となることもある。その場合や作品として扱う場合、映像資料として使う場合も、プライバシーや人権には十分留意する必要がある。

(小島　宏)

Q 課題追究

Q98 実験観察や見学による課題追究

実験観察や見学による課題追究をどう進めるか。

point
1. 実験観察の留意点
2. 実験観察の活用
3. 見学の留意点
4. 見学の課題解決への活用
5. 解決結果の検討

1 実験観察の留意点

実験や観察が総合的な学習の時間の中で取り扱われる機会は多い。

それは、国際理解、環境、情報、福祉・健康など現代的な課題、学校や地域の状況に応じた課題を追究する場合に、体験的な学習や問題解決的な学習をとおして行うことになるので、実験や観察など実体験による活動が必要になるからである。

また、実験や観察によって自分の目で確かめ、自分の行動をとおして確かめることが課題解決に対する意欲を高めるからでもある。

そこで、実験観察を効果的にするためにいくつかの留意点をあげる。

(1) 目的と方法の明確化

実験観察をする場合には、次のような手順を概ね踏みながら、何のために、何を、どのようにするのか、なるべくはっきりさせるようにする。

```
①知りたいことは何か？
  確かめたいことは何か？
       ↓
②どのような実験観察をするか。
  どんな方法でするか。
       ↓
③結果の予想を立ててみる。
       ↓
④実験観察で、予想を確かめる。
  調べてみる。
       ↓
⑤確かめられたこと、わかったことを整理する。
       ↓
⑥自分の考えや自分の意見をもとにして、結論や結果をまとめる。
```

A校では、慣れるまでは、実験観察のワークシートを作成し、前記の手順を意識するようにスキル学習を取り入れている。

また、B校では、⑥をどのようなかたちでまとめるか具体的にイメージさせて、ゴールを想定し、そのゴールに向かって追究活動が進められるようにしている。

(2) 結果の吟味と情報交換

確かめたこと、得られた結果、観察してとらえたことが、正確であるかどうかを確認する、ふり返ることが大切である。このことが不十分であると、そこから得られた結果や結論が信頼性の低いものになってしまうからである。

そこで、結果を吟味することを、具体的な実験観察の事例に即して指導していくことが必要になる。

また、結果はもちろんのこと、自分の結論

に対してもそれでよいかどうか，別の見方ができるのではないかなど，グループの中で，学級全体で，あるいはホームページで，情報交換や意見交換をすることをなるべくするようにしたい。

この段階は，単なる結果の吟味や情報交換を越えて，子ども同士が話し合い，学びあうことにより発想や学び方，ものの考え方，仕方を豊かにする効果が期待できる。

(3) 安全の確保

実験観察には，そのやり方によっては，危険が伴うことを承知し，事故につながらないように子どもも教師も細心の注意を払うようにしなければならない。

このことは，理科や家庭科における実験，社会科や生活科における観察で日頃指導しているが，総合的な学習の時間に際して改めて徹底しておくことが大切である。

2 実験観察の活用

実験観察は，実際にどのようになるのか確かめたり，実際にどのようになっているかをとらえたりする方法の一つである。

現在，手元にある資料ではわからない，手元にある資料からこのようなことが言えそうだというように，予測や仮説を検証する場合にも有効である。

このような実験観察をすることによって，このようなことがわかった，確かめられた，このような傾向がとらえられたなどということを子どもに意識させ，これらを踏まえたまとめをさせるようにすることが大切である。

3 見学の留意点

総合的な学習では，体験，探究，問題解決を学習活動で多用することから，当然，見学が取り入れられる。その際に留意したいことは，前記 1 の観察実験に準ずるが，見学は，人とのかかわりなくして実施できないことから（生活科や社会科の商店や企業などの見学，理科の博物館や河川の見学等で，すでに体験的に理解しているはずであるが），次のようなことについて一層意識させ，実行できるようにしておきたい。

○ 目的をはっきりさせて見学に行く。
○ 何のために，何を見学するか，計画を立てさせる。
○ 事前の連絡依頼，事後の挨拶をする。
○ 見学のマナーを守る。
○ 怪我，破損，相手の立場や迷惑，見学中や往復の事故に気をつける。
○ 見学のまとめを自分の考えを入れてきちんとする。

4 見学の課題解決への活用

見学は，目的がはっきりしていても，多くの情報の中に入り，様々な視点が目につき，漠然としたものになりがちである。

そこで，何を見学するのかをワークシートなどに明記させ，常にそこに照らして見学できるようにする。

さらに，見学した結果が課題の解決にどのように役立ったかを意識させ，まとめの中に書き込ませるようにする。

このようにして，見学することの必要性，見学の有用性がわかり，活用できるようになっていく。

5 解決結果の検討

観察実験，見学は，活動している状況やその結果が目に見えるために，そのままで探究活動が充実しているかのような錯覚に陥りがちである。

そこで，これらの活動によって何が解決したか，その結果や結論は適切なものかどうかなどを検討することが大切である。結果や結論に責任をもつという意味からも，解決結果の検討を意識づけたい。

(小島　宏)

Q 課題設定

Q99 学習履歴の残し方

子どもの学習履歴をどのような方法で残していけばよいのか。

point
1 子どもの学習履歴について
2 体験的な活動の後に書く
3 学習履歴を綴る
4 マルチメディア機器を使う
5 子どもの学習履歴の活用

1 子どもの学習履歴について

子どもは，日々の学習活動の過程で，そして，その結果として，様々な記録を作成する。例えば，学習シート，それを書くための下書き，日記，付箋メモ，教師の用意したプリント，ワークテスト，絵や図，写真などである。これらはすべて，子どもの学習履歴となりうるものである。以下，子どもの学習履歴をどのような方法で残していくとよいか，考察する。

2 体験的な活動の後に書く

総合的な学習の時間の中で，子どもは思いきり活動したり，見学したり，調べたり，つくったり，自分の考えを表し，伝えたりする。

そうした活動を体験すること自体にも大きな意味はある。加えて，それをじっくりとふり返ることによって，子どもは学習の過程や成果を知る。さらに，自らの課題をも知ることができるのである。

そこで，体験的な活動の後は，それをとおして感じたことや考えたことなどを書くための時間を確保するとよい。その際，国語の「書くこと」の指導と関連づけ，低学年なら毎日書く時間を確保し，習慣づけたり，中学年以上なら10分間で400字程度書けるように指導していくと効果的である。

子どもは書くことによって，体験してきた様々なことがらをふり返り，得た情報を自ら意味づけていく。このように書くことを継続し，ときに読み直すことによって，子どもは情報と情報の関係を結びつけていくようになる。そのなかで，子どもは対象と自分との関係をも見つめながら，自分の考えをつくっていくのである。

子どもが書く際に使用する用紙は，原稿用紙でよい。しかし，学年の発達段階に応じてマス目の大きさや文字数，レイアウトなどを考慮し，各学年ごとに学習シートを用意すると，より効果的である。

こうした学習シートは，最寄りの印刷所に問い合わせ，注文すると容易に購入できる。

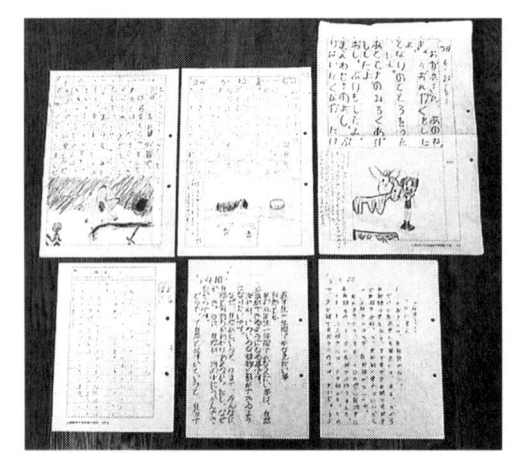

学習シート

3 学習履歴を綴る

(1) ファイルに綴る

子どもが作成する記録は，毎時間の学習活動に収集することができる。それを継続的に綴っていく。そして，活動の節目や学期末など学習が一定の段階までに進んだある時期に，子ども一人ひとりが着目するテーマや時系列などから，配列を変えていく。

したがって，作文シートを綴るファイルは，継続的に綴ることができる幅のあるものがよい。例えば，ドッジファイルのような幅広なパイプ式ファイルがあげられる。また，絵や図，写真等はクリアファイルやアルバムに綴るようにする。

このファイルは，個人持ちとし，いつでも自由に読み直せるようにファイルボックスに入れておく。このように保存することにより，子ども自ら，そして教師も，必要に応じてファイルを参照し，学びの様子を知ることができるのである。

ドッジファイルとファイルボックス

(2) 学習履歴を文集にする

このようにファイルに綴ることを年間にわたって継続するなかで，その子どもの1年間の学習履歴ができあがる。

そこに目次や中表紙，1年間をふり返ったシートなどを加え，再度編成しなおす。これを製本すると，世界に1冊の自分だけの本が完成する（製本も，最寄りの印刷所にて注文に応じてくれる）。

これを各学年で行うことによって，小学校卒業までに6冊の本を子どもは手にする。こうした文集は，子どもにとって，小学校全体の学習履歴であるとともに，大きな喜びである。

各学年での文集

4 マルチメディア機器を使う

子どもの学習履歴は，文章だけにはとどまらない。絵や図，写真，楽譜が含まれることもある。マルチメディア機器の発達と普及に伴い，子どもの活動記録には，声や歌，画像（静止画像，動画）などを含む場合もある。

例えば，カセットテープに録音したり，ビデオテープに録画したりして，学習履歴に添えることが考えられる。

また，子どもがつくった音や画像をCD-Rなどに保存し（現在，CD-Rは比較的容量が大きいうえ，安価である），学習履歴に添えることも考えられる。

5 子どもの学習履歴の活用

上述のように保存された学習履歴の中に，教師や友達，親からの評価の記録を含むことも考えられる。こうすることによって，子どもは一層多面的に自らの学習の過程や成果をふり返り，広い視野から考えをつくっていくことができる。

また，そうした学習履歴をもとにして，教師は子どもや親と面談し，これまでの学習の過程や経過，今後の見通しについて共に考え合うこともできる。肯定的な姿勢をもちながら，定期的に行うと効果的である。

（田代　孝，古閑晶子）

Q 課題追究

Q100 個々の多様な課題に対する教師の応え方

子ども一人ひとりの多様な課題に教師はどう応えるか。

point
1 個性豊かな追究活動を支える教師の役割
2 教師，身近なおとなの連携を活用すること
3 子どもたち同士のかかわりあいを演出すること

1 個性豊かな追究活動を支える教師の役割

本校の高学年の総合的な学習の活動の試みに，フリータイムという１人ずつが課題を追究していくことに目的をおいた時間がある。子どもたちがテーマも追究方法もすべて自分で決めて活動する時間である。

１人ずつが個性豊かになればなるほど，そのテーマは多様になり，１人の教師だけでは対応しきれなくなる。

ではどうするか。

一つは，教師たちの連携，さらに子どもを取り巻くおとなたちの連携をうまく活用することである。

もう一つは，子どもたち同士のかかわりあいの場を演出することである。

それぞれについて，詳しく述べてみる。

2 教師，身近なおとなの連携を活用すること

本校のフリータイムのときに子どもたちに手渡す１枚の資料がある。

それは専科の先生や担任の先生たちの得意とする分野を一覧にしたものである。

（例）

○○○○先生	数学・パソコン・空手
○○○○先生	国語・金子みすず・旅行
○○○○先生	体育・野外活動・スキー
○○○○先生	家庭科・絵本づくり

子どもたちが自分の追究活動をしていく際に，アドバイスをもらう人，つまり自分の師となる人を探すための手がかりにするのである。これは教師という人間の個性を表出する機会にもなる。子どもたちに個性豊かな活動を願うのならば，それを支える教師たちも，実はこんなに個性豊かなんだよと子どもたちに伝えることは意義がある。

なかには同じような趣味をもつ先生たちもたくさんいるだろう。同じテーマでも尋ねる先生によって受け答えが違うということも意義深い。このように子どもたちが，追究活動をしていくなかでいろいろな人の意外な面に出会うということ自体にも実は大きな意味がある。

これは学校以外の場における師を探す活動でも同様である。

本校フリータイムでは三味線に興味をもち三味線のお師匠さんのところに弟子入りしたユニークな子もいた。CD工場に行ってその製作過程を親子で楽しんだ子もいた。

教育委員会に出かけていって，どのようにしたら先生になれるのか，そして今の先生はどのぐらいたいへんなのかを調べてきた子もいた。

教育委員会というのは堅い人ばかりだと思っていたら案外面白い人たちもたくさんいてびっくりしたという感想も届いた。[1]

自分を取り巻く様々な人とのかかわりあいが子どもたちに実感を伴う「豊かな学び」を築き上げていくことになる。

3 子どもたち同士のかかわりあいを演出すること

では次に，子どもたち同士のかかわりあいを演出する方法について述べてみる。

先のおとなたちの活用というのは有効な方法であるけれど，子どもたちの人数に比べてやはり対応する人間の数が少ないのが難点である。本校のフリータイムでは2学年320人の活動に対して，担任8人，専科教諭6人の合計14人が当たっているが，もしも子どもたちが同時に教師へのアドバイスを求めたら対応しきれるものではない。

だが，子どもたちの側にはたくさんの友達がいる。先輩もいれば後輩もいる。これらを活用しない手はない。だが，最初から友達や先輩を頼ることを認めると，「自分がやりたいこと」を見出さないうちに友達や先輩の真似に走ってしまう子も出てきてしまう。そこでフリータイムの活動のスタートでは「1人で活動する」のだということを強調する。そしてテーマづくりのための時間をたっぷりとる。

テーマを簡単に決めてしまうとその後の活動も簡単に終わったり，追究のための手だてが思いつかなかったりするのである。

フリータイムを終えたM子が当時をふり返りながら「ちょうどいいテーマを探すのがたいへんだった。簡単すぎるとすぐに終わってしまうし，難しすぎると資料などを探すのがたいへんだったりして満足感がないし……」とつぶやいたのが，その典型的な姿だった。

子どもたちのテーマ作りがだいたい定まった頃に，クラスの中でいくつかのグループをつくり，友達同士で中間発表会を行わせる。

発表は次のようなことを中心に行う。

- 自分のテーマについて
- テーマを決めるとき迷ったこと
- このテーマをどのようにして追究していこうと思っているか

子どもたちはこの中間発表会の後で次のような感想をもつ。

「私はフリータイムがあるから無理やりテーマを決めているようなものだったけど，友達の中には本当にやりたいことがあって，それをやる時間をとても貴重に思っている人がいる。うらやましいなと思った。私も自分のためにこのフリータイムをもっと楽しもうと思う」

完成されたものを発表し合うのではなく，悩んでいるお互いの姿を見せあうことが，子どもたちにそれぞれの生き方を考えさせる時間となるのである。

さらに第二の中間発表会の意味も兼ねて，追究していく活動の過程で友達のやっている調査や見学などに付きあう時間をとる。フリータイムの期間中には定期的に校外活動日があるのだが，子どもたちは似ているテーマの友達と出かけたり，テーマは全く異なるけれど調べ方が同じ人と出かけたりするようになる。

これは次の二つの点で有効である。

- 校外活動の際に1人で活動するのは危険であるため安全対策として友達に同行させる（もちろん教師は各拠点で待機している）。
- 友達の追究手段を自分の活動に取り入れることができる。

大切なのは，子どもたちの多様な活動に担任教師が必死になって対応するという発想をもつのではなく，子どもたちを自らの目的において，様々な人にかかわっていこうとする姿勢をもたせていくことである。それが実は多様な課題に対応できるシステムになっていく。

(田中博史)

〈参考文献〉
(1) 田中博史著『学級の総合活動・高学年「輝き方を見つけた子どもたち」』2000,東洋館出版社,

Q 課題追究

Q101　家庭での課題追究

家庭での課題追究をどのように扱ったらよいか。

point
1. 教室での学習が基礎
2. 追究方法を選択・決定する
3. 支援の方法

1　教室での学習が基礎

家庭での課題追究がうまく機能するには、次の三つのことができていなければならない。
①目あて（問題）が明確になっていること
②追究の仕方が身についていること
③追究結果のまとめ方が身についていること

つまり、今、学習している問題が明確になっていることのほか、今までの学習の成果として、一人ひとりの子どもに課題追究の仕方がある程度身についていなければならない。

家庭での追究は、教室で目あて（問題）を明確にさせたあとに行われる。

2　追究方法を選択・決定する

総合的な学習の課題の追究方法は、たくさんある。次のような方法がよくとられる。
①現地まで赴き、見たり聞いたりして取材する。
②当該部署に電話、手紙で問い合わせる。
③図書館に行って、文献を探し、調べる。
④パソコンを使って調べる。
⑤詳しい人を探し、聞く。

子どもたちが、まずしなければならないことは、これらの多様な追究方法の中から、自分の得意な追究方法を選び、追究活動を起こすことである。

3　支援の方法

その際、子どもたちは、選んだ方法を教師に知らせる。

このとき、教師による支援が必要である。①〜⑤までの各方法について、次のアドバイスをするとよい。

①まず、電話で事前に問い合わせ、月日、時間、場所のアポイントを取る。訪問する際は、カメラを持っていき、許可を取って肝心なところを写真に撮ってくるようにする。中学年の子どもは、調べたいこと一つについて1枚の調べカードを使い、調べ漏らしがないようにする。高学年でも、必要ならば同じようにする。
②調べたいことは、聞き間違いを防ぐために、極力ファックスで回答してもらう。
③事前に図書館に電話し、目指す文献があるか確かめる。図書館によっては、その本や資料を用意してくれるところもある。
④新聞で調べるときは、パソコン通信がよい。ホームページを見て調べたいときは、インターネットで調べる。インターネットは1回のアクセスで解決できるとは限らない。そのホームページで得た情報をもとに、さらに、インターネットをつないだり、該当部署に電話で問い合わせたり、文献を探したりする。
⑤相手の都合を聞き、仕事のじゃまをしないようにする。

ここまで支援したら、子どもたちの活動の成果を待てばよい。子どもたちの家庭での追究がスムーズに進むとは限らない。そのときの支援はその具体性に合わせてする必要がある。なお、表現方法については他稿に譲りたい。

（長谷川康男）

R　学習のふり返り

Q102　学習ファイルの作成

point
1　学習ファイルの意味
2　何をファイルするのか
3　記録を残す方法

学習ファイルを作成する場合，どのような点に配慮すべきか。

1　学習ファイルの意味

学習ファイルは，子ども一人ひとりが自分の学習にかかわる具体的な記録や作品を残していくものである。これらの記録や作品をもとに，自分の学習をふり返り，成長した点や課題に気づいていく。つまり，学習ファイルは，自分の学習について，子ども自身が評価していく力をつけるものである。

そのため，何を残すのかを配慮し，意図的，計画的にファイリングしていくことが必要になってくる。

2　何をファイルするのか

前述したように，学習ファイルは，子ども自身が学習をふり返るためのものであるから，発表原稿や資料，作品など学習の結果だけを残しても意味がない。これだけでは自分の学習の足跡がわからないからである。

学習の結果に至るまでの過程を記録し，ファイルしていくことが大切である。では，具体的にどのような記録を残していけばよいのであろうか。

一つには，ブレーンストーミングのメモであるとか，インタビューの記録，写真，調べた文献のリスト，集まった資料など子ども取材をしたり，資料を集めたりした内容を記録として残していくことが考えられる。このような学習の場面に即して記録を残していくことで，具体的な活動の様子を把握することができる。

しかし，このような活動の記録だけでは，何の目的で，どのような学習を進めてきたのか，また，どのように修正したのかなど学習の流れや思考の流れがとらえにくい面もある。

そこで，学習の計画や各時間ごとのふり返りなども記録としてファイルしていくことが必要である。学習の計画に即して，先に述べた活動の記録をファイルする。併せて，その活動に対するふり返りもファイルしていく。

クリアファイルなどを活用する場合，その時間の計画と活動の記録，ふり返りを見開きの1ページにまとめてファイリングすると，ひと目で学習の流れからふり返りまでを見ることができ，効果的である。

このようなかたちで記録を残していくことにより，学習の足跡を具体的にとらえ，自分の成長を自覚することが可能になる。

3　記録を残す方法

記録をファイルする方法として中心になるのは，紙製の穴あけファイルやクリアファイルを活用する方法だろう。学習計画，メモ，集めた資料，写真など，この方法だと手軽にファイリングすることができる。

また，デジタルカメラで撮った写真やコンピュータで作成した記録など個人のフロッピーディスクや個人のフォルダを作成して保管する方法もある。コンピュータを活用するとたくさんの情報を保管できること，その情報を友達同士で簡単に見たり，共有したりできることなどが便利である。

（佐藤俊幸）

R 学習のふり返り

Q103 ふり返りの方法

学習のふり返りにはどのような方法があるか。

point
1 学習をふり返る意味
2 何をふり返るのか
3 ふり返りの方法

1 学習をふり返る意味

子どもが自らの課題をもち、それを解決していくためには、見通しをもって学習に臨むことが大切である。単元全体を見通すことも必要であるし、その中で、単位時間ごとの位置づけを考え、学習に取り組んでいくことも必要である。学習のふり返りは、この見通しをもって学習に取り組む力をはぐくむことにつながっている。

単元全体のふり返りであれ、単位時間ごとの学習のふり返りであれ、まず、基本となるのは学習の成果と課題であろう。意図する成果を得ることができた場合、どのような計画や取り組みが効果的であったのかをふり返っていく。そして、次時や次単元に生かしていくことができるようにする。また、思うような成果が得られなかった場合、どこに問題があったのかをふり返り、改善案を考え、次の学習を修正していくのである。

このように学習のふり返りを行うことで、見通しをもって学習に取り組み、修正しながら進めていく能力を身につけることができる。

また、学習をとおして、何がわかったのか、何ができるようになったのかなども併せてふり返っていくことで、自己の成長を自覚することができる。それが自分自身への自信を深め、学習の意欲を高めることにもつながっている。

2 何をふり返るのか

では、具体的に何を、どのようにふり返っていけばよいのか。前述したように、まず、考えられるのは学習の成果と課題である。本時の学習で、何がわかったのか、できるようになったのか、また、うまくいかなかったことや困ったことは何かなどをふり返っていくのである。

そして、この成果と課題をもとに、次のような点をふり返っていく。

- 計画の立て方
- 学習方法（やり方と選択）
- 学習への取り組み方
- 時間配分や準備物
- 役割分担
- 友達との協力　　など

調べ学習の場面を例にして考えてみよう。インタビューをとおして、本時のねらいに合う多くの情報を得ることができたとする。この場合、多くの情報を得たという成果と同時に、なぜ、そのような効果をあげることができたのかという点もふり返るのである。すると、インタビューが知りたい情報に対して適切な方法があったこと、その進め方が効果的であったことを自覚できるであろう。この自覚が次の学習へ生かされることになる。

もし、インタビューで情報を得ることができなかったとしたら、相手の選択に問題があったのか、それともインタビューのやり方に問題があったのか、あるいは、事前の準備が

不足していたのかなど上記の視点に照らしてふり返る。そうすることで，改善の具体的な方向性が明らかになり，次の学習の修正が可能になる。

3 ふり返りの方法

(1) 終末での話し合い

ふり返りの方法として，学習の終末での話し合いが考えられる。それぞれの学習について成果と課題を出しあい，それらを先の視点と結びつけながら話し合っていくのである。

この際，まずは，教師がいくつかの例を提示していくことが必要であろう。

> ○○君の場合，こういう点がよかったから成果をあげることができたんだね。
> ○○さんの学習がうまくいかなかったのは，こういうところに問題があるんじゃないか。

次に，1人の子どもの学習例(成果と課題)をもとに，みんなで話し合っていくことも考えられる。これらをヒントにして先の視点に気づかせ，自分の学習をふり返ることができるようにする。

(2) 自己評価カードの活用

二つ目の方法として，自己評価カードの活用が考えられる。情意面の評価だけでなく，先に示したようなふり返りの視点を自己評価カードの中に盛り込んでいくのである。

例えば，次のような項目を考えられる。

> ① 「いつ」「どこで」「だれに」「どのような方法」で調べるかを考えていましたか。(学習計画)
> ② 調べ方や発表の仕方はねらいに合っていましたか。(学習方法)
> ③ 「わかった」「なるほど」「そうか」と思うことがありましたか。(成果)
> ④ 自分の目あてに向かって進んで学習することができましたか。(態度)
> ⑤ 友達と協力して学習することができましたか。(協力)

このような自己評価カードを活用することによって，子ども自身が学習をふり返ることができるようになる。また，子どもたちだけに任せるのではなく，この結果をもとに，個人やグループと面接を行い，学習をフィードバックしたり，次の学習への修正をうながしていくようにするとより効果的である。

(3) 手引き書の活用

三つ目の方法として手引書の活用があげられる。電話でのインタビューの仕方やグループで発表するときの手順など，何かを調べたり，発表したりするときに必要となる技能をわかりやすくまとめ，冊子にしておく。そして，それぞれの技能について，できるようになったかどうかをチェックする項目を設定しておくのである。

単元の終了時に，手引書でチェックしていくことで，年間を通して，どのような技能が身についてきたのかを自覚することができるようになる。

(佐藤俊幸)

R 学習のふり返り

Q104 発達段階の考慮

ふり返りの際に発達段階を考慮する必要はあるのか。

point
1. 段階的な指導に合わせて
2. 単位時間から単元全体のふり返りへ
3. 教師の評価から自己評価へ
4. フィードフォワードを目指して

1 段階的な指導に合わせて

学習のふり返りは，見通しをもって学習に取り組み，必要に応じて修正しながら進めていく能力を育成するものである。

そこで，学年の発達段階に応じて，どのような見通しをもてるようにするのか，その段階的な指導に応じてふり返りも考えていく必要がある。具体的に言えば，次の３点について配慮する必要があるだろう。

> ○ 単位時間のふり返りから単元全体のふり返りへと発展させていく。
> ○ 教師の評価から自己評価を中心としたふり返りにしていく。
> ○ 学習のフィードバックからフィードフォワードへを目指していく。

以下，この３点について詳しく述べてみたい。

2 単位時間から単元全体のふり返りへ

課題に対して，主体的に学習を進めていくためには，単元全体を見通し，そのなかで単位時間の位置づけを考えていくことが必要である。

しかし，中学年の子どもたちにとって，単元全体を見通したり，その学習をふり返ったりすることは難しい。そこで，まず，単位時間での見通しとふり返りを大切にしたい。

具体的には，各単位時間での目標を明確にし，それに応じて計画を立てたり，方法を考えたりする場を設定する。そして，それに従って学習を進めてきた結果，何がわかったのか，できるようになったのかなど学習の成果や問題をふり返るのである。そのためには，調べたメモ，図や絵，写真，インタビュー記録など，その時間での活動を具体的な記録として残していくようにすることが大切である。このような記録があることで，成果と課題をつかみやすくなり，その原因を明らかにしていくこともできる。

上記のような単位時間でのふり返りの経験をふまえ，高学年では，追求していく段階，まとめていく段階，表現していく段階など学習の節目節目でのふり返りを取り入れていく。どのような内容を，どのような方法で調べてきたのか，効果的だった点と問題点はどこか，次に生かすべき点と修正すべき点は何かなどを数時間のまとまりでふり返るのである。

そうすることで学習のつながりを意識し，より単元をとおした見通しをもてるようになると考えれらる。

3 教師の評価から自己評価へ

自分で自分の学習をふり返り，その成果や課題を見出すことは容易ではない。そこで，まずは，教師が，子ども学習の成果や問題点を指摘し，その原因を具体的な学習活動と結びつけながら話していくことが必要である。

例えば，学級全体で学習のふり返りの場を設定し，数人の子どもの例を示していく。

> ○○君の場合，こういう点がよかったから成果をあげることができたんだね。
> ○○さんの学習がうまくいかなかったのは，こういうところに問題があるんじゃないか。

この例示の中で，成果や問題点にかかわって，学習方法の選択，時間の配分や事前の準備，学習への取り組み方，友達との協力など，具体的な視点を示していくことが大切である。子どもたちは，これらをヒントにして個々の学習をふり返ることができるようになる。

このような教師の例示を踏まえたふり返りから，高学年においては，徐々に子どもが自分自身の力で学習をふり返ることができるようにしていく。その一つの方法として，自己評価カードの活用が考えられる。学習をふり返るための視点を示し，それを自己評価することによって学習をふり返るのである。しかし，このカードを活用したからといってすぐに，適切なふり返りができるようになるわけではない。自己評価の結果をもとに，教師と子どもが話し合いの場をもつことが大切である。

4 フィードフォワードを目指して

低学年から中学年にかけては，「やってみてうまくいかない→なぜうまくいかないのだろう→次にどうしようか」と「フィードバック行動」をとるのが普通である。しかし，そういつまでも失敗を繰り返しているわけにはいかない。高学年においては，「こんなことをしたら，きっとこんなことが生じるに違いない→としたら，予めどんな手を打つべきか，どんな方法を選択するべきか→もしこんな事態になったらどうクリアするか」といった具合に，「フィードフォワード行動」をとることも必要になってくる。

このようにフィードフォワードができるようにするために，発達段階をふまえ，次の三つのふり返りを段階的に行っていくことが重要である。

> ①思うような成果が得られなかった理由を明らかにしていく。
> ②①を踏まえて，次にどのようにすればよいのかを明らかにし，改善案をもとに修正する。
> ③前時の反省を生かして本時に取り組んだか，その修正は効果的であったかを評価する。

学習の結果を分析し，その理由を明らかにしなければ，学習の修正を行うことはできない。そのため，まず，①のふり返りが重要になってくるのである。このようなふり返りができるようになると，具体的な改善案を考えることが可能になる。そこで，本時の反省をふまえ，修正しながら次の学習に取り組んでいく。さらに，その修正が適切であったかどうかをふり返るのである。

このように，三つの段階を踏まえて，ふり返りを行っていくことが，学習をフィードフォワードしていく力につながっていく。

この段階性をふまえ，中学年においては，①のふり返りを重視したい。前述した単位時間のふり返りや教師の例示によるふり返りを生かしながら，結果をもとにした考察ができるようにしていく。

そして，徐々に②③のふり返りへと発展させていくようにする。高学年においては，①②③のふり返りが一連の流れとして自分自身で行えるようにしていく。

(佐藤俊幸)

R 学習のふり返り

Q105　次の学習への見通し

学習をふり返り，次の学習の見通しにどうつなげていくか。

point
1. 学習をふり返ることの価値
2. 学習をふり返る二つの場の保障
3. 実践例
4. 次の活動へ向けるふり返り

1 学習をふり返ることの価値

　学習の節目をとらえ，教師は，思いや願いの実現・解決に向けての活動の過程を子どもにふり返らせる。学習をふり返る場は，子どもの求めるものであったり，子どもの動きを見通した教師が必要に応じて設定するものである。

　子どもたちは，今までの学習をふり返り，仲間とともにやり遂げた満足感や達成感を出しあったり，今後の活動に向けての課題を明らかにしたりする。そのなかで，自分や友達のよさを認めたり，お世話になった方の姿に気づいたりするなど，自分を取り巻く人々への理解を深めていくことになる。

　また，学習をふり返ることは，やり遂げた自分をふり返ることにもつながり，改めて自分を見つめ直すきっかけとなる。そして自分の成長を実感した子どもは，より自分を高めていこうと新たな学習へ動きだすのである。

2 学習をふり返る二つの場の保障

　学習のふり返りとしては，二つの場が考えられる。一つは単元途中に繰り返し行われる「活動を見直す場」。もう一つは単元の終末に位置づけられる「活動をふり返る場」である。これらの学習のふり返りの場が次の学習にどうつながっていくのか，以下に示したい。

(1) 活動を見直す場

　教師は子どもに寄り添いながら，学級の思いや願いに支えられた，子どもの求める活動を保障していく。そして活動の勢いが増してくると，同じ思いや願いをもちながらも，その実現に向けての具体策を探るなかで子どもたちがぶつかりあうことがある。そこで教師は，今後の活動にさらに勢いをつけるため，子どもの葛藤を見通し，自己決定の場を位置づけながら，活動を見直す場を保障することを重視している。この葛藤の末の自己決定の過程で，子どもは，友達とのかかわりの中で，自己を見つめ直したり，活動そのものを見つめ直したりする。そして，葛藤の末の自己決定や活動を繰り返し見直すことで，子どもたちは思いや願いをより強め，その後の活動に拡がりをもたせるのである。

(2) 活動をふり返る場

　活動を見直す場と同様，活動をふり返る場も，子どもの求めるものであったり，子どもの動きを見通した教師が，必要に応じて設定したりする。単元の終末に当たるこの場を保障することで，子どもたちは，さらに活動を拡げていったり，新たな学習の方向を探っていくことになる。

　その具体的な支援の方法として，話し合いや作文，小冊子の製作やポスターセッションなどがある。

　子どもたちは活動をふり返り，仲間とともにやり遂げた満足感や達成感・成就感を確認しあいながら，今後の活動に向けての課題を明らかにする。

3 実践例

　ここでは，地雷撲滅を願って子どもたちが学習を展開した，5年単元「君にとどけたい

しあわせの花」をもとに，活動を見直す場の保障が次の活動にどのようにつながっていったのかを，具体的に述べてみたい。

(1) 活動を見直す場

子どもたちは地雷撲滅に対して，「私たちも何か協力がしたい」という思いや願いをもって活動計画を立てた。そのどれもが地雷に苦しむ人々を思うゆえの考えである。「募金をする」「事実を多くの人に伝えたい」「まず事実を知ることが大切」の3種類。

教師はこれらの活動の中で，募金活動を望む子どもが多いことが気になっていた。それは募金活動を否定するものではなく，興味本位で募金活動に目を向けていないかという危惧である。「まず事実を知ること」「事実を多くの人に伝えること」の大切さなど，教師は，募金活動の意義を問い直す必要性を感じた。ここに，子どもたちの葛藤を見通した教師は，活動を見直すかかわり合いを設定した。

かかわり合いにおいて，教師は，地雷撲滅に携わっている渡辺氏から，「事実を伝えることのできる人」の大切さを聞き取っていた真美を登場させようと考えていた。そうすることで自分たちの活動を足もとから見つめ直すきっかけになると考えたからである。そして真美の発言をきっかけに，子どもたちは，事実を知ってもらったうえで募金が成立し，さらには事実を知らせるためには，自分たちが地雷についての理解を深める必要があると考えた。

こうして活動を見直した子どもたちは，一人ひとりが事実を伝えられる人になることを確認しあい，伝え方を意識しながら活動内容を吟味していった。地雷に対するアンケート調査をする子ども，模型や新聞，雑誌でわかりやすく伝えようとする子どもなど，活動内容は多岐にわたった。

また事実を伝える人になろうと，地雷問題についての公開講座に参加し，さらには市内のデパートでの地雷撲滅キャンペーンへと活動を拡げていった。このように，学習のふり返りから，思いや願いをさらに高めた子どもたちは，教師の見通しを超え，活動を拡げていくのである。

(2) 活動をふり返る場

次に示すのは，単元終末の活動をふり返る，かかわり合い後の子どもの作文である。

「日本の政治は経済？ よくわからないけれど，日本が気づかないなら，私たちが気づかせてあげる」けれど，無理かもしれません。でも，私たちが訴えることで，ちょっとでも多くの人に知ってもらいたいのです。私たちの活動はこれからも続きます。

子どもたちは，これまでの活動をとおして，地雷問題の根深さに気づき，自分たちができることを考えながら，これからも活動を続けていきたいと考えている。ここでのふり返りは，東京で開催された「地雷問題を考えるキッズフォーラム」への参加や，「地雷の問題を世界の人にも伝えたい」と使命感を高め，ホームページ作りへと発展していった。そしてこの意識は，6年生での継続実践へとつながっていくのである。

4 次の活動へ向けるふり返り

子どもたちは学習をふり返るなかで，自分とともに活動した仲間のよさを認めながら，活動をやり遂げた自分をふり返ることになる。自分を見つめ直し，成長を実感した子どもは，活動を拡げながら，自分を高めていこうと，新たな学習へと動き出すのである。

(吉田祐示)

S 学習のまとめ

Q106　学習のまとめとその方法

学習のまとめの価値づけ，意味づけにはどのような方法があるか。

point
1. 学習のまとめの意義
2. グループによる学習のまとめ
3. 個人でまとめて発表する
4. 個人で作品にまとめる

1 学習のまとめの意義

　総合的な学習では，体験的学習が中心となってくる。そこで注意したいことは，「体験のしっぱなし」にならないようにすることである。

　体験的学習では，体験それ自体に意味があるとして，体験すればそれで学習は終わりとすることが多い。しかしそれでは，体験したことが十分に生かされているとは言えない。

　体験で得たことを生かしていくためには，学習のまとめを行い，体験したことを「価値づけ，意味づけ」していくことが必要になってくる。

　学習のまとめをすることによって，子どもは自分の学習の軌跡をふり返り，自分の取り組みを評価していくことができる。また，体験をとおして自分の見方・考え方がどのように変わったのかなど，自分自身を見つめていくことができる。

　学習のまとめを行うためには，活動のあとで学習のまとめをすることを，事前に子どもに伝えておく必要がある。体験的学習が終わったあとで，学習をまとめをすることを伝えても，すでに体験的学習が終わってしまっているのであるから，十分なまとめをすることはできない。

　事前に子どもたちに学習のまとめについて伝える際には，まとめを個人で行うのか，グループで行うのか，まとめの形式はどうか等を伝え，イメージがもてるようにしたい。

2 グループによる学習のまとめ

　学習のまとめをグループで行う場合について考えてみたい。

　グループによる学習のまとめでは，作品にまとめて終わりとするよりも，まとめたことを他の友達に聞いてもらう発表会を開く場合が多い。

　発表会を開く場合，従来は，一つのグループの発表をみんなで聞くという形式のものが多かった。それも意味はあるのだが，それぞれのグループが違うテーマで追究している場合には，とくに子どもたちの関心を持続させるのは難しい。

　そこで最近では，発想を変え，複数の発表を同時進行のかたちで行う発表会が増えている。ポスターセッション，パビリオン，ワークショップなど，発表方法の違いによって様々な名称が付けられているが，どれもねらうところは同じである。総称して，ここではセッション学習としておく。

　セッション学習を行う会場は，体育館や図書室などの広い場所が望ましい。広い場所が確保できない場合は，自分たちの教室のほか，空き教室や廊下などを使って，複数の会場で行うということも考えられる。

　セッションは2回に分けて行う。グループを二つに分け，半分の子どもは，1回目は自分たちの発表をし，残りの半分の子どもは友達の発表を聞きにいく。2回目は，それぞれの役割を交代する。

そうすれば，1時間の授業の間に，すべての子どもが，自分たちの発表もできるし，友達の発表を聞くこともできることになる。

　子どもたちは，自分が聞きたい発表を自由に選んで聞くことになる。グループの発表時間は3分程度とする。そうすることによって，時間内により多くのグループの発表を聞くことができるわけである。

　発表をとおして，自己評価・相互評価を行うことも考えられる。例えば，次のような観点を示し，3段階で評価するという方法もある。

○自己評価の観点
　・大きな声で発表できましたか。
　・友達と力を合わせて発表できましたか。
　・友達は，しっかり聞いてくれましたか。
　・楽しく発表できましたか。
○相互評価の観点
　・声の大きさは，よかったですか。
　・友達と力を合わせて発表していましたか。
　・発表は，よくわかりましたか。

　その他に，自由記述の欄を設け，自分たちが頑張ったことや工夫したこと，友達の発表で気がついたことを書くようにすることも考えられる。

　そしてしだいに，自分自身で自己評価・相互評価をしていくことができるようにしていきたい。

3　個人でまとめて発表する

　個人研究のまとめの発表会を開くとなると，発表者の数がグループのときよりもはるかに多くなるので，発表会の形式は自ずとセッション学習のかたちをとることが多い。

　学年や複数学年（例えば5年生と6年生）で取り組んだりすれば，校内をかなり自由に使うことが可能である。教室をはじめ，廊下，特別教室，体育館，校庭などから，発表内容に合わせて子ども自身が選ぶことができる。

　個人の発表となると，誰が，どこで，どのような発表をしているのかがわかるようにしなければならない。テーマと発表場所の一覧が必要になる。

　発表方法を工夫したり，自己評価・相互評価をうながしたりするのは，グループによる発表と同じである。自分の学習成果を友達に聞いてもらい，それを友達が認めて評価してくれることは，子どもにとって大きな自信となる。また，発表を聞く側も，友達の発表から刺激を受けるよい機会となる。

4　個人で作品にまとめる

　個人で学習のまとめをするときには，学習の過程に沿って作られていく記録や作品等を必要か必要でないかに関係なく，集められるものは積極的に集めて保管しておくようにする。学習の様々な記録を集めておくことによって，事後の学習のまとめは豊かなものになる。

　学習のまとめの一つに，研究論文集を作るという方法がある。

　その際，次のようなことに留意する。

○一人ひとりの書く分量や出来上がりのレイアウトを知らせる（資料を貼るスペースを作ったりするとよい）。
○基本的なプロットをおおまかに示す。例えば，次のようなプロットが考えられる。
　①テーマを選んだ理由・動機
　②活動の主な内容
　③活動の成果。活動のまとめ・反省
　④発表会の工夫。終わっての感想
　⑤全体をとおしての感想。自分の成長

　友達の論文と比較しながら自分の論文を読んでいくことができるし，記録として長く残ることになる。

（田中　力）

S　学習のまとめ

Q107　情報の整理と事後の学習への意味づけ

> **point**
> 1　次の活動に生かしたり，教科の学習に生かしたりする
> 2　テーマ活動から生まれる課題
> 3　課題を生かす
> 4　次の活動や，教科の内容にも生かす

学習場面で出てきた情報をどう整理し，事後の学習に意味づけるか。

1　次の活動に生かしたり，教科の学習に生かしたりする

総合的な学習の時間（筑波大学附属小学校では「総合活動」として長年の実践が続いている）の活動は，子どもの意思によって，子どもの興味・関心に基づく活動となって，その追究の過程が尊ばれる。

この活動は，追究の過程そのものが目的になっているので，何かをやった結果が役に立つものでなければならないということはないのである。

しかし，その過程では，子どもにとって様々な問題や，次への課題が生まれてくることも事実である。

総合活動によって生まれる次への課題や多くの情報については，全員で取り組む次のテーマや，個々が取り組むそれぞれの次なるテーマに影響したり，教科の学習に生きることになる。

2　テーマ活動から生まれる課題

3年生が試みた活動の例をあげてみよう。

クラスの枠を取り払って，いくつかのテーマに従った活動である。これまで一緒のクラスになったこともない者同士が一緒になっての活動である。

「荒川線の旅」「知恵の板作り」「絵手紙作り」「コンピュータで絵本を作る」などといったいくつかのテーマに，クラスの枠を取り外して参加し，追究するという活動である。

「荒川線の旅」というのは，学校の近所を走る路面電車の沿線の駅周辺の町に，どんなものがあるかを実際に調べてまわるという活動である。「調べる」という活動の要素が中心である。

「知恵の板作り」とは，算数の授業にも関係する図形遊びを，自らの創作玩具として作りだすものである。「創作する」という活動の要素が中心になる。

「絵手紙作り」は，自作の絵手紙を作成し，それを知人に発送するという活動である。「作る」「コミュニケーションする」という活動が中心になる。

「コンピュータで絵本を作る」というのは，まさしくコンピュータを使った創作絵本作りである。これも「創作する」という活動が中心になる。

これらの活動を学年を担当する教員が指導者になり，異なるクラスの子どもが一緒のグループになってテーマを追究する。

この活動の中で，それぞれの追究の中に様々な課題が登場する。

例えば，「知恵の板作り」の活動を取り上げるならば，その活動の中では，子どもが夢中になって，新しい「知恵の板」を作ることが中心であった。

もちろん，はじめのうちは既存の「知恵の板」を知ることから始まる。タングラムのような最も普及しているものを紹介することによって，それを作って遊ぶことから始まる。

次に，自分でも工夫した「知恵の板」を作

ってみたいという欲求から，自作の「知恵の板」が登場する。それを見た，他の子どもたちも真似して，どんどん作りだす。

自分で作った「知恵の板」を他の子どもたちに試してみたくなり，他の子どもにやってもらう場がつくられる。

さらに，そんな「知恵の板」ってどうして作られたのだろうか，いつごろからあるのだろうかという歴史的なことに興味をもつ子どもも登場する。

また，「デパートの玩具売り場にこんなものがありました」といって，なかなか面白い「知恵の板」を買い求めてくる子もいて，いままでにどんな「知恵の板」が作られていたのだろうか，という疑問ももたれるようになる。

こうなると，子どもたちの興味・関心は幅広い方向に広がっていく。

これの解決には，図書館に行って本を調べることもあるし，玩具屋さんに質問にいくという活動ともなっていく。

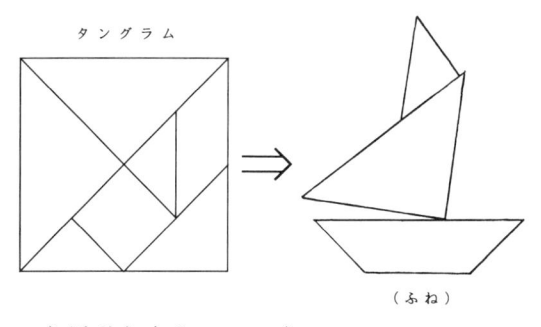

3　課題を生かす

このように，子どもの欲求が生まれてくると，これを整理することによって，次の課題が明確になり，中心となる活動の要素も変わってくる。

「創作する」という活動から，「調べる」「コミュニケーションする」という活動の要素に変化していく。

- 昔の「知恵の板」にはどんなものがあったのか。
- いつごろから「知恵の板」があったのか。
- 他にはどんな「知恵の板」があるのか。
- 既存の「知恵の板」の切り方に秘密があるのか。
- 既存の「タングラム」の面白さは何か。
- もっと面白い自作の「知恵の板」を作ってみたい。
- もっと面白い自作の「知恵の板」のシルエットを作ってみたい。
- 自作の「知恵の板」を他の人にやってもらおう。
- やってもらったら感想を聞いていこう。

こんな，課題が整理されると，互いにこれを見せ合って，自分の課題でないものを追究してみようという気持ちも生まれる。

あるいは何人かで，興味の重なる者同士が一緒に追究するということにもなっていく。

4　次の活動や，教科の内容にも生かす

このような課題ができると，次のテーマの活動に，この課題の中から新しいグループの問題として取り組んだり，「算数」の授業の中にこの問題を取り上げることもできることになる。

教科としての算数の授業の中では，「総合活動のグループでこんな『知恵の板』を作った人がいました。これをみんなで解いてみましょう」ということから始まって，図形の感覚を磨くという算数科へとつながり，それが目標をもって全員の追究問題となっていく。

(坪田耕三)

Ⅶ 表現

Q108　プレゼンテーション能力の育成

> **point**
> 1　プレゼンテーションの場の設定
> 2　相手の立場に立ったプレゼンテーション
> 3　プレゼンテーションする場での必要な能力

プレゼンテーション能力の育成をどう図るか。

1　プレゼンテーションの場の設定

ここでのプレゼンテーションとは，ある一定の時間で，自分の意見をみんなの前で発表する行為とする。

では，その能力の育成をどう図るかとなると，当然，プレゼンテーションの機会をどれだけ多く総合的な学習の時間の中に盛り込んでいけるかにかかっている。プレゼンテーションはその場の状況に応じて，方法を選ばなくてはならない。様々な状況設定の中で，子どもたちがプレゼンテーションとはいかなるものか。プレゼンテーションに必要なものは何なのかを肌で実感することになる。

しかし，機会をできるだけ多く盛り込むだけでは，よりよいプレゼンテーション能力は育成されない。当然自らが，これをプレゼンテーションしたいという欲求にかられなければ，能力の育成を図ることができない。そういった欲求にかられるような動機づけがなされることはもちろん必要なことである。動機づけをうまくなされるような，場の質も問われるところである。動機づけがうまくなされれば，子どもたちは，それに向かって様々な活動をする中で，技術的な能力をも身につけていくことになる。

また，本番までにリハーサルする場の設定も必要となってこよう。様々な機器を組み合わせながらプレゼンテーションをすることになっていけば，なおさら，誰がどんな役割でプレゼンテーションを行っていくのか確認する必要が出てくる。そして，リハーサルをすることで，初歩的なミスを事前に解消できるメリットもある。例えば，機器は設置したものの，実際には使えなかったということはしばしばあることである。また，本番の不安が少しばかり解消され，そのぶん本番ではプレゼンテーションに集中できる。

2　相手の立場に立ったプレゼンテーション

さらに，日々の指導も大切になってくる。プレゼンテーションは相手が受け入れてくれなければ成立しない。いかに自分が知らせたいことを相手が聞き入ったり，見入ったりしてくれるかで，プレゼンテーションが成功したか失敗したかの判断の基準になる。自分の意見の一方的な押し付けでは，誰も相手にしてくれない。そのためには，相手の立場に立ってのプレゼンテーションでなければならない。相手の立場に立つということは，教育課程全般にかかわってくることである。けんかをした子どもがいて，当事者で解決できないでいた場合，やはり，教師が間に入って，お互いの気持ちを聞き合わせ，相手の立場に立たせて，解決の糸口を見出そうとするのは日常茶飯事である。このような，日々の教師の取り組みが，ひいては，相手の立場に立ってプレゼンテーションできる能力となる。

3　プレゼンテーションする場での必要な能力

では，具体的にプレゼンテーションする場

において、どのような能力にどう配慮すればいいのであろうか。

　例えば、声の出し方に気を配っていこうとしているかということである。さらに、気を配るだけではなく、実際にそのとおりに発声できる能力が必要である。あまりに早口であったり、小さな声であったり、抑揚のないしゃべり方であったりすると、聞き手には耐えがたいものになってくる。リハーサル時に、そのときの音声を録音する。そして、後で聞かせてみせ、その子どもに実情をフィードバックすることで、自分の声の出し方について気づいていくことになる。

　さらに、ボディーランゲージや視線などの非音声メッセージにどけだけ意識をもっているか、また、それをどれだけ行動に移せるかという能力である。プレゼンターの影響度として、音声や内容以上に身体が大きなパーセンテージを占めることはよく言われることである。となると、視覚に訴える部分が非常に大きいことになる。つまり、ボディーランゲージも非常に大切な表現の力となってくる。しぐさなどが相手にどう受けとめられるか、これなども声と同様、映像としてビデオ化するなどして、フィードバックさせることで、本人が気づくところは大いにあるはずである。

　また、プレゼンテーションツールとしての機器を使いこなす能力も必要となってこよう。例えば、校外学習に出かけ、学校に帰ってきて、すぐに何を見つけてきたのかグループごとに発表の場をもったりする。それを口頭で長時間説明するより、デジタルカメラで1枚の写真を見せたほうがわかりやすい。そんな場合にすぐに使えるよう、撮影方法・データの消去方法（撮影した中にプレゼンテーションでは使えそうにないものも入ってくるため）など操作方法を指導しておく。

　さらに、OHCもデジタルカメラ同様、視覚に訴えるには非常に役立つ機能となる。校外学習で得た多くの資料、そのままでは、発表するにしても文字や写真も小さくて非常に見にくい。それをみんなに見えるかたちにしてくれる。見せたいところだけを更に拡大してくれるので、相手にもインパクトを与えてくれるし、わかりやすくもしてくれる。これも、拡大方法や、ピントの合わせ方を指導しておくとよい。

　OHPも、シートを少しずつ見えるようにスクロールしていったり、シートを重ね合わせていったり、また、見えないようにして覆ったものを、発表する順序に従ってはずしていきながら提示したり、逆に見えないように部分を覆ったりと、様々な動きをつけながら提示することができる。その、動きの工夫や、色をつけることで視覚に訴えたりすることなどを予め指導しておけばよい。

　コンピュータのプレゼンテーション用ソフトを使って、提示する方法も重要となってこよう。子ども用に簡単に操作できるよう様々なソフトが出回っているので、その活用方法を指導しておけばよい。

　また、事前ではあるが、拡大機を使って、A4サイズなど小さめの資料を模造紙大の要旨に拡大することもできる。それを張り出して、書き込んでいったり、図示したりするのである。これは、小さな用紙に必要なことがらを書き上げて、それを拡大していくよりも、かなりの作業時間が短縮されて便利である。

　街角などでインタビューしたものをカセットテープやビデオに収め、それらをプレゼンテーションすることも考えられる。そういったときも、事前に使用方法についての指導が大切になってくる。

　　　　　　　　　　　　　（中西　治）

T 表現

Q109 地域や保護者への発表

point
1 地域や保護者の学校参加
2 単元学習への位置づけ
3 保護者への発表の事例

地域や保護者に対する発表の留意点は何か。

1 地域や保護者の学校参加

今日の地域や保護者の学校への意識は、あまり深いものとは言えなくなってきている。かつては、地域の中心的な存在の一つであった学校もその性格を失いつつあるのが現状である。

保護者が、学校に参加すると言えば、運動会や音楽会などの全校的なイベントと参観日、懇談会などがあげられよう。地域の人が学校に参加すると言えば、上記のようなイベントに招いたり、講師として招聘したりするくらいのことであろう。

これらの実態を考えたときに、保護者や地域の人が学校に来るための手立てが必要となってくる。まず保護者に関してであるが、本校では、保護者が学校にくる機会を多く設けている。参観や懇談、イベントへの参加はもちろん、日常の学習の中で、場合によっては支援者として参加していただくのである。例えば、選択的な活動を行うときに、保護者の趣味や特技を生かした指導をしていただいたり、校外学習の行き先が違う際に引率をしていただいたりするのである。保護者は協力的であり、いわゆる「よそ行き」ではなく、「普段着」で学校に参加している。

学習の必要に応じて、そのつど、保護者に呼びかけるのであるが、概ね保護者は協力的であり、学校の呼びかけには都合のつく方は参加してくださっている。実は、この保護者の構えが重要である。いつもよそ行きでお客さんのような参加をするのではなく、学校の教育の一部に参加することで、柔らかい態度で学校に参加することができるのである。

保護者が学校に多く参加することで、子どもたちの学習活動を見る目が保護者にできてくる。子どもたちのふだんの姿から学習活動の中の意図が読み取れるようになってくるのである。

地域の人については、大きなイベントの際に、自治会を通じて呼びかけたり、育友会（PTA組織）が企画した行事への参加を呼びかけたりしている。多数とはいえないが、参加してくださる方も徐々に増えつつある。

学校として、保護者参加に関して受け身的な立場から、積極的な立場への転換をすることが大切であると考える。

2 単元学習への位置づけ

本校では、すべての学習を単元学習として行っている。主題－経験－表現として大きな三つのまとまりで単元を考えているが、その表現の場として、発表会を行うことが多い。

発表は、劇表現であったり、プレゼンテーションであったり、その他様々なかたちがある。それらの多くは、クラス内、学年、場合によっては、他学年を対象にして発表することが多い。そのなかで、保護者を招いて表現するということがある。

例えば、ふれあいフェスティバルで、単元のまとめとして、模造紙にまとめたことを展示したり、ステージで劇表現をする場合もあ

る。

　それらのものは，完成させたものを見せるものである。ふれあいフェスティバルには，地域の人々も招き，楽しみに見に来てくださる人もいる。

　このように単元学習の中で，保護者，地域の方々への発表を計画段階から位置づけ，取り組んでいる。

　子どもたちも，発表の対象が，保護者や地域の人になることで，ふだんとは違う意識で発表に取り組むことができるのである。

　このような発表を，年間数回行うことで，保護者や地域の人も学校に来やすくなるし，発表する側の子どもたちもよい意味で緊張が解けて，発表しやすくなる。

3　保護者への発表の事例

　ここでは，第6学年の卒業に向けた学習の中で行われた「卒業表現発表会」のことを例にあげて，保護者への発表について述べたい。

　「卒業表現発表会」は，6年生の単元「卒業するわたしたち」の一活動である。その内容は，まず，子どもたちで実行プロジェクトを組み，そのプロジェクトで大まかな計画を立てる。卒業に向けて，保護者や教師に対する感謝の意を表すという謝恩会として，また，自分たちの6年間の集大成としての表現をする場として企画される。

　そして，各クラスで，劇，歌，その他，自分たちなりの卒業表現をクラスごとに考え，準備し，当日を迎える。

　構成は，「第1部　子どもたちで楽しむ部」，「第2部　保護者を招く部」，「第3部　教官を招く部」の三部構成である。

　保護者が参加するのは，二部から以降である。まず保護者とともに昼食会を開き，その後，自分たちが準備してきた卒業表現を，保護者，教師に披露するのである。

　企画段階で，保護者への感謝の表し方ということを，子どもたち同士で話し合い，かたちにしていった。

　発表したのは，合唱，合奏などの音楽的な表現であったが，卒業に向けての自分たちの決意を表す意識が汲み取れるものであった。保護者の招待に際しても，招待状を用意するなどの工夫が見られた。保護者も子どもたちの姿に満足していた。このように，企画段階から，保護者への発表を意識して単元が流れる場合もある。

　保護者への発表で大切なことは，子どもたちのそれに向けての意識と，活動の中で，保護者への発表という表現が自然に位置づいていることである。

　このことに留意することで，保護者への発表が，子どもたちの学習にとって，有意義なものになるのである。

　　　　　　　　　　　　　　（藤井鉄也）

T　表現

Q110　グループ間の交流

発表会のときにグループ間の交流をどう図るか。

point
1　発表会の位置づけ
2　交流を図る場作り
3　事例の中から

1　発表会の位置づけ

　単元のどの時期に，どのようなかたちで，また，どのような規模で行うかによって発表会そのものの性格がずいぶんと違ってくる。学習発表会のような全校的な行事としての発表会から，クラスで何人かの友達を相手にする発表会といったものもあれば，学習の途中で経過を報告するような発表会も，その一つになる。

　発表会は，いろいろな形態で行うことが可能であるが，発表する側の子どもにとっては，相手にどうすれば自分の考えや思いがうまく伝わるのかということを学ぶ場の一つである。それが，うまく発表させるために教師が型をつくり，そこへはめこんでしまう傾向が強い。そして，その発表会の場が大きくなればなるほどその傾向は強くなり，学校行事として行われる全体的な学習発表会では，教師が考えたとおりに子どもが動くだけになっていることが多い。

　発表会というものが，子どもたちが自分たちの考えや思いを相手に伝える方法を学ぶ場と考え，教師が型をつくるのではなく，子どもが主体となり，子どもとともにつくれるような場にすることが大切になってくる。

2　交流を図る場作り

　どういう関係の中で交流を図るかを考えたときに，子どもと子どもの関係の場合と，教師と子どもの関係の場合がある。どちらの場合においても，教師のほうから意図をもって場をつくらなければ交流を図ることはできない。そういう関係の中の一つにグループでの交流があるのだが，グループの単位も活動や内容によっていろいろな形態が考えられる。

　例えば，課題別に調査活動をしてきたことをグループごとにまとめ，それを全体の場でまとめとして発表するようなかたちである。しかし，この場合，グループ間で交流するとは言いながら，どうしてもグループと個人になってしまいがちではあり，グループの発表を聞くだけになってしまうことが多い。

　そういうことを避けるために，発表会での発表の形態を画一化せずに，子どもの学びに応じたかたちをとることが大切になってくる。また，中間発表会を設けて，子ども同士で自分たちの発表を確認することも重要になる。

　さらに，中間発表会や発表会でのグループの交流を活発にするために，アドバイスカードを準備したり，グループの発表をすべて見てまわれるようなタイムテーブルを組んだりすることも必要であろう。

　発表会の中で，できるかぎり子ども同士のかかわりを増やしたり，子どもの学びが深まっていくことが期待できるような手だてを考え，グループでの交流を図る形態を構成することが支援者には求められる。

3　事例の中から

・事例1

　「スポーツギネスに挑戦 IN スポフェス」という単元では，記録に挑戦するような種目

を考え，スポーツフェスティバルという発表会の中で，保護者や低学年の子どもたちに挑戦してもらうということを行った。そのなかで，グループ間の交流の活性化を図るために中間発表会の場を設定した。これにより，当日にはできないほかのスポーツギネスに挑戦する機会ができるとともに，それらの面白さの秘訣や工夫，運営の方法などを学ぶことができた。また，より多くの友達から，自分たちのスポーツギネスについてアドバイスをしてもらうことも可能になった。その際，記録証やアンケートを工夫することで，スポーツギネスのルールや運営，コースなどの修正・付加を図りやすくした。

中間発表会で子どもたちは楽しみながら，アドバイスや感想を言いあい，当日に向けてよりよい種目をつくっていこうという意欲的な様子が見られた。例えば，次のようなやりとりがある。

（「待ち時間が長いから，何か工夫をしてほしい」というアドバイスを受けて）
1 C_1：練習時間をもっと短くしたら？
2 C_2：待ち時間が長いのが……。
3 C_1：練習時間を短くしよう。
4 C_2：練習なしにしたらええ。
5 C_3：練習なしはあかん。
6 C_4：誰かがボールをもっといて客に渡してやったらいい。ボールをわざわざ取りに行くから時間がかかるんや。
7 C_1：時間じゃなくてボールの数で記録とる？
8 C_2：ぼくは時間のほうがいいと思う。
9 C_5：2か所で練習したら二つ同時に本番できる。

この活動において支援者は，グループ間の交流が図りやすいように，アドバイスカードを準備させ，タイムテーブルを組んで相互に交流ができるような場をつくることを考えた。アドバイスカードに書かれたアドバイスをもとに，子どもたち同士の交流の中で，自分たちの種目の改善点を見つけることができた一例である。

・事例2

「るるむYOU附小フェニックス計画」という単元では，ゴミ処理の過程や処理の現状を知り，資源回収の現状を調べたり，制作活動も交えたりしながら，資源の再利用を考えるということを行った。そのまとめとして，学習の最後に発表会をもった。

発表会での発表のかたちも一つに絞らず，再利用品の展示や体験コーナー，まとめの壁新聞など子どもの学習の成果に応じたかたちをとった。さらに，「スポーツギネスに挑戦INスポフェス」のときと同じように中間発表会をもち，自分たちが発表しようとしていることが伝わっているかということをアドバイスカードを利用して確認しあった。

中間発表会でのアドバイスが生きたものになっていることは，学習後のふり返りで「中間発表会のときにもらったアドバイスのおかげで作品の説明をプリントにして配ったらみんなが喜んでくれた」とか，「体験コーナーの場所を増やしたほうがいいと言われたので，そうしたらたくさんの人にやってもらえた」などの感想からも明らかであろう。子どもたち同士のかかわりの中で高まりあっている姿が見られる発表会こそ，意義あるものであるからだ。

（大西洋史）

〈参考文献〉
明石校園カリキュラム開発センター　研究紀要　vol.1 No.1.
神戸大学発達科学部附属明石小学校　研究紀要　38

Ⅰ 表現

Q111　学習成果の交流の方法

point
1　交流の必要感と時期
2　交流の方法

　仲間との学習成果の交流の方法にはどのようなものがあるか。

1　交流の必要感と時期

　「総合的な学習の時間」の指導にあたっては，交流の方法を検討する前提として，次の２点について考えておきたい。なぜならばそれらは学習成果の交流の方法を規定するからである。

> ①学習者が交流に必要感を感じているか
> ②交流が学習活動のどの段階でどのような目的で行われるものか

　学習者に成果を交流したいという思いがなければ，どんなに交流方法を工夫しても子どもにとって「やらされる」受け身の活動となってしまうことが多い。子どもが必要感をもって取り組めば，交流内容はもとより方法についても考え，よりよく交流するために動き出すだろう。子どもたちの「生きる力」を大切にする総合的な学習の時間だからこそ，この点を大切にしたい。

　また，子どもの必要感を前提としながら交流の時期と目的を押さえておきたい。学習の成果というと，活動の最終段階でのみ問題となりそうだが，学習のその時点その時点の到達点が成果であると考えれば，成果の交流は活動の様々な時点で考えられるだろう。

　活動のはじめの時期では，活動に対する問題意識や活動を展開していくための見通しなどが交流されることになるだろう。

　また，ある程度活動が進んでから行う交流活動は，活動を展開させる際に問題となることがらをどう解決するかの情報交換であったり，活動の進め方を確認するための交流であったりするだろう。

　これらの活動の時期と目的に応じて交流方法を選択することが必要である。

2　交流の方法

　総合的な学習の時間の学習成果の交流方法は教科学習の中でこれまで用いられてきたものを利用することが可能である。以下，最近の総合的な学習の時間の実践の中で用いられてきたものを発表会型，作品展型，体験型の三つに分類して紹介する。

〈発表型〉

　学習成果の発表会を設定し，何らかのかたちで発表し，それに対して質疑応答等の交流を行うものである。活動の初期の段階から終末の段階まで用いることができる。

●発表会

　もっともオーソドックスな交流活動である。最近は発表の方法に工夫が凝らされて，ただ話すだけでなく視覚・聴覚に訴える資料を示しながらの発表も増えている。コンピュータを使ったプレゼンテーションなども用いられることもある。そして，発表会参加者も，学級の仲間だけでなく学校の他学級の児童・生徒や保護者，地域の方など様々である。表現対象に合わせて，発表の方法を検討することが重要である。

●ポスターセッション

近年多く取り組まれている活動である。発表の内容を1枚のポスターにまとめ，ポスターの前に立ち，提案を説明するものである。発表会と異なるのは，発表が同一会場の中で同時並行的に行われ，発表者は自分のペースで発表を続けるが，聞く側は発表者を選択してまわっていく点にある（セッションの持ち方にはバリエーションも多い）。発表会に比べ，聞き手との距離が短いため，発表会よりも個別的な交流が期待できる。

● 討論会

学習の成果を論題のかたちに合わせて提起して参加者と討論を行うことによって交流をする。学習成果が問題提起的な場合や，価値観を問うようなものに適している。

● ディベート

交流活動の性格としては討論会と同様であるが，ルールがありゲーム性が高い。これを用いるためにはディベートのルール等に習熟する必要があるだろう。

〈作品展型〉

発表型が対面コミュニケーションであったのに対して，作品展型は作品を介しての交流となる。学習成果が作品のかたちになる場合に用いられる。学習の終末段階に用いられることが多い。

● ○○館，展覧会

学習成果について博物館や美術館，資料館を構成し，その展示物を介して学習成果を交流することができる。実際の博物館等を見学してその構成を知ることによって，活動が発展する。展示だけでなく展示の説明やパンフレット等で交流の糸口を作ることができる。

● ホームページ

学習の成果をインターネット上にホームページのかたちにして表現する。学習成果は，文字，音声，静止画・動画等を統合して表現できる。ただし交流はEメール等を用いた間接的なものとなるが，広く交流対象を求めることができる。

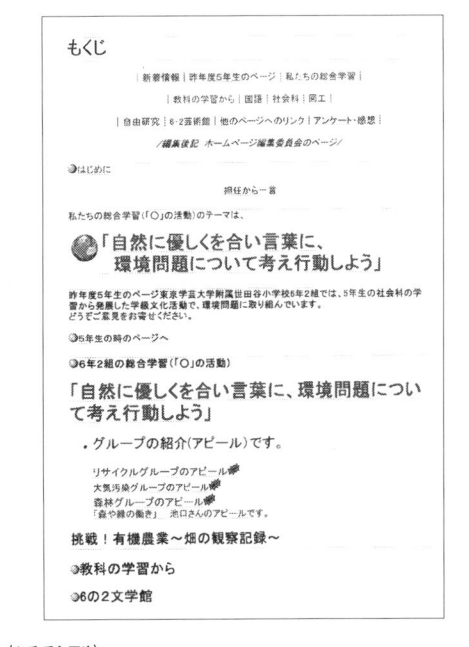

〈活動型〉

学習の中で学んだことを集約的に表現できる体験活動を選んで，それを実際に体験してもらうことにより学習成果を交流しようというものである。対象により活動の初期段階から終末まで様々な場面で用いることができる。

● ○○体験会

車椅子体験やボランティアなど，日常では体験することが少ないような体験活動を行い，それを基に懇談を行ったりして交流する。

（鎌田和宏）

T 表現

Q112 発表形態の工夫

児童に飽きのこない発表形態の工夫としてどんなことがあるか。

point
1 児童のしたい発表になっているか
2 発表を固定的にとらえない
3 発表をどこに設定していくのか
4 発表についての実践例

1 児童のしたい発表になっているか

総合的な学習を進めていくとき、発表はその学習の成果を自分自身で確認したり、他の人に示したりするという意味で欠かすことができない。ただ、この発表がどうしてもおとなが押しつけた見栄え重視のものになりがちとなる。それは、発表が学級（学年）の枠を越えた人々を対象とすることが多いことに起因するのではないか。

たしかに、学校の特色とかかわりが大きい総合的な学習の発表となると、その学校の教育活動の一つの成果としてとらえられるので、見栄えのあるものにしていくことは大切なことではある。しかし、その見栄えを教師が気にするあまり、発表に対する児童の意識が「教師の指示を待とう」というものになってしまっては、いわゆる「生きる力」を育てるために作られた総合的な学習が、かえってその目的を失ってしまうことになる。

表題にある「児童に飽きのこない発表」というものの大前提には「児童が自ら発表に対して前向きに取り組んでいる（見栄えの面も含めて）」ということがあり、その基盤には「児童が心から『やってみたい』と考えている発表」ということがあることを教師は忘れてはならない。

2 発表を固定的にとらえない

発表というと、どうしても研究発表のような口頭発表や紙上発表と考えがちとなる。しかし、そのように固定的に考える必要はない。

肝心なのは、児童がやってみたいと思い、総合的な学習の成果を児童自らが省みることができ、他の人にも成果がわかるという目的を達成することなのである。そして、おとなが見栄えよりも児童の活動の成長そのものを評価できるようになることである。さらに、発表を創り出していくなかにも多くの学びがあることを考えれば（例えば、プレゼンテーションソフトによる発表であれば、パソコンの操作を学ばなければならない）、発表のパターンはその形態にこだわることなく、様々なものが考えられるのである。例えば、

- ホームページ作り
- プレゼンテーションソフトによる発表
- 劇
- 本作り
- 学習成果をもとにしたお店
- 育てたものを食べるパーティ

等々である。

こうした、発表形態をときには児童と共に創り出していったり、ときには教師が児童に発表例を提示し児童が選択するようにしたりしていくのである。

一般に児童は保守的で自分たちの経験したものを好む傾向にある。学校内で様々な発表形態を見たり経験したりすることができるのであるのならば、そう問題はないだろう。しかし、そうでないのなら、様々な発表形態を教師が提示したい。たしかに同じ形態を深めていくことも一つの学習ではあるが、いろい

ろな経験を積み重ねることが大切とされる小学校では、できれば多様な発表形態を児童が経験できるようにしていく必要があろう。

また、上記のような発表を学級（学年）として統一して取り組むだけではなく、児童一人ひとりが選んでいくということも考えられる。こうしたことは、発表するほうも、発表を見るほうも飽きがこないものとなっていく。

3　発表をどこに設定していくのか

総合的な学習を進めていく中で、発表をどこに位置づけていくのかはその活動の特色と大きくかかわってくる。

(1) 初めから発表に向かっていくもの

劇、ミュージカルといった活動がこのようなものといえよう。このようなものは、総合的な学習が学級（学年）で立ち上がったときから、発表が意識されているものなので児童も目的意識をもちやすい。教師は中間発表やビデオによる発表を児童と相談しながら設定し、児童の発表に向けての意識をとぎれないようにしていくことが必要になる。

(2) 活動の中から発表が生まれてくるもの

総合的な学習の流れをどのようにつくっていくのかは、学校（学級）によって様々な考え方があろうが、「自ら課題を見つけ、自ら学び、自ら考え、主体的に判断し…」[1]という「生きる力」を考えたときには、流れそのものも児童と共に創り出していくことが妥当といえる。

このように考えると、総合的な学習を学級（学年）で立ち上げたときには大まかな道筋を教師がもちながらも、発表はいつどのように行うのかを児童と共に創り出していくことが考えられる。このようなときには、教師は総合プロデューサーのような働きをしなければならない。つまり、子どもの興味・関心を前面に出しながらも学校や地域の特色、児童の実態に照らし合わせ、どんな発表形態があるかを児童と相談し、より価値のある発表を児童と共に作り上げていくことが大切となる。

4　発表についての実践例

(1) リサイクルショップ（4年）

1年間を通して、ケナフを栽培したり、紙すきをしたりして、環境について考えてきた成果として、リサイクルによる手作り商品を売り出す「リサイクルショップ」を催すことにした。このお店では、お金はペットボトルや空き缶である。つまりこのお店によって集められたものをさらにリサイクルに回していこうという考えなのである。

この活動は校庭で行われ、全校の児童・保護者を対象になされた。中休みや昼休みは多くのお客さんでにぎわっていた。

(2) ホームページ作り（4年）

外国の人を招いてきた総合的な学習や、自分たちの1年間の学級での生活のまとめとして、それらのことを載せるホームページを作ることにした。ホームページの掲載内容が学級で話し合われ、その項目ごとにグループを作り、それぞれのグループがデジタルカメラやパソコンを駆使して楽しいホームページを作っていった。そして、できあがったホームページは校内で公開された。

（中野博之）

〈参考文献〉
(1)小学校学習指導要領「第1章　総則」（文部省）

Ⅱ 活動場面での配慮

Q113　興味・関心に応じた校外活動の保障

point
1　子どもの興味・関心
2　興味・関心への対応
3　校外活動の計画
4　活動中の配慮事項

　子ども一人ひとりの興味・関心に応じた校外活動をどう保障するか。

1　子どもの興味・関心

　総合的な学習の時間の活動例として「子どもの興味・関心に基づく課題」について学校の実態に応じた学習活動が示されている。子どもの興味・関心を出発点として教科の枠を越えた総合的な学習活動が形成され展開されることを期待しているのである。

　これまでの教科，道徳，特別活動では，はじめに内容ありきで，子どもたちが学習すべき内容が学習指導要領によって規定されていた。教師はその内容を教材化して子どもたちに提示する際に，子どもたちの興味・関心を引き立てることを考慮し工夫を凝らしてきた。

　しかし，総合的な学習の時間では，子どもたちの興味・関心のある内容から学習活動を形成・発展させることが可能なのである。この時間では教科，道徳，特別活動と違って内容は各学校が選択するのである。教師が内容を選択するだけでなく，子どもたちが自分の興味・関心に応じた内容で学習することができるのである。

　したがって，総合的な学習の時間において子どもの興味・関心から学習を出発させようとする場合は，子どもたち一人ひとりの興味・関心をしっかりと把握することが何よりも大切である。

2　興味・関心への対応

　子どもたちの興味・関心のある内容，そこから作りだす課題とその追究や実現の活動にどの程度，どのように対応できるかの判断は教師がしなくてはならない。

　学習活動にかけられる時間，施設・設備の活用，活動に応えられる外部講師の協力も含めた指導体制，書籍や資料などの活用，活動における安全確保などの面から検討し，子どもたちの興味・関心に応えられる可能性や範囲を判断することが必要である。子どもたちに自分の興味・関心に応じて学習課題を作らせ，活動計画を立てさせた後に，条件が整わないのでその活動は不可能であると宣告することは酷である。

　一人ひとりの子どもが学習課題を設定する段階で，課題追究が可能な範囲や条件を知らせておくべきである。活動にかけられる時間とその予定，使用できる施設・設備，参加する教師や外部講師，使える材料，安全確保への配慮などを予め示しておくことが親切である。これ以外のことについては，子どもの課題とその解決や実現に必要な条件を話し合い，教師などがどこまで支援することが可能かを子どもに提示し，共に考え，相談する。その際，時間，費用，安全確保などから無理なことは無理として子どもにきちんと納得させることが指導である。そうしたことから，子どもが設定した課題の変更や課題追究の計画の立て直しをどうするか，考えさせるようにすることである。

3　校外活動の計画

　校外活動の計画にあたっては，子どもたちの課題追究が可能なかぎり計画どおりに進展

し，かつ広がりや深まり，発展のある活動となるように支援していくことができるようなものでありたい。その計画作成にあたっては，以下の点に工夫し努力することが必要である。
- 活用する施設・設備や自然などの実態や状況などを事前に把握しておく。
- かかわる人々との事前の打ち合わせを十分に行っておく。
- 安全確保のための人の配置が必要な場合は，校内外の協力を求め，体制を整えておく。
- 活動時間の確保については，目的地への往復時間も含め，ゆとりをもった計画にする。
- 現地での活動場所と活動時間の確認を確実に行い，子どもたちにも周知しておく。
- 施設・設備などの使用のきまりや約束を確かめ，その指導を予め行っておく。
- 一人ひとりの子どもの興味・関心に応じて施設・設備やその関係者や案内者などがどのようにかかわれるかを想定し，必要に応じて教師も支援できるようにする。
- 事前の打ち合わせや下見などについて，可能であれば子どもたちの代表や実行委員などを参画させ，子ども自身の力で準備し，計画を立てることができるように工夫する。
- 活動の展開中，教師や外部講師は校外施設のどこにいて，どのような学習相談に応じることができるか，予め知らせておいたり，当日その場で確認したりする。
- 活動中に万が一事故が発生した場合には，どのように対処するかを想定し，対応の仕方を計画に位置づけておく。また，その際の学校との連絡体制を明確にしておく。

4 活動中の配慮事項

校外施設において活動が始まり展開すると，子ども一人ひとりが自分の興味・関心に応じて個々に追究活動を進めるようになる。従来の社会科見学などのように一斉に並んで見てまわることは少なくなることであろう。そうした個々の追究活動が充実し，かつ安全に行われるようにするため，以下の点に配慮することが必要である。

- 校外施設に出ると，自分の課題を忘れて他の活動に走る子どもも出てくる。そうした様子を観察し，適当なところで自分の課題は何だったかを考えるよう指導する。
- 校外施設の活用では，その施設の内容を観察・調査したり体験したりする。子どもによっては，掲示物や説明などを写すことに集中してしまい，肝心の観察や体験を逃してしまいかねない。子どもの課題や活動をよくとらえ，適切な助言を与えるようにする。
- 子どもたちは活動中に施設の中に拡散する。その際，何かあったときの連絡や困ったときの相談などをする場所といった，本部のような場を確定し，全員に周知しておく。そこには教師が必ずいて，連絡や相談に対応できるようにしておく。
- 校外施設活用のマナーを守っていない場合は，その場で必要なマナーを確認し，マナーを守って他に迷惑をかけないよう十分に指導する。
- 校外施設によっては，放課後に子どもたちだけで訪問や入館してその課題追究の活動にかかわってくれるところがある。そうした活動は，より子どもたちの興味・関心に応える機会が増えることである。その際，関係者と子どもたちの面識を深めておき，子どもたちだけで活動しても安全とマナーを守って行動できるように予め指導を徹底する。

（寺崎千秋）

U 動場面での配慮

Q114 特別に配慮を要する子ども

point
1. 配慮を要する子どもの実態
2. 校内での共通理解が前提
3. 外部講師との打ち合わせ
4. 活動中の配慮事項
5. 子どもの可能性を拓く評価

「特別に配慮を要する子ども」を外部講師などにどのように伝えながら学習を進めていくか。

1 配慮を要する子どもの実態

今日の学校では、学習活動を進めるうえで様々な配慮を要する子どもたちが存在している。

視覚、聴覚、言語、身体、知的などに障害のある子ども、基本的な生活習慣が身についていない子ども、情緒不安定な子ども、社会性の著しく欠如している子ども、アトピーやアレルギーのある子どもなどについて、教師はその指導上多様な配慮を行いながら教育活動を進めていくことが求められている。それぞれの実態、状況は多様であることから、当然ながら一人ひとりについてよく理解したうえで、その子に応じた指導が必要となる。

障害のある子どもについてはその実態により、通級学級や医療機関などとの連携も必要となる。家庭の養育能力によっては児童相談所や地域の主任児童委員などとの連携も必要である。そのうえで一人ひとりの学習が充実するためには、教師や保護者、周囲の者がどのような配慮をすることが望ましいのかを共通理解することが大切である。

また、学習活動の展開において、子どもの中には違った意味で配慮が必要な者もいる。学習しようとする内容や対象について、異常に興味・関心をもっている子どもがいる。あるいは、その内容に関して教師も含めて他の追随を許さない知識をもっているような子どももいる。こうした子どもの言動が他から浮き上がったり、他の子どもの興味・関心を低下させたりすることも見受けられる。こうした子どもたちについても、その興味・関心の内容やこだわりの状況などを把握し、それらが子どもの良さとして集団の中で発揮できるようにすることが望ましいのである。

2 校内での共通理解が前提

配慮を要する子どもについて、担任が1人で抱え込んではならない。学校の全教職員が一人ひとりを理解し、共にその指導に当たることが大切である。例えば、A校では教育相談の方針として、○カウンセリングマインドをもち、子どもの心を正しく理解することに努め、共に考えていこうとする姿勢を示す、○一人ひとりの抱える諸問題を解決するために、個に応じた支援計画を立て望ましい方向へ導く、○全教職員が支援等の方法について共通理解し、その子どもの変容等について情報交換する、○家庭、関係諸機関との連携を大切にし、子どもや保護者の願いに応えられるようにする、などをあげている。また、そのために、学期1回の教育相談職員会を開催し、共通理解が必要とされる子どもについて話し合い、専門家の講師の助言を得て、今後の指導を確認しあっている。さらに、毎週末の職員朝会で変化が顕著な子どもについて情報交換し、協力的な指導を深めるようにしている。

3 外部講師との打ち合わせ

外部講師との打ち合わせは可能なかぎり綿密に行うことが望ましいが、外部講師の都合もあることから、少なくとも学校側は打ち合

わせの準備をしっかりと行っておくことが必要である。

　以下は「特別に配慮を要する子ども」がいる場合の外部講師との準備や打ち合わせの内容と配慮事項である。

○ 活動の全体の計画と外部講師がかかわる活動のねらい，内容や活動が，指導計画で一覧してわかるようにしておく。

○ 外部講師が子どもたちの活動にどのようにかかわるのか，時間，場所，説明や実演などの内容，子どもたちが興味・関心をもっていること，質問したがっていることなどを簡潔にまとめておく。

○ 子どもたちの講師とのかかわり方について，学年一斉，学級別，小集団，ポスターセッション方式など，どのような形態となるかをよく説明しておく。

○ 学年・学級の子どもたちは，積極的にかかわるほうか，尻ごみしやすいほうかなどや，事前に下調べを十分にしているか，初めて聞く話かなど，その実態を十分に知らせておく。

　こうした全体的な打ち合わせの後に，特別に配慮を要する子どもについての打ち合わせを行うようにする。

• 一人ひとりについて，どのような配慮が必要な子どもかを具体的に知らせる。

• 実際の活動の場で学習活動が円滑に進むように，担任教師等はどのような手だてをとるかについて具体的に知らせる。

• 活動中の配慮について，外部講師はどのようにかかわればよいかについて，かかわり方について知らせる。

• 外部講師から配慮を要する子どもについて，その子へのかかわり方についての質問を受け，実際のかかわり方について共通理解を図る。

• 外部講師の話や実演などの内容によっては，配慮を要する子どもの扱いについて講師からの依頼や指示もありうる。そのことの可能性も含めて事前によく共通理解を図るようにする。

• 1人にしておけないような子どもの場合は外部講師との共通理解のうえ，保護者に付き添ってもらうなどの方策も講じるようにする。

4　活動中の配慮事項

　実際の活動において，一斉型の形態で外部講師の話を聞いたり，実演を見たりしているときは，教師が配慮を要する子どもの近くにいて，すぐに手だてを講じることができるので，さほど心配はないであろう。しかし，活動が小集団や個々にかかわり合うことになると，教師の目が行き届かないことが多くなろう。そうした際に配慮を要する子どもにどう対応するか，事前に打ち合わせしたように教師が協力的な指導で，その子に付き添う，定期的に様子を観察しにいくなどを確実に行うようにする。

　講師の話や実演中などに失礼があったり，全体の進行を妨げたりするような振る舞いがある場合は，教師は手をこまねいていないですみやかに指導を行うようにする。

5　子どもの可能性を拓く評価

　総合的な学習の時間であるからこそ，その可能性が大きく広がることが期待できる。特別に配慮を要する子どもたちについても自分の可能性を拓く時間である。外部講師とのかかわりがそのきっかけとなることも予想されるところである。配慮をしながらも子どもたちが外部講師とどうかかわり，何を学んでいるかを見とり，読みとることが大切である。また，外部講師からもかかわってみての感想や評価情報を得るようにし，子どもたちの可能性を拓いていくようにしたい。　（寺崎千秋）

U 活動場面での配慮

Q115 危険防止マニュアル

危険防止マニュアルの作成など，安全対策をどう講じるか。

point
1 日常の安全教育の徹底
2 安全管理の体制づくり
3 校外の危険箇所の確認
4 防止対策の指導計画への位置づけ
5 子どもとの約束と励行

1 日常の安全教育の徹底

「自分の身は自分で守る」が安全教育の原点であり，その基礎的な知識や技能を身につけさせ，実践できるようにするのが，そのねらいである。学校では，交通安全をはじめ，火事や風水害，地震などから自分や自分たちの身を守るための教育を意図的，計画的に実施している。また，各教科等の指導において，刃物などの危険を伴う道具の安全な扱い方，電動ノコギリやアイロンなどの扱い方，ガスなどの火の扱い方などを学年に応じて指導を積み重ねている。総合的な学習の時間での安全確保についても，基本的にはこれらの学習経験を生かすことが求められよう。

したがって，生活科，図画工作，家庭科，体育の保健などでの安全確保の知識・理解や技能，態度についての指導，特別活動での交通安全や災害の際の安全指導など，日常の指導について教育課程や年間指導計画に明確に位置づけておくことが必要である。そのうえで，その指導を着実に積み重ね，自己の安全への意識と実践ができるようにしておくことが必要である。総合的な学習の時間で安全確保の指導を行う前提として，日常の指導を徹底することがまず第一である。

2 安全管理の体制づくり

次に，子どもたちの安全を確保するためには，安全教育と両輪となる安全管理を徹底することが求められる。学校生活が安全に営まれるよう，安全に必要な条件整備を図り，組織的，継続的な管理を行うことである。

総合的な学習の時間では，それぞれの課題追究などで特別教室などへ子どもたちが散っていくことが多くなる。ときには教師の目が届かないこともありえよう。こうしたことを想定して，これまで以上に子どもの視点から安全管理を徹底することが求められる。

学校では，安全点検を定期的に行っているが，形式的なものにならないよう総合的な学習の時間の活動を新たに想定して，点検箇所や点検の仕方のマニュアルを作るとともに，それに沿って全員で観察したり，触れたり，使ってみたりするなどして，安全であることを点検し，確認することが大切である。

定期的な安全点検において不備が出た場合には，それらの施設・設備の使用を中止し，すみやかに修理または撤去する。子どもたちにもその旨を確実に伝えなくてはならない。

定期点検以外にも，日常的に気づいたことや子どもからの情報があったときは，後回しにせずに，すみやかに安全の確認をする。その結果については，担当者や校長・教頭に連絡や報告をすみやかにし，全員への周知徹底を図るようにする。日頃の安全点検を奨励し，そのすみやかな報告を求め，また，その機会を朝会などで設定することも工夫する必要がある。

各学校では，このような安全管理の体制について，組織図だけではなく，実際に機能しているかを確認し，年間計画に従い安全管理

の進行を図ることが必要である。

3 校外の危険箇所の確認

　総合的な学習の時間での活動は校内ばかりではなく，校外に出ての活動が多くなろう。その場合の危険箇所の確認が必要である。校外の活動にあっても基本的には校内の活動と同様の安全確保が求められよう。その確保ができないのなら無理に校外に出ることは避けて，他の教材や活動で計画化することが必要である。

　校外での活動では，とくに，交通安全，川や野原などでの安全，施設・設備内での安全，見知らぬ人からの安全などの，安全確保への配慮が必要となる。これらの安全については，担任などの教師の指導や配慮で確保できることが望ましいが，不十分な場合もあろう。そうした場合には，警察などの関係機関，保護者や地域の人々の協力や支援を得ることが可能であれば，それらを求めて子どもの主体的な活動を支援するようにしたい。しかし，協力する人々に無理な負担を強いるようであれば，こうした計画は避けるようにしたい。無知と無理は事故のもとである。

4 防止対策の指導計画への位置づけ

　学校における危険防止は，日常的な安全教育と安全管理の両輪の円滑な実施により図られる。総合的な学習の時間での危険防止もこの一環上にある。また，3で述べたように校外での学習活動の際の危険箇所についても確実に把握することが必要である。そのうえで指導計画作成にあたって，危険防止対策を計画内に位置づけておくことが必要である。その内容は，例えば，以下のとおりである。

- 学習活動の安全確保のうえで配慮が必要な箇所とその内容
- 安全確保のために行うべき具体的な手だてや人の配置
- 万が一事故が生じた場合の連絡先や担当者，最近の医療機関など
- 万が一事故が生じた場合の校内の連絡体制

　各学校では，総合的な学習の時間に限らず事故や災害が生じた場合の対策・対応マニュアルが作成されている。これらとの連携を図り，その一環として総合的な学習の時間の危険防止対策をその指導計画に位置づけておくようにする。

5 子どもとの約束と励行

　安全教育と安全管理の推進とともに，子ども自身が学習で身につけた知識や技能，態度などを実践することが大切である。総合的な学習の時間では，自分で課題をつくり，主体的に追究活動や創造活動を行う。その際にどのような危険が予測されるかは子ども自身が考え，その回避や安全な学習活動の計画を立てるよう意識することが望ましい。子どもが立てる学習活動計画への助言の際に，安全確保，危険防止の観点から自分の計画に問題はないかを考えるよう助言することが必要であり，ときには計画を変更するよう指導することも必要である。こうしたことの励行により，子ども自らが安全に配慮し活動するように育つであろう。

(寺崎千秋)

【教室内の安全点検チェックリスト例】
□戸棚等は固定化されているか。
□戸棚等の上に物を置いていないか。
□足元にガラス戸がないか。
□出入口近くに戸棚等が置かれていないか。
□出入口のドアーはスムースに開け閉めできるか。外れたりしないか。
□天井の蛍光灯はしっかり取り付けてあるか。傘やカバーは大丈夫か。
□テレビ・テレビ台は固定されているか。
□釘やフック等が出ていないか。
□延長コードなどを無造作に這わせていないか。
(以下略)

U　活動場面での配慮

Q116　指導行政の支援

> **point**
> 1　研修会の計画・実施
> 2　学校訪問による助言
> 3　予算措置
> 4　関係機関との連携
> 5　地域社会への啓発

総合的な学習を進めるために，指導行政はどのように学校を支援していけばよいか。

　これからの指導行政は，各学校が特色ある学校づくりに主体的に取り組めるよう，側面から支援していくことが求められている。しかし，現状では教育行政，なかでも専門性の高い指導主事の積極的な助言に期待するところが大きい。指導行政は各学校への側面からの支援と真正面からの積極的な教育内容・方法への助言のバランスを考慮しながら学校を支援していくことが期待されるところである。

1　研修会の計画・実施

　総合的な学習の時間は今回（平成10年）の教育課程の改訂で初めて導入された教育活動である。したがって，この時間の創設の趣旨，学習指導要領の総則に位置づけられている意義，そしてこの時間のねらいや取り上げる内容，学習活動やその指導のあり方，指導上の配慮事項などについて，すべての教師が正しく理解することが重要である。

　また，各学校での実践が少しずつ具体化するにあたり，この時間の計画や実践，環境整備などに多様な課題が表出している。それらにどう対応するかについても適切な情報提供が必要となっている。

(1)　講演・講義による研修

　これらの課題について指導行政は校長，教頭，教諭がそれぞれの立場でどのように対応していけばよいのか，各学校としてどのように計画・実践を進めていけばよいのかについて，確実に理解できるよう講演・講義などによる研修の機会を提供することが必要である。とくに，この時間の内容は学習指導要領に規定されていないことから，各学校が創意工夫するものであり，それによりこの時間が特色ある学校づくりの核となることが期待されていることを具体的に理解し，何をしなければならないかが明確になるようにすることが必要である。

(2)　演習による研修

　次に，実際に単元の指導計画を作成してみることである。三つの学習活動例から子どもたちの主体的な学習活動の道筋を想定して，問題解決的な学習や体験的な学習が展開できるように教材開発，学習環境整備，協力的な指導体制を工夫し，計画化してみる。その際これまでの先進校の実践を参考にすることはよいが，その真似ではなく，自校の実態や特色を生かして計画化することが大切である。計画ができたら，互いに見合って総合的な学習の時間の趣旨やねらいに沿うかどうかの視点から検討することも大切である。

(3)　授業実践による研修

　総合的な学習の時間の授業は，子ども主体の追究活動，創造的な活動が展開されることが期待され，これまでの教科の指導とは異なる教師のかかわり方が求められる。したがって，その指導のあり方についても研修が必要となる。教師が(1)により理解した事項と(2)により自分で立てた計画に基づき実践し，子どもたちの学習活動の姿からその指導のあり方を追究する研修である。なお，この段階では

評価の視点も加えて研究協議し，よりよい指導のあり方や指導計画の改善に生かしていくようにすることも必要である。

2　学校訪問による助言

この時間について一般的な理解は一斉的な研修で浸透させることができるが，具体的な指導計画づくりや実践の段階では各学校ごとの特色を発揮する取り組みとなる。したがって，指導行政の教育内容・方法の担当者である指導主事が直接学校を訪問し，学校の求めに応じながら大所・高所から，広い視野から助言を行うことが必要である。

助言にあたっては，この時間の趣旨やねらい，内容，学習活動，指導上の配慮事項などをきちっと押さえることがまず必要である。

次に，この時間が学校の特色を打ちだす核となる時間であることから，学校や地域の特性，学校の歴史や伝統，保護者や地域の期待などを考慮して，この時間に取り上げる内容を選択する。とくに特色は，どのような子どもを育てるのか，そのためこの時間ではどのような活動を大切にするのかなど，子どもの姿で論じるように助言することが大切である。

3　予算措置

学校の教育活動に必要とする予算は，学校を設置する教育委員会において「学校運営費標準」によりその基準が定められている。総合的な学習の時間に必要な予算についても，いずれその「標準」が規定されることであろう。それまでは，現行の予算枠内で執行することになる。総合的な学習の時間の教育活動は，まさに各教科等の予算で購入する諸物や教材・教具を総合的に活用することになろう。なかでもこの時間では，様々な活動で地域の人々や専門的な技能や知識などをもった人々をゲストティーチャーとして招聘することが多くなろう。なかにはボランティアでかかわってくれる方もあろうが，こうした人々への講師料や謝礼が必要な場合もあろう。これらを年間計画の中で予算化し，その範囲内での活動計画を立案するようにする。

4　関係機関との連携

子どもたちが学校外へ出て活動することも多くなる。地域の図書館，郷土資料館，博物館，自然科学館，公民館などは直接の活動となろう。また，県庁や市役所などの各部局は子どもたちの調査の対象や場所となることも多いと予想される。こうした関係機関に対して教育行政の側から総合的な学習の時間の趣旨の説明や協力依頼をしておくことが必要である。細かい具体的な協力依頼は各学校がすることが必要であるが，全体として協力できる部局や関係機関はどこか，どのような内容なら協力が可能かなどについて，教育行政がとりまとめて各学校へ情報提供することもしておきたい。

5　地域社会への啓発

総合的な学習の時間がどのようなものなのかについて，今回（平成10年）の教育課程の改訂，学校週5日制の全面実施などと関連づけて地域社会に広報していくことが必要である。すでに文部省や各教育委員会からパンフレットや広報誌などが出されているが，総合的な学習の時間の内容は各学校の特色が出されることから，それぞれの学校による違いが大きい。このことの意義や，このことについて地域社会にどのような協力や連携を求めるかなどについて繰り返し広報し，啓発していくことが必要である。地域の人々にとっても経験したことのない教育活動なのであるから，十分にその意義や内容を知らせることが大切である。

（寺崎千秋）

U 活動面での配慮

Q117　校外活動時の安全面への配慮点

point
1　安全性を高めるために
2　価値ある体験にするために

子どもだけで校外で活動するとき，安全面など配慮すべき点は何か。

1 安全性を高めるために

子どもたちだけの校外活動となると，まず気になるのは，交通事故に遭わないか，大きな怪我をすることがないかなど，安全面のことである。

教師が引率して行く場合は，危険箇所や注意事項の確認を現地で行うことも可能であるが，子どもたちだけとなると，そうはいかない。したがって，事前の準備や指導がとても重要になる。そこで，まず安全面の配慮として，事前に必要な活動や手だてについて考えてみたい。

(1) 下見

校外活動の前には，教師が現地に赴き，往復の交通や活動場所の様子，危険場所の点検などを十分に行うことが必要であるが，その際には，ビデオ，カメラなどの活動場所の様子を学校でも確認できるメディアで撮影しておきたい。子どもたちが活動計画を立てるときに，実際の場所をイメージしながら計画を立てることができ，注意事項についても把握させやすくなる。さらに，子どもたちの活動が広範囲にわたることが予想される場合はその写真や映像を見ることで，行くルートや活動場所の範囲についてもより明確に確認ができる。

(2) 保護者や地域との連携

子どもだけの校外活動といっても，はじめから子どもだけで行かせることには不安が大きい。そこで，保護者や地域の方の協力を得て，各グループの後をおとながついてまわり，子どもたちの様子を見守るようにしている学校も少なくない。安全性を高めるためには有効な手だてである。ただ，親切のあまり，おとなが前に出過ぎてしまうと子どもの主体性を半減させる結果ともなってしまう。保護者や地域の方の協力を得る場合には，このようなことにならないよう事前にお願いしておくことが必要である。

(3) 緊急時の対処方法の確認

万が一のことを想定し，事故・怪我・予期せぬトラブル等，緊急時の対処方法について事前に指導しておく必要がある。さらに十円玉やテレフォンカードを持たせるなど，緊急時に学校への連絡がすぐにとれるような手だても必要である。

2 価値ある体験にするために

上述したような安全面の配慮にしすぎるということはない。しかし，最も重要なことは，子どもたち自身が，何のために，何をしにいくのか，目的意識を明確にもっているかである。遊び半分の気持ちで出かけると，危険も増えるばかりか，本来のねらいを達成することも難しくなる。安全面の配慮とともに，明確な目的意識をもたせることが必要である。さらに言えば，課題追究の過程で，子どもの思いとマッチした場面で校外活動が取り入れられているか，カリキュラム全体を見通した活動場面の設計が重要である。

（成瀬雅海）

U　活動面での配慮

Q118　外部講師による活動時に起きた事故への対応

point
1　学校を開き，信頼関係を
2　事前に打ち合わせを密に
3　日常の危機管理の徹底
4　他機関との連携

外部講師に協力をいただいた活動時に起きた事故に，どのように対応保障すべきか。

1　学校を開き，信頼関係を

総合的な学習の時間においては，これまでの教科では予想もしていなかったテーマや活動が入ってくる。さらに学習内容や方法も多様化してくる。しかし，指導者は担任を中心にしたこれまでの運営組織であり，どのように連携して総合的な学習の時間を指導・支援するか，学校の創意工夫に委ねられている。

そこで，地域や保護者の理解と協力が大きな支えとなる。

そのためには，日常的に学校の教育活動の様子や「生きる力」を育成するそれぞれの取り組みを，学校便りや懇談の機会に説明し，理解と協力のお願いをしていくことが重要なことである。地域の中の学校として地域・保護者と学校の関係が信頼に裏打ちされた良好なものであることが，何か問題が起きた場合，その解決に大きくかかわってくる。

2　事前に打ち合わせを密に

外部講師にT.TあるいはG.T（ゲストティーチャー）として協力をいただく場合，何のために（目的），どのようなかたちで（立場や内容・方法），どのくらい（時間や期間）を事前に綿密に打ち合わせをしておくことが大切である。そして，そのなかに予想される活動と併せて，予想される危機的状況として考えられる事故と，その場合の対応についても打ち合わせをしておく必要がある。そのことは，子どもの事故を予防するだけではなくて，外部講師をはじめとする指導者も守ることになる。

3　日常の危機管理の徹底

総合的な学習の時間の活動は，常に危機的状況にあると意識し，とくに，指導者は危険を事前に察知する感性を高めておくことが求められる。

校外での学習や体験活動を積み重ねてくると，子どもや教師は事故に対しての意識も高まってくるが，外部講師は，学校現場や指導に慣れていないことが多いので，管理職としては，常に配慮して対応していかなければならない。

つまり，協力をしていただく活動について十分承知していただき，予想される事故や危険なことについてもお知らせしてから，協力をお願いすることが大切である。

4　他機関との連携

各学校の教育活動に対しては，市町村教育委員会への届け出・報告が必要である。そのことから，教育委員会と連携して，学校の教育活動への外部講師に対しても，市町村の「市民団体活動保険」を適用させてもらう方法がある。また，PTA活動と連携して，「PTA活動保険」を適用することもできる。事故はあってはならないが，不幸にして事故が起きたとき，いちばんに日頃の信頼関係と危機管理が問われる。

常に万一の場合を想定して，対応策を講じておくことは，地域に開かれた学校づくりには欠かせないことである。　　　（熊谷ミヨシ）

U 活動面での配慮

Q119 活動の見通しをもたせるための工夫

point
1 子どもがデザインする学習
2 テーマづくりとゴールのイメージ
3 3本立ての活動流れ図

　子どもに活動の見通しをもたせるために学習の手引き（ノート・プリント）をどのように用意し，工夫するか。

1 子どもがデザインする学習

　総合的な学習は，子どもがデザインする学習である。子どもの興味・関心の流れ，問題意識の流れを軸に展開される学習である。ところが，「総合は，活動あって学びなし」と批判される。課題と調べていることとのずれ，活動する目的意識の弱さ，見通しの甘さ等から活動の這い回りに終始しがちである。

　子ども中心の活動で大切なことは，いかにして問題意識を継続させ，活動に見通しをもたせ，子どもに力をつけていくかである。

2 テーマづくりとゴールのイメージ

○テーマづくりの想い

　日常から総合的な学習で掘り起こすテーマについて意識を高めるために，教室に「はてな？箱」などを設けておく。「はてな箱」をもとに，子どもたちの話し合いで中心テーマが設定される。原稿用紙1枚くらいにテーマに関する各自の想いを書かせ，ファイルに綴じ込ませる。イラスト，挿絵なども入れ，特別に丁寧に仕上げさせる。テーマづくりの想いを丁寧に書き留めておくことが今後の活動展開のうえで重要である。折にふれて，テーマづくりの想いへ立ち返らせる。

○ゴールの姿のイメージ

　テーマづくりへの想いを書かせると同時に，活動が終わったときのイメージももたせたい。活動が終わったとき，どのような主張をしているか，友達や周りの人からどのような称賛を浴びているかなど，できるだけ楽しく具体的に自分の姿をイメージさせておく。このイメージが活動に見通しをもたせると同時に，活動への積極的な意欲をもたせることにも大きな力を発揮する。

3 3本立ての活動流れ図

　テーマが設定されたあと，活動の見通しをフリートーキングさせる。活動の実現可能性，有意義性などにはふれずに話し合わせる。その後，活動の流れ図に書き込ませる。B4版わら半紙を縦に3等分し，その左側にプリントされた枠へ活動の流れを予測して書き込む。現地の見学に行く。専門家の話を聞く。ファックスで問い合わせる。調べたことをミニ新聞にまとめる。ミニ新聞を地域へ配る。このように予測される活動の流れを書き込む。活動の流れを書き込むことによって，活動の見通しをもたせることができる。

　3等分の右側の枠に，実際に活動したことを書き込む。商店の見学に行ってきた，お店の人に聞き取りをした，など実際に活動したことを書き込む。

　そして，真中の欄の枠には，予測していた活動と実際に行った活動とのずれを意識させる。次に展開する活動について修正した見通しを書き込ませる。

　B4版1枚のプリントを見れば活動の概要がひと目でつかめる。

　「3本立ての活動流れ図」は，子どもがデザインする学習づくりに極めて有効な方法である。

（山本昌猷）

See

V 子どもの評価

Q120 評価の方法

具体的な評価方法としてどのようなものがあるか。

point
1. 総合的な学習の評価の基本的な考え方
2. 基本的な評価の枠組み
3. 具体的な評価方法…ポートフォリオ

1 総合的な学習の評価の基本的な考え方

総合的な学習の評価の基本的な考え方として，教育課程審議会の答申の中で次のような方向が示されている。

①教科のように試験の成績によって数値的に評価しない。

②活動や学習の過程，報告書や作品，発表や討論などに見られる学習の状況や成果を評価する。

③児童生徒のよい点，学習に対する意欲や態度，進歩の状況を評価する。

以上の原則を踏まえて，例として，指導要録での評定は行わず，所見を記述するなどが適切であるとしている。

さらにもう一つ，直接評価にふれたものではないが，総合的な学習のねらいとして示されている「自ら課題を見つけ，自ら学び，自ら考え，主体的に判断し，よりよく問題を解決する資質や能力を育てること」も評価を考えるうえで考慮しなければならない。

2 基本的な評価の枠組み

以上のような評価の基本を踏まえれば，評価の枠組みとして次のような内容が必要である。

①子ども個人の進歩を認めることのできる評価であること。すなわち個人内評価の考え方を取り入れること。他の子どもと比較して相対的な序列を求めることは，総合的な学習での評価の趣旨に反することになる。ただし，一定の発達段階や目標に照らして子どもの進歩を見つけていくことは必要である。その点では，絶対評価を否定するものではない。ただし，すべての子どもが同じような発達段階や過程を経て進歩していくとは限らないこと，進歩の速度も異なることから，一律の基準で評価するだけでは子ども個人の進歩を見落とすことになる。その意味で，個人内評価を入れなければならない。

②テストを用いない評価として最近注目されているパフォーマンス・アセスメント（performance assessment）やオーセンティックアセスメント（authentic assessment）を取り入れること。つまり，テストのような実際の活動から離れた別の形式の評価の機会を設けるのではなく，実際に子どもが総合的な学習活動を行っている過程を使って評価していくことである。

そこで重要なことは，子どもの活動の中のどこに注目して評価をしていったらよいかという視点である。また，そのような視点をもったうえで，何を子どもの進歩として見ればよいのかも問題となる。

③「自ら課題を見付け，自ら学び，自ら考える」ような能力を，最近メタ認知能力と呼ぶようになった。正確に言えば，メタ認知能力とは，自らの学習活動を自己制御する能力である。通常の認知活動を一段上（メタ）から見渡して，制御していくところからメタ認知能力と呼ばれることとなった。

そのようなメタ認知の能力を育成していくためには，自分の学習活動についての自己評価能力や，学習の目標を設定していく能力の育成を必要とする。これは教科の学習でも育成すべき能力ではあるが，カリキュラムの中で，総合的な学習のように柔軟な指導の可能なところで，試みるべきであろう。

まず必要なのは，総合的な学習の中で子どもの自己評価能力を育成することである。そのために子どもに自己評価を求めることになるが，これは総合的な学習の評価の中に，子どもの参加する機会を作っていかなければならないこと意味する。

3 具体的な評価方法……ポートフォリオ

ここで考えるべきことは，前記の三つの評価の枠組みで必要な事項を個別的に満たす評価方法を考える方法と，これらの必要事項を全体としてまとめて評価の全体システムを構築する方法の，二つの方法があることである。

(1) 個別的な手法

個別的な手法は，従来から様々なかたちで工夫されてきた補助簿を使う方法であろう。個人的の進歩や活動を観察して気がついたことを補助簿に記録していく方法である。例えば，次のような一覧表を作ることである。

自己評価としては，活動の節目節目に，自己評価カードを渡して，各観点ごとに5段階の評価をさせる方法である。このような方法は，様々なかたちですでに多くの学校で試みられてきた方法であろう。総合的な学習の活動内容を考えるので手いっぱいという学校では，このような従来型の評価方法をとりあえず採用すべきであろう。

(2) 全体的評価システム

個別的な評価を組み合わせるのではなく，全体として新しい評価システムを考える方法として注目されるのがポートフォリオ評価である。ポートフォリオ評価を用いた場合は，これまで述べてきた必要事項を一つの評価システムとして組み込むことができるので，子どもの進歩を全体的に見渡すことができるようになる。さらに次の学年の教師に子どもについての具体的な情報を伝えることのできる点でもすぐれており，長期的な観点からはこの評価方法へ向かっていくべきであろう。

ポートフォリオはもともとアメリカやイギリス（イギリスの場合には，プロファイルとかRoAと呼ばれている）で研究・実践されてきた評価方法である。基本的には，個人別のファイルやファイルケースを用意して，子どもが学習活動で作り出した作品等をこのファイルケースに保存していく方法である。ただし，どのような作品等を保存していくかについての実際の方法は異なってくる。また，ポートフォリオに自己評価の要素をどう取り入れるかによっても具体的なポートフォリオの作成方法が異なってくる。

しかし，どのような方法であれ，ポートフォリオ評価では，評価とはテストや偏差値であるといった評価観の転換が求められるのである。

（鈴木秀幸）

	6/11 野外活動	7/4 施設訪問
青木一夫	虫眼鏡を使えた。	
伊藤孝子		自分で質問を考えた。
内田洋一	自分で記録した。	班の記録係を引き受けた。

V 子どもの評価

Q121 評価の観点や項目の設定

point
1 総合的な学習の目的から
2 具体的な評価の観点・項目

評価の観点や項目としてどのようなことを設定すればよいか。

1 総合的な学習の目的から

評価の観点や項目を考えるとき当然のことであるが，学習の目的をまず第一に考えるべきである。学習の目的は，抽象的に示されてそのままでは評価の観点や項目に直結しないことも多いため，これをもっと評価の観点や項目として具体化させなければならないこともある。

総合的な学習の目的も同様であり，抽象的ではあるが，教育課程審議会の答申によれば，その目的は次のようになっている。

(1) 自ら課題を見つけ，自ら学び，自ら考え，よりよく問題を解決する資質や能力を育てること。

情報の集め方，調べ方，まとめ方，報告や発表，討論の仕方などの学び方やものの考え方を身につけること。

(2) 問題の解決や探求活動に主体的，創造的に取り組む態度を育成すること，自己の生き方についての自覚を深めること。

(3) 各教科それぞれで身につけられた知識や技能などが相互に関連づけられ，深められて子どもの中で総合的に働くようにする。

これらの目的を踏まえて，評価の観点はこれをもっと具体的に示すものでなければならない。

2 具体的な評価の観点・項目

前記の目的を考えれば，次のような評価の観点を設定できるであろう。ただし，評価の目的のすべてを具体的な評価の観点や項目として示すことができるわけではない。例えば，(3)の各教科で身につけられた知識や技能が相互に関連づけられ深められるという目標を，これ以上に評価の観点や項目として具体的に示すことは不可能である。その理由は，総合的な学習でどのような学習活動をするのかを各学校の創意工夫に任せており，内容のわからない学習活動の知識や技能について，予め具体的な評価の観点や項目を設定できないからである。

・プロセス・スキル（学習過程上の技能）

総合的な学習がどのような学習内容になろうと，このプロセス・スキルはほぼ共通して必要なものであり，総合的な学習で最も重要な学習目的といえるであろう。プロセス・スキルとは，一定の知識や概念を獲得していく過程で必要な技能のことである。このプロセス・スキルは次のような項目から構成される。総合的な学習の活動の中で，これらの項目について子どもの進歩が見られたら，これを評価していくべきである。参考までに，これらの項目について，一般的にどのように進歩していくか大まかな変化を述べておく。

①観察……これは身のまわりの出来事から情報を得る技能である。

小学校段階で，この技能は，最初，明らかな違いを見つけることができることから，しだいに相違点が明白な事象の中から，同一性を発見できるようになる方向へ進歩する。

②説明（仮説を立てる）……なぜそのように

なるかを説明する技能であり，そのために自分のこれまでの知識や経験を用いる技能である。

この技能は，小学校段階では事象に単に名前を付けるだけから，どうやって起こったかを前の経験を使って説明しようとするようになることである。

③予想……これはそれまでに集められた資料をもとに，どういうことが起こるかを予想することである。根拠をもっていることが，単なる推測とは異なる。

小学校段階では，単なる推測から，いくつかの根拠をもって予想するようになり，根拠を説明するようになることである。

④疑問点を述べる……疑問点を述べることについては，その活動内容が何かによってかなり進歩の様子が違うため，ここでは調査活動や探求的な活動を想定する。

このような場合，重要なのは，その疑問が調べることのできるものである点である。小学校段階では，調べることができるかどうかにかかわりなく，様々な質問をすることから，調べることのできるものとできないものとを区別できるようになるなどの変化を見ていくことである。

⑤探求活動の計画と実行……小学校段階では，最初は細かな点は不十分であるが，何か役立ちそうな調べ方を始めること，やりながら次に何をするかを考える段階から，何を見るべきかを予め考え，調べる段階を予め構想するようになる変化を見ていくことである。

⑥解釈……調べたり，観察したら，それを用いて結論を導く技能である。

小学校段階では，個別に発見したことに注目し，結果を全体として見ようとしない段階から，しだいに得られた結果全体を見渡して，パターンや傾向を考えるようになることである。

⑦コミュニケーション……これは調べて発見したことなどを他の子どもに伝えたり，逆に他の子どもの言うことを理解したり，答えたりする技能である。加えて，適切な伝達手段や表現形式の選択も含まれる。

小学校段階では，はじめのうちは自分の活動や考えについて自由に表現する段階から，他人の考えを聞くようになり，絵を使ったり，文章にしたり，図で示しながら一定の順序で報告するようになることである。

・**態度**

教科での知識や理解と同様に，これについても活動の内容によって具体的な内容の異なるものではあるが，調査活動や探求的活動を前提にして考えれば次のような項目を考えて子どもの変化を見ていくべきである。

①資料やデータを集めようとしているか。
②自分のはじめに持っていた考え方を，資料やデータに基づいて変更できるか。
③探求活動全体を批判的に見直し，改善しようとするか。

異なった活動，例えばボランティア活動を考えた場合には，このような項目では適用できない。この場合には，例えば「初対面の人と積極的に話そうとする」などの項目が必要であろう。

・**自ら学び，自ら考える力**

これについては，自己評価とそれに続く自分のこれからの目標設定などの指導を通じて評価していくべきである。ポートフォリオ評価のシステムを使っていくことで，これらの評価を総合的な学習の評価全体と整合性をもって実行できる。

（鈴木秀幸）

〈参考文献〉
E. グロワート著，鈴木秀幸訳『教師と子供のポートフォリオ評価』論創社，1999

Ⅴ 子どもの評価

Q122 関心・意欲の評価

子どもたちの関心・意欲をどのように評価すればいいのか。

point
1 総合的な学習での関心・意欲の評価……教科との違い
2 子どもの関心・意欲の特徴の評価

1 総合的な学習での関心・意欲の評価……教科との違い

総合的な学習での関心・意欲の評価は，これまでの各教科での観点別評価における関心・意欲の評価と異なった考え方をすべきである。

これまでの教科の中での関心・意欲の評価は，該当教科の学習に対する関心・意欲を3段階で評価するものであった。そのため，少なくとも教科という同じ学習内容に対して，すべての子どもがどの程度関心・意欲をもつか，言い換えれば量的に関心・意欲を測定することを求められてきたのである。

これに対して総合的な学習では，様々な学習活動が想定されること，とくに子どもの興味・関心に応じた学習活動が奨励されていることから，すべての子どもが同じ内容の学習活動を行うことは少なくなる。教科のように学習活動の内容が同一ならば，これについての子ども間の関心・意欲の程度を比較する意味はあるが，対象が異なれば，量的な測定の意味はほとんどない。

例えば，同じ水泳についてなら，各子どもの水泳に対する関心・意欲の程度を測定することに意味があるだろうが，ある子どもは水泳を選択し，ある子どもはサッカーを選択している場合，それぞれの活動について関心・意欲を測定したとして，そこにどのような意味があるのか疑わしいのである。このような場合には，ある子どもは水泳に関心・意欲をもち，別の子どもはサッカーに関心・意欲をもっていることが評価の主眼点である。すなわち，子どもがどの分野に関心や意欲をもっているか，その特徴を見つければよいのである。関心・意欲の程度を定量的に測定するのではなく，関心や意欲をもつ分野を定性的に評価することになる。

つまり，総合的な学習では，いろいろな学習活動の中で，子どもがどのような学習活動や分野に興味や意欲を示したのか，子どもの特徴を見つけることを主眼点に据えるべきである。

2 子どもの関心・意欲の特徴の評価

このような子どもの関心・意欲の特徴を評価することが総合的な学習での関心・意欲の評価である。そのためには，子ども自身にどの分野や活動に興味を感じたか，意欲的に活動できたかの自己評価を求めることが最も適切である。教科と違って，3段階評価をするわけではないため（優劣をつけることを目的としていないため），子どもは自由に答えやすいのである。とくに，子どもが自分で興味をもった課題や，意欲的にできた活動の事例等を，ポートフォリオに組み込むことができるように，事例の選択権を一部，子どもにも与えれば，しいて自己評価を指導するのではなく，自然なかたちで自己評価をさせていることになる。

（鈴木秀幸）

Ⅴ 子どもの評価

Q123　自己評価や相互評価の活用

自己評価や相互評価の方法をどう生かしていくか。

point
1. 自己評価について
2. 相互評価について
3. 評価の生かし方

1　自己評価について

　自己評価は，教育活動を子ども自身が確かめながら自分の変容を確認していく評価である。

　しかし子どもにとって，自分の変容を確かめ，その状態を把握しながら次の活動に生かすことは，なかなか困難な作業である。その評価を支える活動がどのくらい自分にものになっていたかによって，質も量も個人によって異なる。また，評価の視点もそこで生まれる考えも子どもによって様々なかたちで表される。その表出方法も子どもの特質によって変わるので，ひと言で自己評価といっても，その内容とかたちは様々なのである。

　実際には，活動をしている状況を何かのかたちで記録していく。また，その活動の記録（ポートフォリオ）をもとに日々の活動を継続的にふり返っていく。このような活動を繰り返しながら，自分の視点で自分の活動を継続的に見つめていく。これが自己評価の意味であり，総合的な学習の時間では，個々の思いや願いに応じて内容が変わっていく特質をもった評価の方法であると考える。

2　相互評価について

　相互評価は，自らつくりあげた活動を友達（他者）に知らせ，自分の判断に自信や確信をもつ活動であるといえる。

　子どもは誰しも受容の欲求をもっている。自分の考えていることを肯定されると快い気持ちになり，自信をもって次の活動を進めていくことができる。

　しかし，自分の意見が否認されると不安になり，「なぜだろう，どうすればいいのだろう」と自分に迷いが生じたり，どうしてわからないのだろうという気持ちが起こったりする。このような二つの状態を同時につくり出し，自分で自らの問題を認め，また解決していく姿を相互評価では期待している。

3　評価の生かし方

　総合的な学習の主役は子ども自身である。一般に行われる評価は，子ども自身に返る場合や活動構想の変更に生かす場合があると考えられる。そこでは，子どもが自己評価と相互評価によって立ちどまり，ふり返り，考え，次の活動の手がかりを探し，実際に動いていく姿を教師は期待していくのである。一方，活動の場とそこに含まれる多様な活動の広がりへの見とりを，教師自身は常に行っていかなければならない。

　総合的な学習は，いわば子どもと教師の見つめあい，支えあう関係の距離によって常に変化しつづけるものでなくてはならない。そのために子どもの活動に対するかかわりの様子の見とりと子どもが没頭している自分への認識との距離を把握する努力を惜しんではならない。自己評価と相互評価はこのために生かしていくべきである。

（大竹裕範）

V 子どもの評価

Q124 子どもへの評価の返し方

評価をどのような方法で子どもに返したらよいか。

point
1. 観察による評価の返し方
2. 個別支援である評価の返し方
3. 自己評価の返し方
4. 外部の人からの情報の返し方

　総合的な学習では，学びの結果としての評価ではない学びの経過を丁寧に見とり，活動を支える評価と支援が一体となって，教師と子どもが進んでいくと考える。

　したがって，子どもの活動が多様化し，T.Tの教師やボランティアティーチャー，ゲストティーチャーなど，多くの人々とふれあうことで学びが広がり，深まっていくのである。そうすると，担任ひとりで一人ひとりの行動やつぶやきをすべてとらえることは困難になる。そこで，担任もそれらのいろいろな人々からの子どもの様子を集約し，「このように変わった」というプラスの評価を少しずつ継続的に蓄積していくことが，総合的な学習の大事な評価になっていくのである。

1 観察による評価の返し方

　総合的な学習の時間では，子どもの活動の様子や表情，会話やつぶやきなどを観察していく。このとき，教師も積極的に子どもの中に入って観察する。子どもが活動に没頭している間はとくに声をかける必要はないが，子どもが教師に気づき，自分の活動の様子を説明しているときはにっこり微笑んだり，相槌を打ったりして共感していく。子どもは教師にわかってもらえたという安心感と自信をもって次の活動へとつなげていくのである。教師のちょっとした表情やしぐさが，子どもにとって最も大きくストレートに伝わる評価である。この何気ない評価を活動の中の至るところで一人ひとりに繰り返すことが，総合的な学習の評価の第一歩である。

　メモを取ったり，ビデオに撮ったりして記録しておく方法もある。教師がその時間子どもの動きや活動内容を評価し，支援を考えるにはこれらの方法も有効である。しかし，すぐそのときに子どもに評価を返してやることはできない。次のときに評価を返してやるときには，すでに子どもは次の活動に移っているのである。総合的な学習は教科と違って時間をおいてその続きという活動にはなかなかなりにくい。評価はできるだけリアルタイムで行われることが望ましい。

2 個別支援である評価の返し方

　子どもの取り組みをいろいろなかたちで表現させ，その表現したものの中から内面の変化などを見とる評価がある。絵や作文，観察カード，感想文，地図，新聞，俳句や物語，ビデオ作品，制作物等は，活動の中で感じたことや気づいたことを総合的に表したものである。しかし，それを活動後に評価するのではなく，つくっている過程の観察による評価

が大事なのである。つくっているときの制作意図に耳を傾け、一人ひとりの思いや願いの表現に即した適切なアドバイスや支援が、何よりの評価であり、その返し方である。

3 自己評価の返し方

　総合的な学習で大切にしたい評価として子どもの自己評価がある。教科の学習のように、ここまで達成しなければならないという内容がなく、到達目標がない。だから、一つの活動において子ども一人ひとりの意図がどのように行われ、それに対して自分はどう考えるかというふり返りは欠かすことのできないものである。これがないと総合的な学習にならず、子どもが「好き勝手」をする自由な時間になってしまう。

　教師は、子どものその自己評価にきちんと正対し、子どもが思いや願いを育てていけるように良さを認め、励ましていくことがポイントである。自己評価を行うカードにコメントを記したり、赤線を入れたりして、常に子どもの後ろで支援しているという姿勢が必要である。

　しかし、あまり熱心に評価をしすぎて、教師の望む記述に○を付けたり、段階を感じさせるような印を付けたりすることは、知らず知らずのうちに教師の意図に即した子どもを創りあげようとしていることになる。子どもには教師の考えを押しつけてはならない。あくまでも、子どもが自由に考えられる場を保障していかなければならないのである。

4 外部の人からの情報の返し方

　総合的な学習の中で、学校の内外のいろいろな人とかかわることが出てくる。その人々からの情報も子どもたちにとっては有力な評価につながる。手紙やコメント、電話などの具体的な内容から自分たちが行ってきた活動をふり返り、また新たな活動への意欲ときっかけを与えることになる。

> 私は市役所に勤めています。今日は、みなさんの熱い気持ちをお聞きすることができてとてもうれしく思います。みなさんの発表された「まちづくり」の考えが多くの体験や調査によって出されてきたことに対して深く敬意を表します。「まちづくり」はみなさんが主張されているとおり市役所だけで行うものではありません。それに気付き、それぞれに実践していただいていることがうれしく思います……
> 　　　　市役所職員の方からの手紙より抜粋

　子どもは誰しも自分のことをよく見てほしいと願い、わかってもらえると喜び、それが自信となって次への活力を生み出していく。教師から、保護者から、友達から、そして知らない人から認められたという意識は、何者にも勝る大きな自信を得て、総合的な学習の確かな学びを築いていくことになるのである。

(渡辺由紀)

V 子どもの評価

Q125 保護者への評価の伝達

評価をどのような方法で保護者に返したらよいのか。

> **point**
> 1 保護者は知りたがっている
> 2 過程での評価
> 3 保護者が観る評価
> 4 一緒に活動しながらの評価
> 5 保護者との話し合いによる評価

1 保護者は知りたがっている

保護者は、学校で自分の子どもが何を考え、どのように行動し、どんな力がついたかという情報を知りたがっている。

とくに、総合的な学習は、保護者も小学生時代に経験したことのない未知の学習である。子どもが何を感じ、どんな力がつくのだろうかという大きな期待がある。反面、教科書やペーパーテストがなく、よりどころとするものがないという不安もある。

私たち教師には、その保護者の不安を少しでも解消できるように、保護者に子どもの学びを丁寧に説明していく責任がある。

その具体的な方法を以下に述べる。

2 過程での評価

総合的な学習で大事にしているのは、体験的な学習や問題解決的な学習を通して、学び方やものの考え方を身につけることである。

結果としてついた力とともに、過程にも子どもの学びはたくさんある。だから、評価は学期末などの決まった時期だけに行うのではない。

そのときどきの子どもの学び方や考え方を連絡帳や学級便りなどを通じて保護者にどんどん知らせていくことが必要なのである。

(1) 連絡帳への記入例

> 最近の照美さんの様子をご紹介します。大型ショッピングセンター、駅周辺を調査し、市役所の人の話を聞いた時点で照美さんは、「上越は住みよい町だ」と思っていました。
>
> しかし、今日、仲町や本町を調査したら、考えが変わっていました。人通りの寂しい場所を見て、照美さんの言葉を借りると、「表の上越だけでなく、裏の上越を知った」ようです。そして、「こんなことでは、上越は住みよい町だとは言えない」と上越に対する見方を変えてきました。
>
> これからその考えをもとに、友達とポスターセッションしていきます。友達の調査した情報を照美さんが選択して、さらに上越への見方を深めていくと思います。期待していてください。

(2) 連絡帳への記入のポイント

> ・子どもの事実を肯定的に書く。
> ・考えが変わったときや考えを創り出しているときを逃さず書く。
> ・今後の活動を紹介し、子どものこれからの活動に興味をもってもらうようにする。

(3) 学級便りへの記入のポイント

> ・クラスで現在どんな活動をしているか書く。
> ・活動だけでなく、その活動の意味やね

> ・らいなどを丁寧に書く。
> ・そこでの子どもの実際の様子を書く。
> ・子どもの生の声をできるだけ紹介する

これらは、限定された期間だけ評価したものを渡すというのではない。大切なのは、いつも子どもに寄り添いながら、子どもが何を思考しているかを見守り、それを保護者に伝えていくことである。

学期の終わりに、ある保護者から次のようなメッセージをいただいた。

> 学級通信が頻繁に保護者に配られ、クラスの様子や先生の考えなどがわかるので、子どものことを手にとるようにとらえることができます。
> それに、個人的に何かあったときは、連絡帳や電話などでよく伝えていただいていますので、子どもの学校でのことがよくわかります。また、それを子どもに伝えると、それが自信や励みになっているようです。

3　保護者が観る評価

評価は、何も教師だけの専売特許ではない。保護者にも自分の目で評価してもらえるような場を設定するのである。保護者にとって未経験の総合的な学習では、実際に観てもらうことが大切である。「百聞は一見に如かず」のとおり、言葉でいくら言っても駄目な場合がある。そういうときは、子どもの姿を実際に観てもらうのがいちばんなのである。

そのために、いつでも学級をオープンにする必要がある。また、月に一度くらいのフリー参観日を設けたり、仕事があって忙しい保護者には、授業参観週間（1週間のどの日のどの時間に来て参観してもよい）を設けたりする。

学習する子どもの様子を見て、保護者からも評価してもらうのである。

4　一緒に活動しながらの評価

観てもらうだけではなく、保護者にも一緒に活動してもらうことで、より子どもの生の姿を感じることができる。また、それにより、日頃とは全然違った一面を垣間見ることができる。

例えば、4年生で川を対象に総合的な学習を展開したときのことである。保護者と一緒に川の上流から下流までを1日かけて歩く活動を行った。ある保護者は、家では甘えてばかりいるのに、最後まで弱音を吐かないで歩き通したわが子を観て驚く。ある保護者は、川を対象に総合的な学習を行っている良さを自分も実際に歩いてみて初めてわかったという。

5　保護者との話し合いによる評価

教師の評価を一方的に保護者に伝えるのではなく、目の前の子どもについて、保護者と一緒に話し合う場を設定することが大切である。それが、「評価を保護者に返す」ということの本来のねらいである。

これも、連絡帳や学級便りと同様に、話し合いの場を1回だけでなく多く設定したり、決まった期間だけ行うのではなく、いつでも懇談したりできるようにする。

そこで、子どもが生き生きと学習している様子や質的に高まった姿などの事実を保護者に伝えていく。その事実をもとに、まず目の前の子どもを認め、それから、今後の子どもへの支援の仕方を共通で確認していく。

（中澤和仁）

V 子どもの評価

Q126 自己の生き方につながる評価

自己の生き方につながる評価をどのようにしたらよいか。

point
1. 一朝一夕には自己の生き方を考えることはできない
2. 対象とじっくりかかわってこそ、自分の生き方が見えてくる
3. どのような評価を行うべきか
4. 子どもの言葉をどう読みとるか

1 一朝一夕には自己の生き方を考えることはできない

　この問いに答える前に明言しておかなければならないことがある。それは、自己の生き方を考えることができるような総合的な学習は、そう簡単に実現できるものではない、ということである。しかし、今日行われている実践の多くが、短期集中的にこのねらいに迫ろうとしている。例えば、空き缶のリサイクルの様子を見学し、資源の大切さを学び、近隣にある川や山、公園などの空き缶拾いといった体験活動を行う。そして、「これからは資源を有効に利用するような生き方をしなければならない」と考える子どもを育てようとするような実践がある。

　このような直線的な活動でも、教師が期待するような言葉は、多くの子どもたちから聞かれるであろう。しかし、この言葉だけで「子どもたちは自分の生き方を考えるに至った」と評価してしまうのは早計である。おそらく、この活動が終了してからしばらくすれば、子どもたちはもとに近い状態に戻るであろう。

　では、そうならないためにはどうしたらよいのだろうか。

2 対象とじっくりかかわってこそ、自分の生き方が見えてくる

　人間はある事物に対して、何度もかかわったり、様々な角度から見たりすることによりはじめて、その対象に愛着やこだわりをもつようになる。そうした状態でその対象に関する問題点がもちあがってきたときに、人はその問題を「自分の問題」としてとらえるようになるのである。

　先の例のようにいきなり問題点に気づかせるような展開では、それは「世間一般の問題」にとどまってしまうだろう。換言すれば、教師の価値観の押しつけでしかないのである。だから、回り道ではあるが、対象（例えば自然）とじっくりかかわったり、ふれあったりする活動を大切にしたい。そのためには半年～1年の長いスパンでの活動の設定が望まれる。そうすることによって、ようやく子どもは自分の生き方を見つめるためのスタートラインに立つことができるのである。

3 どのような評価を行うべきか

　子どもの生き方につながるような評価を目指すのであれば、やはり、子どもの内面を探ることができるような材料が必要である。そのためには、自分の考えを文章で表現させることがいちばんであると考える。そして、その活動の履歴をファイリングしておき、いつ

でも自己をふり返ることができるようにしておく。

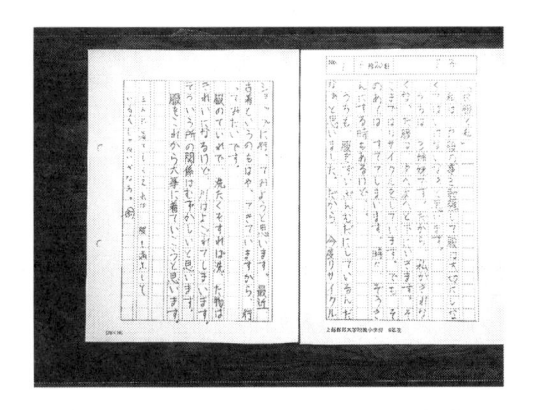

そうすることによって、それは、教師の評価の材料としてだけではなく、子どもが自分の考えの揺れ動きや、移り変わりをとらえるための活動記録としても有効に機能するようになる（そして、活動の終末の部分では、活動全般を通じた自己評価も可能となる）。この自己評価もまた、その子を評価するための貴重な資料となる。

子どもを評価する我々もまた、その子の考えに共感できた部分を文章化し、子どもに返すべきであろう。それは、子どもの書いた作品の終わりの部分に、コメントを添えるようなものでもよいが、できれば学期末には一人ひとりのまとめの文書を作成し、子ども、そして保護者にも成長の様子を伝えたいものである。

そのために、低学年の頃から、活動後に反省や感想を文章化することを習慣づけていきたい。そうすることで、書くことに対する抵抗感は薄れ、むしろ書くことを好む子どもが育つのである。

4　子どもの言葉をどう読みとるか

冒頭で示した例のような活動を計画し、教師がうまく支援をしていくと、子どもたちは「これからは空き缶をぽい捨てするようなことは決してしません」「これからは、アルミ缶とスチール缶はきちんと分別してごみに出します」というような、まさに教師が望んでいた言葉を発したり、書いたりするだろう。この言葉を見たり、聞いたりして、多くの教師は手放しで喜んでしまう。そこが落とし穴である。

目の前の問題を自分の問題としてとらえ、その問題に対して自分は本当に何ができるのかを、自分の内面と対話しながら答えを導き出そうとしたとき、その答えには必ずと言っていいほど、心の揺れや葛藤が見られるのである。

例えば、この活動の場合であれば、「空き缶のリサイクルは大切です。でも、いつもできるという自信はありません。例えば、のどが渇いて自動販売機でジュースを買って飲んだとき、もし、近くにゴミ箱がなかったら自分はどうするだろう……」というような言葉である。

このように、これまでの自分の行動をふり返り、自分の弱さを素直に認めたり、そうした自分を受け入れようとする気持ちが表れている言葉（はっきりしない、自信のない言葉）こそ、大いに評価してあげたいものである。

（常山昭男）

V 子どもの評価

Q127 保護者・地域からの評価

保護者・地域からの評価をどのように得たらよいのか。

point
1 創設の経緯と趣旨から
2 学習の特質から
3 評価の場面
4 「評価情報」を評価するのは教師

1 創設の経緯と趣旨から

　総合的な学習の時間は，一連の教育改革の中で創設されたものである。その趣旨は言うまでもなく，全人的な力である「生きる力」を育む教育活動の中心的なものとして，横断的・総合的な学習や子どもの興味・関心等に基づく学習などを展開することにある。

　総合的な学習の時間の評価については，その趣旨，ねらい等の特質から数値的な評価をせず，子どものよい点や進歩の状況などを適切に評価することになる。その際，一般的には自己評価や相互評価を活用したり，教師がレポートなどの製作物や発表などの様子を観察したりして評価していくことが考えられる。

2 学習の特質から

　総合的な学習の時間の学習には，これまでの教科等には見られなかった様々な特徴があげられるが，なかでも次のようなことが顕著なこととなる。

・体験的・問題解決的な学習
・地域社会とのかかわりの中での社会体験
・学級担任外とのT.T指導

　このような特徴をもつ学習についての評価は，当然に従前の評価活動と質的に異なることが多くなるはずである。とくに，学校外の保護者や地域の方々の協力を得ながらの学習活動においては，その方々の視点を活用した評価を取り入れていきたいものである。

　そのことは，子どもたちの「よさ」を多面的に引き出すということだけでなく，新しい評価のあり方を探ることにもつながるものと考えられる。

　端的に言えば，「評価が変わる」ということは，「価値観が変わる」ということであり，これまでの教育活動の価値づけの仕方，重みのつけ方そのものが変わっていくことを意味している。これは，総合的な学習の時間の創設が求める，教育改革の具現化の一つともなろう。

3 評価の場面

　それでは，具体的にどのような場面でどのようにして保護者や地域の方々の評価を得ていくことができるのであろうか。

　実際的には，以下のような場面が想定される。

(1) おとなたちとのかかわりの中から

　子どもたちが，保護者や地域の方々とのかかわりの中で学習を進めていくような場合には，活動そのものの中で子どもの様子を観察していくことになる。その際，「おとなとのかかわり方」という視点から評価していくことが考えられる。子ども同士のかかわりについては，ふだんの学習の中でも日常的に行えるが，一般社会人とのかかわり方の中には，ふだん見えにくい子どものよさを観察することもできるのではないだろうか。この方法は，取り立てておとな側から評価してもらうというようなものではないが，実社会に生きるおとなとのかかわりの中での評価という点で一つの新しい方向性を示すものと考えられる。

(2) 保護者・地域の方々を招いての学習成果の発表会等から

今後，総合的な学習の時間の学習成果について，保護者や地域の方々を招いての発表会等を開くことなどが考えられるが，このときの保護者や地域の方々の反応は，評価の際の重要要素となるものと思われる。

教師という専門的な立場から子どもを評価し，これを指導に生かしていくことは，これまで同様もちろん大切なことではあるが，今後はこれに加えて，保護者や地域の方々からの反応や評価の視点というものから，教師が学ぶべきことには大きなものが出てくるものと思われる。

また，さらに積極的に評価をしていただくためには，アンケートなどを準備することも考えられる。その際の回答項目も，単に教師側で考えるだけではなく，子どもたちに作らせてみることも効果的であろう。むしろ，そのようなこと自体を含むものとしての「総合的な学習単元」も考えてみたいものである。

(3) 保護者や地域の方々との手紙などのやりとりから

学習の内容によっては，学習活動そのものの中で，保護者や地域の方々と手紙などをやりとりしたり，あるいは，ある一定の学習期間が過ぎたあとに，子どもたちが礼状を書いたりすることがある。それらに対する返信内容は，場合によっては，かなり直接的な評価になると思われる。保護者や地域の方々が，どんなことがらを重要視しているか，などということが明らかになることも多い。

(4) インターネット上での通信から

インターネットを利用して学習を展開できる環境が，現在，急速に整備されつつある。これに伴って，子どもたちがホームページや電子掲示板で情報を発信したり，Eメールで情報を送受信したりしながら総合的な学習活動を進める機会は，ますます多くなってくるものと思われる。

このような状況になってくると，一般社会からの情報もたやすく流入するようになってくる。不特定多数の一般社会からの情報は，信頼性や妥当性の点で問題を含むことも考えられるが，教育的に有益な評価情報も含まれてくると思われる。したがって，教師はこれらをきちんと受けとめ，検討・吟味を加えて取捨選択し，子どもたちの指導に役立てていきたいものである。

4 「評価情報」を評価するのは教師

以上見てきたように，保護者や地域の方々，場合によっては不特定多数の一般社会からの様々な評価を得ながら，総合的な学習の時間の評価というものを考えてきた。

しかし，さらに一歩考えを進めると，これらの評価は，「評価情報」であって，この評価情報が「真に教育的に有効であるか否か」について評価するのは，教師ということになるだろうか。したがって，教師が今日，総合的な学習の時間に求められている学習そのものについての価値づけをしっかりしておかないと，適切な評価は決してできないということになるであろう。

(伊藤栄二・浦野 弘)

V 子どもの評価

Q128 思考の高まりや自ら学ぶ力の評価

point
1 子どもの思考の高まりや自ら学ぶ力とは
2 どのような考え方で評価していくか
3 どんな方法があるか

子どもの思考の高まりや自ら学ぶ力をどのようにして評価していくのか。

1 子どもの思考の高まりや自ら学ぶ力とは

新学習指導要領では，[生きる力]の育成が求められている。子どもを取り巻く様々な現状（ゆとりのなさ，規範意識の低下，自立の遅れなど），社会全体のモラルの低下などを背景としていることは言うまでもない。また，社会の変化が激しいために知識の陳腐化が早く，学校で学んだ知識を覚えていればよいという時代ではなくなりつつあるということも考えなければいけない。先行き不透明な社会において，そのときどきの状況を考え，判断し，実行する力が求められているのである。生涯学習の重要性が叫ばれるようになって久しいのも，そのためだと考える。

総合的な学習の時間においてねらう「自ら課題を見つけ，自ら学び，自ら考え，主体的に判断し，よりよく問題を解決する資質や能力を育てること」は，子どもの「学び方（方法知）」を育てることの大切さを示している。

「様々な体験活動→課題発見→解決方法の検討→課題追究→追究結果の整理，まとめ→情報の発信，表現活動」といった一連の活動のあらゆる場面で「学び方」が育てられるのである。

2 どのような考え方で評価していくか

「評価」は「評定」ではない。様々な角度から子どもの学習状況をとらえ，それを次の学習に生かしていく活動である。当然のことながら，学習の「結果」ではなく，「過程」を評価していく活動である。

評価活動には，教師や友達からの他者評価，子ども同士の相互評価，学習者である子ども自身の自己評価がある。これらを子どもに返すことによって，子ども自身が学習の軌道修正をして，ねらいに迫っていくことができる。

どの評価においても，子どもの思考の高まりや自ら学ぶ力については，それらを数値化したり，一部の評価情報で判断したりすることは難しく，適していない。

3 どんな方法があるか

(1) 教師による観察や問答

活動の流れの中でタイムリーに評価し，賞揚したり助言したりできるのは，教師による観察や問答である。教師は，その時間に子ども一人ひとりがどのような活動をしようとしているのかを把握しておく。そして，子どもが何を手がかりにし，考え，発見したのかを観察しながら，支援に当たるのである。

子どもの思考の高まりに気づいたときには，すぐに観察簿等に記録しておくとよいだろう。ただし，あくまでも「支援の中での観察」であり，観察することが目的になってはいけないと考える。

また，観察や問答をする際には，教師は観点をもって支援に当たる必要がある。次頁の表は，秋田市立築山小学校が作成した「子どもたちに育てたい力」の観点表である。ステップA〜Cは，学年ごとの到達目標といったものではない。ある子どもの状況を「○○と

いう観点に照らし合わせると，現在はステップ○のところにいるのだな」ととらえ，「だからこういう支援が必要なのだ」と考えるための目安である。

(2) 学習ファイルを活用した評価

「子どもが課題を発見し，どのような仮説や見通しをもって課題追究にあたったのか」「課題を解決して，どういう感想をもったのか」などは，総合的な学習のファイルを活用して評価することができる。ポートフォリオ評価とも言われるが，一つのファイル（紙ばさみ）の中に，次のような様々な情報を入れて蓄積していくものである。

・学習カード　・自己評価カード
・メモ　・資料　・イラスト　・ビデオ
・地域の方，友達，教師からのコメント

学習ファイルから，教師が子どもの思考の高まりを読みとることができるのはもちろん，子ども自身が学習前の自分・学習後の自分を見つめ，メタ認知的に自分の学習を評価することもできる。つまり，子ども自身が自分の変容に気づく自己評価ができるのである。

(3) レポート，ノート，新聞形式などの作品

課題整理の段階においては，追究した結果をレポートや新聞などにしてまとめ，情報の共有化を図りたい。その際，子ども一人ひとりの作品から，その子どもがどういう道筋で課題解決に至ったかを把握することができる。

(4) 相互評価カードの活用

課題追究の過程や追究後のまとめの段階において，子ども同士が相互に評価しあう場面を意図的に設定したい。友達の活動の様子を見て，感心した点や参考になった点を伝えあうことによって，学習意欲の向上も期待できる。

（佐藤孝哉・浦野　弘）

「子どもたちに育てたい力」の観点

子どもたちに育てたい力	ステップA	ステップB	ステップC
自ら課題を見つける力	いくつかの課題の中から取り組みたいことを見つける。	興味・関心・包括的なテーマなどに基づき，取り組むべき課題を自らつくり出す。	課題を吟味，修正し，より価値あるものに高める。
課題解決の方法や方向性，手順を自ら考える力	課題解決のおおよその見通しをもつ。	課題解決の具体的な方法や方向性，手順を考える。	課題解決の方法や方向性，手順を自己評価し，修正したり発展させたりする。
個性的・主体的に課題を追究しようとする力	最後まで意欲を持続させて課題を追究する。	自分の学習経験や生活体験を活用しながら課題を追究する。	自分の学習経験や生活体験，アイデアを生かしながら，工夫して課題を追究する。
目的に沿って必要な情報を収集，吟味する力	課題を解決するためにはどのような情報が必要かを考える。	効果的な収集方法を考えながら，必要な情報を収集する。	集めた情報の中から，課題の追究に活用できる情報を見極め，整理する。
自分の思いや相手に伝えたいことを効果的に表現できる力	調べたことや自分の思いをどのような方法で表現したらいいかを考える。	調べたことや自分の思いを，自分なりに整理して表現する。	調べたことや自分の思いを，伝える相手を意識し，工夫して表現する。
思いやりをもって人や生活環境とかかわり，共に生きていこうとする力	様々な人や自分の生活環境に進んでかかわろうとする。	様々な人の個性や文化の違いなどを認める。	さらに視野を広げて身のまわりの事象を見つめ直し，自分なりの考えをもつ。
コンピュータ・リテラシー	コンピュータに慣れ親しむ。（起動，終了，マウスやソフトの使い方）	コンピュータを活用する。（データベースや高速エンジンの活用）	コンピュータを主体的に活用する。（Eメールやワープロ，プレゼンテーションソフトの活用）

V 子どもの評価

Q129 ポートフォリオ評価とは

ポートフォリオとは具体的にどのような評価方法なのか。

point
1. ポートフォリオとは
2. なぜ，これが評価なのか
3. ポートフォリオの実際の作り方
4. 進歩の選択基準と選択者
5. 目標の設定

1 ポートフォリオとは

　総合的な学習の評価方法として，いま注目されているのがポートフォリオ評価である。評価という言葉はともかく，ポートフォリオというと，経済や金融関係で用いられてきたため，なぜこれが教育界で使われるようになったのかとの疑問をしばしば聞く。

　ポートフォリオという言葉は，もともとファイルとか書類挟みを意味する言葉であり，ポートフォリオ評価とは，このファイルや書類挟みを評価に応用したものである。

　このように説明すると，当然なぜファイルが評価になるのか，ファイルを評価として使うことができるのか，という疑問が次に出てくる。

2 なぜ，これが評価なのか

　ポートフォリオ（ファイル）をどのように評価に使うかというと，子どもが学習活動の中で重要な進歩を示したら，その進歩を示す事例をファイルの中に入れるのである。例えば，これまでなかったような作文を書いたとか，調査報告書を作ったとか，作品を仕上げた場合，その作文や報告書をファイルに入れて保存するのである。ファイルに入れて保存すること自体が評価することになる。

　もちろん，これがなぜ評価になるかという疑問をもつであろうが，考えてみれば評価ということは価値を認めることである。これまでは，価値を認めることを数値や記号（または言葉）で主として行ってきた。ポートフォリオ評価では，ポートフォリオに入れて保存することが，価値を認めることになるのである。つまり，その作文や報告書がこれまでなかったような進歩を示すものであるため，それを認める意味でポートフォリオに入れて保存するのである。

　ここで最も注意すべきなのは，何でもポートフォリオに入れることは，単なる記録であって評価といえないことである。評価であるからには，あくまで選択行為が必要である。

3 ポートフォリオの実際の作り方

　ポートフォリオは，子どもの進歩が見られる事例をファイルに入れることであるが，作文や報告書などの場合は，ファイルに入れることができる。しかし，大きな作品や出来事（例えば積極的に討論に参加したなど）の場合は，このように組み込むことはできない。大きくて入らない場合には，写真を撮って，この写真をファイルに入れ，実物のありかはファイルの記録用紙（後述）に示すことにするか，記録用紙に保管場所のみ記入する。出来事の場合は，記録用紙に進歩の内容だけ記録する（もちろんVTRなどに記録する方法もある）。各事例には次のような記録用紙を添付する。

```
1  日付    平成12年6月11日
2  学習活動
   総合的学習：環境調査活動
3  重要な進歩の内容
```

> 自分で記録用紙を作り、記録することができた。
> 4　次の目標
> 　記録から、グラフを作成できるようになること。
> （保管場所）

この記録用紙で、1の「日付」は子どもの進歩が見られた年月日、2の「学習活動」のところには、どのような学習活動の中で進歩が見られたかを記入する。3の「重要な進歩の内容」は、教師から見て（場合によっては子どもから見て）どこを進歩と認めたかを記入する。出来事のようなかたちに残らないものは、この欄に内容を記入するだけで、事例がポートフォリオに残ることはない（4については後述）。最後の保管場所は、大きすぎて入らない作品等の場合、それを保管してある場所を記入する。

4　進歩の選択基準と選択者

　総合的な学習の場合は、Q121「評価の観点や項目の設定」を参照されたい。気をつけるべきことは、子どもの進歩は一様ではないため、できる子どもについてはかなり大きな進歩を評価することとし、そうでない子どもについては、小さな進歩でもこれを認めて評価する必要がある。ポートフォリオは、そのような個人内評価の考え方を一部取り入れることができるのである。

　事例の選択者、つまり進歩を評価する者は基本的には教師の役割である。教師はポートフォリオに事例を組み込むときに、子どもになぜそれを進歩と認めたかを説明することが重要である。このような説明を通じて、子どもはどのようなことが学習上重要であるか、どう評価すべきかを学ぶことになるのである。そのような経験を積むなかで、子ども自身が自分の学習活動を自己評価できるようになっていくのである。そのようになったら、子ども自身に事例の選択権を教師から少しずつ渡していくことが必要である。小学校段階でこれを全面的に子どもに委ねることができるわけではない。しかし、少なくとも事例の選択にあたっては、子どもの意見を聞いてみたり、1学期に一つか二つの事例の選択を子どもにさせるというような限定的なかたちで実施していくべきである。

5　目標の設定

　これからの教育の目標として、メタ認知能力の育成を求められていることを考えれば、子どもに自己評価の訓練をするだけでなく、学習の目標の設定をする訓練も必要である。記録用紙に4の「次の目標」の欄を設けているのはこのためである。進歩が見られたら、その内容を子どもに説明するだけでなく、次の目標を教師が示すことで、子どもに目標設定の練習をさせるのである。最初は教師が目標を示すことになるであろうが、しだいに子どもに次の目標を何にするか話し合って、教師はこれをアドバイスするような姿勢をとるべきである。このようにして、子ども自身が自分の学習目標について考えるようにうながしていけば、小学校段階でのメタ認知能力の育成の機会としてポートフォリオを利用できるのである。

（鈴木秀幸）

〈参考文献〉
E. グロワート著, 鈴木秀幸訳『教師と子供のポートフォリオ評価』論創社, 1999

V 子どもの評価

Q130 多面的な評価への留意点

多面的な評価をするために心がけることは何か。

point
1 多面的な評価のための三つの要素
2 評価における対話の重要性
3 多面的な評価の観点
4 多面的な学習活動の設定

1 多面的な評価のための三つの要素

　総合的な学習において子どもの能力や興味・関心を多面的に評価していくためには，大きく分けて三つの条件がある。一つは，誰がそれを見るかということである。子どももこれに参加させればよいという回答が出るであろうが，それでは不十分である。実のところ，これは評価における対話の問題なのである。二つ目は，評価の観点である。多面的に見るためには，どのような評価の観点をもっていたらよいかということである。三つ目は，どのような学習活動を設定するかということである。これらの三つの要素を考慮して，子どもの学習活動を見ていくことで，子どもの様々な面を見ていくことができるのである。

2 評価における対話の重要性

　評価ということは，教師のするものであった。しかし，最近では子どもの自己評価をなんらかのかたちで導入する学校も多数にのぼっている。しかし，子どもにも評価させることによって，評価が多面的になったと簡単に考えてはならない。子どもにも評価させることで多面的な評価になるという根本的な原因は，子どもと教師の間で評価に関する対話が行われることになるからである。この対話によって新しいことが見えてくることが重要である。逆に対話のない評価は，かたちだけの多面的評価になりがちである。

　多面的な評価をするために，子どもを参加させる目的は，教師と子どもの対話を通じて，重要なことを見落とさないようにすること，また見落としてはいないけれど，間違った解釈をしていないかを確かめるためである。

　例えば，フィールド・ワークをしたらそれまで学習に意欲のなかった子どもが意欲的に活動したのを見て，教師はフィールド・ワークにその子どもが興味をもっていると解釈したとする。しかし，子どもとなぜ今日は頑張ったか聞いてみると，意外にもグループの構成が変わったためということがある。子どもと対話することで，新しい解釈が生まれるのである。

　具体的な評価として，ポートフォリオ評価を用いた場合を例にすると，子どもの進歩が見られたため，その事例をポートフォリオに入れようとするとき，教師はなぜそのような進歩が見られたのかを子どもに聞いてみることである。また，ポートフォリオに入れる事例の選択権を子どもに一部与えれば，子ども自身からみた進歩が見えてくるし（数多くの子どもを抱えるクラスでは，一部の子どもの進歩は見落とされがちである），その場合，教師はなぜそれを選んだか質問してみることで，これまで見えていなかった子どもの姿を見ることができる。また別の方法として，ポートフォリオに入れる事例はないかと教師と子どもが話し合うこともよい方法である。どこか進歩したところはないか話し合うことで，新しい発見が出てくることもある。

3 多面的な評価の観点

子どもの学習活動を評価するうえで、教師のもつ評価の枠組みは、どの程度多面的な評価ができるか最も重要な要素である。もちろん子どもの評価への参加を求めるにしても、その子どもの評価観は、実のところ教師の評価観によってかたちづくられるのである。

Q121で述べたように、いわゆるプロセス・スキルの各項目は、総合的な学習の評価において最も重要な部分である。各項目とそのおおよその進歩の段階を踏まえることによって、子どもの変化が見えるようになる。このような枠組みをもたないで、ただ観察しただけでは、子どもの進歩はなかなか見えてこない。

さらに、学習活動の内容に応じて、どのような態度の変化を見ようとするのかを予め考えておくことである。例えば、科学的な調査を必要とする活動であれば、得られたデータを尊重したり、何回か同じことを繰り返して信頼できるデータを集めようとすることである。

同様に、各科目で学習した知識や技能を学習活動の中で使っているかを見るためには、その学習活動の中で使われそうな知識や技能を考えておくことである。

しかし、このように考えておいたとしても、子どもの行動には予測しがたいものがあり、そのことを考えれば、予想していなかった反応を見つけられるような柔軟性をもっていなければならない。

4 多面的な学習活動の設定

子どもを多面的に評価するためには、多面的に見ることのできる評価の枠組みが必要であると述べてきた。さらに一歩進めて考えると、学習活動自体がそのような多面的な評価を許すような活動であるかを考えなければならない。評価の枠組みは多面的であっても、学習活動自体が、子どもの多面的な能力や態度、意欲や関心の表現を許さないようなものであれば、評価の枠組みや、子どもを評価に参加させる工夫をしたところで意味はない。

そのように考えれば、学習活動そのものが子どもの多面的な能力を示す機会となるものでなければならないことがわかる。もっと理論的なかたちでいえば、子どもの能力の多面性について、1991年にアメリカのH.ガードナーは有名な著作『Unschooled Mind』の中で「生徒は異なった精神をもっており、そのため異なったやり方で学習し、行動し、理解する」そして「ある生徒は様々な記号を操作することで最もその能力を発揮し、ある生徒は理解したことを何かの手作業による制作物で示すのを得意とし、他人との相互交流を通じて示すことを得意とするものもいる」(筆者訳, pp.11-12) と述べている。ガードナーはこれを多面的知能と名づけ、評価のあり方に対しても大きな影響を与えている。

すなわち、考えるべきことは、まずそれぞれの子どもの能力の多面性を考慮して、これを発揮する多様な機会を用意しているか考えることである。例えば、書かせるだけでは、言語的に表現するのを得意とする子どもに、十分な機会を与えていないことになる。

さらに、多面的知能をもちださなくとも、例えばプロセス・スキルの各項目を評価できるような学習活動を行っているかを考えてみる必要もある。実は、総合的な学習を考えるとき、多くの場合、まず何か活動を考えて、それから評価をどうするかを考えることが多いのである。しかし、逆に何を評価するかを考えて、そこからどのような活動を設定すれば、それを評価できるかを考えるという、一見すると逆の発想をしてみることも、総合的な学習をいわゆる這い回る活動主義に陥らせないために必要である。

(鈴木秀幸)

V 子どもの評価

Q131　学習成果の蓄積の仕方

> **point**
> 1　学習成果を蓄積する目的
> 2　蓄積の方法としてのポートフォリオ
> 3　目的に応じたポートフォリオ

学習成果をどう蓄積していったらよいか。

1　学習成果を蓄積する目的

　学習成果を蓄積するための目的に応じて，どの程度の分量を蓄積すべきかが大きく異なってくる。そのため，まず，学習成果を蓄積する目的を整理しておきたい。

(1) 子どもの学習の向上のため

　これは別の言い方をすれば，形成的な目的のためといってもよい。このような目的のためには，子どものできた点だけでなく，できつつある点（ヴィゴツキーのいう「発達の最近接領域」略してZPDというが，その範囲に入る学習成果，すなわち，子どもが自分単独ではできないが，教師の助けを受ければできる部分であり，学習指導のうえで最も重要な資料）などのできるだけ詳しい資料が蓄積されることが望ましい。可能なかぎり詳しいことが重要である。

(2) 総括的な目的

　1年間の学習の成果をまとめて示すため，または次の学年（場合によっては中学校での利用という可能性も考慮して）での利用のために必要な学習成果の蓄積には，できつつある点を示した資料は必要ない。同時に独力でできたものであっても，あまりに数が多くては，次の担当教師がそもそも見れないため，できるだけ整理してポイントを示す必要がある。そのため，最終的に何を達成したかを示しているものをできるだけ少数に絞る必要がある。可能なかぎり少数であることが，このために必要な条件である。

2　蓄積の方法としてのポートフォリオ

　学習成果を蓄積する方法として最も適切であると考えられるのは，Q129で述べたポートフォリオである。同じポートフォリオであっても，前に記したように，その目的に応じてその内容は多少異なる。また小学校と中学以上でも異なってくる。

　小学校段階でのポートフォリオでは，多くの教科をクラス担任が教えることから，子どもごとに一つのポートフォリオをもたせ，この中に各科目の学習成果をまとめて入れる方法をとるべきであろう。ポートフォリオ自体は，各クラス内に保管場所を作って，学習成果の見られたときに子どもにポートフォリオをもって来させて，そこに入れるという方法をとればよい。

　ポートフォリオの一種であるが，少し異なった方法として，ノートを使う方法もある。多くの学習成果を集めようという方針を採用した場合，必然的にポートフォリオが厚くなってしまい，ファイルに入りきれなくなる場合も出てくる。その他に，サイズ的にファイルに入らないなどの学習成果がたくさんある場合にも，ノートを使う場合が考えられる。この場合のノートは，Q129で紹介した記録用紙に書く内容だけを記入するノートである。学習成果自体は，各クラスに設けられている子ども用のロッカーや棚の中に保管させておくのである。ノート自体は子ども自身にもたせてもよいし，クラスの棚やケースの中に入

れておいてもよい。なお低学年の子どものポートフォリオやノートの表紙に本人の写真を貼っておくことで、子どもに自分の学習成果だという意識を高めることができる。ポートフォリオは、そのような自分の達成したことを誇りに思わせて、学習意欲を高める目的をもっている。写真を貼っておけば、そのような意識がもっと高まると考えられる。

　もう一つ、蓄積の方法としてのポートフォリオの一種であるが、別の目的を加えたものとして、デモンストレーションの機能をもたせる場合がある。これは、子どもの学習成果を壁に貼っていく方法である。クラスとして行う場合と、学校として行う場合がある。いずれも、各個人の学習成果の公表という意味と、クラスとしての、または学校としての学習成果の公表と蓄積という意味をもっている。現在でも、壁に作品を貼ることはどこでもやっていることであるが、これをもっと意図的、体系的に行うことである。壁に貼ることを含めて、学校としてファイルを作ったりして学習成果を蓄積するポートフォリオを、専門的用語では、スクール・ポートフォリオという。現在、アカウンタビリティが論議されていることを考えると、スクール・ポートフォリオの役割が注目されると予想される。

3 目的に応じたポートフォリオ

　ポートフォリオの二つの目的に応じて、学習のためのポートフォリオと総括的なポートフォリオを一つのファイですます方法と、分けて作る方法がある。

　まず一つのファイルですます場合には、基本的には学習のためのポートフォリオになる。学習成果の見られた段階で、できるだけ多く事例をポートフォリオに保存していくのが普通である。それでも気をつけるべきは、何でも保存することにならないようにすべきである。単なる参考資料まで入れたら、一つのファイルで納まらないことになる。そのためできるだけ多くといっても、自ずと限界がある。

　次に、1学期に1回、この学習のためのポートフォリオを見渡して、学期のはじめの頃に組み込んでいたものをできるだけ外していく。外す基準は、学期の終わりには完全にその段階を乗り越えてしまったと考えられるものである。外したポートフォリオは、子どもに返すことになる。この選択のときに、子どもの意見を聞くようにしていけば、自己評価の練習をさせる機会ともなる。

　次に、学年の終わりには、各教科ごとにその子どもの最も学習成果と思われるものを二〜三つ程度にまで絞り込むのである。科目によっては、一つか二つでもよい。できるだけ絞り込むことが重要である。これが総括的なポートフォリオとなり、次学年の担当教師に引き継がれていくのである。

　二つに分ける場合には、学習のためのポートフォリオから、1学期に1回程度とくに優れたものだけを選択し、総括的なポートフォリオに入れていくのである。学年末には、総括的ポートフォリオに残される事例を前と同じようにさらに絞ることになる。学習のためのポートフォリオは基本的に子どもの棚に入れておき、総括的ポートフォリオのみクラスの棚に保管しておくことになる。

　スクール・ポートフォリオは、この総括的なポートフォリオから抽出して作成されることになる。

〈鈴木秀幸〉

Ⅴ 子どもの評価

Q132 「指導要録」と「通知表」

point
1 教育課程審議会答申の提示
2 指導要録での取り扱い
3 通知表での取り扱い

「指導要録」や「通知表」の記載は，どのようになるのだろうか。

1 教育課程審議会答申の提示

教育課程審議会答申（平成12年12月）においては，総合的な学習の時間の評価について，指導要録において次のように取り扱うこととされた。

「『総合的な学習の時間』について，各学校で評価の観点を定めて，評価を文章記述する欄を新設すること」

さらに，このことを説明して，次の3点が示された。

(1) 学習の状況や成果などについて，児童生徒のよい点，学習に対する意欲や態度，進歩の状況などを踏まえて評価することが適当であり，数値的な評価をすることは適当ではない。

(2) 評価に当たっては，各教科の学習の評価と同様，観点別学習状況の評価を基本とすることが必要である。この時間の学習活動の展開に当たっては，学習指導要領に示された二つのねらいなどを踏まえ，各学校において具体的な目標，内容を定めて指導を行うことが必要である。そして，その目標，内容に基づき，観点を定めて評価を行うことが必要である。

(3) 以上の点を踏まえ，「総合的な学習の時間」の評価については，この時間において行った「学習活動」を記述した上で，指導の目標や内容に基づいて定めた「観点」を記載し，それらの「観点」のうち，児童生徒の学習状況に顕著な事項がある場合などにその特徴を記載するなど，児童生徒にどのような力が身に付いたかを文章で記述する「評価」の欄を設けることが適当である。

学年	学習活動	観点	評価
1			
2			
3			

2 指導要録での取り扱い

以上の教育課程審議会答申における総合的な学習の時間の指導要録上の評価の取り扱いをもう少し敷衍して述べれば，次のようになる。

総合的な学習の時間は，各学校が学校や児童生徒の実態に応じて創意工夫し，特色ある教育活動を展開することとなる。したがって，各学校によって「学習活動」は異なり，そこにおける指導の目標や内容も異なってくる。この特質を踏まえて，各学校の特色に基づき評価を行うことを基本とするため，その評価は学校ごとによって異なることとなる。

総合的な学習の時間は，横断的・総合的な課題について，体験的な学習や問題解決的な学習を方法として，各教科で身につけた知識・技能や学びの方法を総合的に働かせ（知の総合化），実際問題の解決に当たり（知の実践化），それらを通じて自ら学び自ら考える

力や学び方，ものの考え方などをはぐくむことになる。その点で，評価にあたっては各教科と同様に観点別学習状況の評価をとることとされた。

児童生徒の学習の状況や成果などの評価については，その学習の特質から数値的な評価をすることは困難であり，なじめない。児童生徒の学習への意欲や態度，すぐれている点，進歩の状況などをとらえ，記述することとなる。

観点別学習状況の評価をとる場合，その観点をどうするかが問題となるが，各学校によって学習活動が異なり，指導の目標や内容も異なることから，一律に観点を定めることはできない。したがって，中学校での選択教科と同様に，各学校が学習の特色を踏まえて観点を定めることとされた。その観点の定め方としては，次のような方法が考えられる。

(1) 学習指導要領に定められた総合的な学習の時間のねらいを踏まえ，自校の実践に即して具体化し，敷衍した観点――課題設定の能力，問題解決の能力，学び方・ものの考え方，学習への主体的・創造的態度，自己の生き方，など。

(2) 教科等との関連（知の総合化，知の実践化）から，自校の実践に即して定めた観点――学習活動への関心・意欲・態度，総合的な思考や判断，学習活動にかかわる技能や表現，知識や考え方を応用・実践し総合する能力，など。

(3) その他，各学校の定める目標や内容に基づいて定めた観点――コミュニケーション能力，情報活用能力，数量的な処理・応用能力，共生・集団的能力，自己の生き方，問題解決能力，想像力や表現力，など。

いずれにしても，これらの評価の視点は，学校がその活動の特質に応じて定めることとなる。もっと言えば，それぞれの学校が総合的な学習のねらいとして何を目指し，どのような力を子どもにはぐくむかにかかっている。つまり，評価の観点とは，指導のねらい，目標の裏返しにほかならないわけである。

評価は，それぞれの子どもの学習の変容に基づいて記述されることとなる。したがって，それぞれの子どもの学習の状況をどこまで把握できるかが，教師に求められることとなる。一人ひとりの学習の過程に沿いつつ，その変容の過程を追い，とくにこれまでに見られなかった変化を行動的に記述することとなる。

こうした評価の技術・技法として，パフォーマンス・アセスメントやポートフォリオ・アセスメントの方法が試行されている。今後，その評価法の一層の改善を目指し，信頼性を高めることが課題となっている。

3　通知表での取り扱い

総合的な学習の時間での子どもの学習状況を通知表に記載するかどうか，どのように記載するかについては，いっさい何も示されていない。しかしながら，前述した教育課程審議会の答申において，「これからの評価の基本的な考え方」として「評価が児童生徒の学習の改善に生かされるよう，日常的に児童生徒や保護者に学習の評価を十分に説明していくことが大切である」と示していることからすれば，評価情報を通知表を通して保護者に適切に知らせることが必要となろう。

その場合，保護者にとって総合的な学習の時間が十分に理解されていない学習であることからして，単に通知表のみの評価の情報提供に頼らず，授業参観や懇談会などを通して，より具体的に説明し，理解を得る努力がまずもって学校・教師に求められている。また，評価の方法（個人内評価）も異なることから，そのことについての理解も得ておくことが不可欠である。

（児島邦宏）

Ⅳ　カリキュラム評価

Q133　カリキュラム評価の方法

カリキュラム評価をどのような方法で行ったらよいか。

point
1　カリキュラムを評価するとは？
2　カリキュラム評価の方法
3　誰がカリキュラム評価をするのか

1　カリキュラムを評価するとは？

　総合的な学習を評価することの中に，「カリキュラム」を評価することが入ってくる。これは何も総合的な学習の場合だけではないが，とくにこの時間は教師レベルの裁量に任されているので，教師自身がその評価に関心をもって当然である。逆に，この点の自覚が教師になければ，この時間について，あまり教師が責任をもって行っていないことを示すといえる。

　一般に，評価の対象は子どもであることが普通であるが，実はそれ以外にも多くある。とくに，授業における評価では，指導法・指導技術・指導過程・指導形態・教材・時間配分などがあげられるが，このような要素はアメリカ流のカリキュラム観では，すべてカリキュラム評価に入る。

　では，カリキュラムを評価するとは，何をどうすることか。カリキュラムを評価する目的は「カリキュラムの改善」にある。改善されるべきカリキュラムとは，どのような要素からできているか。筆者はこの要素について，以下のように考えてきた。

　(1)　内的要素
1）教育内容：教える価値があると判断された文化内容・知識・技能・価値など。
2）組織原理：教育内容を教科のかたちに組織するか否かなどの原理。
3）履修原理：教育内容を履修するだけでよいか，一定以上の成績で合格する必要があるか等の原理。
4）教材：教科書教材でよいのか，視聴覚教材が必要かなど。
5）配当日時数：どの教科に何日，何時間配当するかの問題等。
6）指導形態：一斉指導か小集団指導か，個別指導かT.T.かなど。
7）指導方法：アメリカではこれを含めてカリキュラムとみる説が有力。

　(2)　外的要因
1）カリキュラムの決定過程：行政的要因を含む関係機関のかかわり方。
2）施設・設備：理論的には従属変数なのに，逆にカリキュラムを規定。
3）教職員の質と量：研修を含め，教職員の力量の高さとその数に規定される。

　この合計10の内的要素・外的要因を対象として評価することと考えることが現実的であるといえよう。

2　カリキュラム評価の方法

　では，評価の方法はどのようなものか。一般的には，次のように考えてよい。

　(1)　量的評価法
　まず，数量的に評価できる部分はそのような努力をする必要がある。

　　1）　学力テスト
　これは，現実に行っている日常的な学力テストの点数を平均や総点などで「成績」として見るのでなく，「誤答分析」や個人別得点の傾向などから，どの部分の学習が不十分だ

ったかを知り，次の学習で補充指導を行うなどの改善を図る手段とする。

2） 評定尺度による面接法・質問紙法

実際に子どもに直接聞いてみるということも，いまよりもっと行うべきである。最近は自己評価や相互評価による評定尺度の使用が多いが，それがどう生かされているのかをもっと明確にする必要がある。

3） 学習進度の点検

このごろ自主学習などの場合は，シートなどによるクラス制を用いたりして学習の進度がわかりやすくなっている場合がある。これも一種の数量的評価の方法とみて活用するとよい。

(2) **質的評価法**

1） 自己評価

総合的な学習は，基本的に自学自習の主体的学習であることが求められている。この意味では，学習主体たる子ども自身の評価を第一に据えるべきである。ただし，目標設定，学習の方法，その他で教師の関与は不可欠であり，評価基準の明確化には常に助言する必要がある。

2） 相互評価

自己評価の集団的なものとして，子どもたちの相互評価を取り入れることは有効である。とくに，学習の中途で中間発表会のような場を設けて相互に批評しあうことは，自他の活動のふり返りや最終発表までの活動改善に大きな意味がある。

3） ポートフォリオ法

このところ，アメリカやイギリスの評価法として，このポートフォリオ（書類ばさみ）法が総合的な学習にはとくによいとされている。たしかに，自己評価や他者評価（教師など）を含め，自分の学習の跡を示すすべての成果を完全にファイルして残すので，過程の評価にもなり，自分の学習を改善するうえで大きな役割を果たすといえよう。問題は，このファイルに教師がどれほど丁寧にコメントを入れられるか，である。この点は，子どもの「自己評価」の場合でも同じである。教師のコメントの入らない自己評価活動は望ましくない。ポートフォリオは子どもの評価のためと考えられているが，カリキュラム評価においてもどの部分を改善すべきかの情報が多様に含まれている。

3 誰がカリキュラム評価をするのか

この問題は最近とくに重要である。従来は教師がするものとされてきた。しかし，もう一つの評価主体として，子どもの親や保護者，あるいは納税者の評価というものが論議されるようになった。いわゆる「説明責任（アカウンタビリティ）」の問題である。

学校がカリキュラムを自主的・主体的に編成できる裁量を大きくもち，特色ある教育を創ろうとするとき，意識せざるをえないのは子どもの親である。この意味では，「評価の評価」として，親は学校・教師のカリキュラム編成とその成果を自らの目で評価することができるわけである。

そこで，教師自身も，親の学校評価を念頭に，次の三つの「説明責任」を考慮する必要がある。

(1) 子どもや親への応答責任（道義的責任）
(2) 自分ないし同僚への責任（専門職的責任）
(3) 雇用者ないし行政的な責任（契約的責任）

以上はイギリスのものを参考にしたものであるが，行政担当者も親や納税者への説明責任を負っているので，最終的評価者は親または保護者である。

（安彦忠彦）

Ⅳ　カリキュラム評価

Q134　子どもからの評価の生かし方

子どもからの評価をどのような視点で改善に生かしたらよいのか。

point
1. 子どもからの評価の押さえ方
2. カリキュラムの改善にどう生かすか
3. カリキュラム改善における留意点

1　子どもからの評価の押さえ方

　一般に，子どもによる評価はあまり重視できないといわれる。もちろん，子どもの自己評価の場合などは，その信頼性や妥当性に疑問が生じることはよく見られることである。

　そこで，まず「子どもからの評価」というものを二つに分けて考えるとよい。

(1)　子どもの事実に見られる評価データ
(2)　子ども自身が述べる評価データ

　このうち，第一のものは，実は多様である。教師の観察による子どもの言動のデータ，子どもたちのテスト結果や作品・制作物，学習ノートなど，比較的客観的に扱えるデータがそれである。これは，多くは教師の観察力に依存するので，教師自身の力量が問われる。しかし，これこそ教師の力量を総合的に高める重要な基礎といえるものである。この点の自覚が最近の教師に薄いのが問題である。

　第二のものは，教師は第三者としての立場から，はっきりと子どもに対しなければならない。子どもの自己評価が甘かったり，逆に過度に厳しかったりしたら，相対化するために教師という第三者の立場から，その甘さ，厳しさの問題を指摘し，子どもに自分を見つめる目を常に吟味する習慣を育てなければならない。自己評価基準の明確さ，妥当性が高まることが，おとなになることの一つの重要な部分であることを自覚させる必要がある。

　そのうえで，(1)(2)の両方とも，教師の教育上・指導上の改善のために役立てる「情報」を，その中に見出すことが必要である。

　それには，この「子どもからの評価」を「教師と子どもとのコミュニケーション活動」と押さえることが求められる。最近の評価論者は，評価をコミュニケーションと見ることが多い。子どもからの「教師へのメッセージ」と見るということである。したがって，たとえそれが主観的であっても，その子どもからの教師への声であるとすれば，とくに問題ではない。教師の教育活動に役立てばよいのであり，主観的か客観的かは二次的なことといってよい。このような押さえ方・視点こそ，「評価」の教育性を高めるものといえよう。

2　カリキュラムの改善にどう生かすか

　従来，「形成的評価」と「総括的評価」の区別により，前者がカリキュラムの改善に役立つものとして重視されてきた。この場合，多くは「形成的テスト」と称する学習途中の小テストにより，その後のカリキュラムを複線化するかたちで活用されてきた。

　この考え方は今後も基本的に維持され，強化されてよい。そこで，総合的な学習にとくに求められることは，次のような点であるといえよう。

(1)　学習目標の設定
(2)　学習内容の確定
(3)　学習時間の決定
(4)　学習過程の構成と学習方法の選択
(5)　学習評価（自己評価）の方法の決定

　まず(1)の学習目標の設定には，いくら子ど

も主体とはいっても，自力で適切な表現と次元で目標を設定できる力が，はじめから子どもにあるとはいえない。共同で目標設定を行う必要がある。もちろん，子どもの意向を尊重するとしても，その失敗が予想される場合でも，失敗の経験は大切である。予め問題だと認識させておくことが必要である。

また(2)については，内容や教材の選択に無理や背伸び，あるいは逆に，楽をする方向に流れる危険がある。これもはじめから理想的な学習を望むことは非現実的である。多くの教師が現実の子どもを見て，それは無理だと否定的な態度をとるが，それでは教師は子どもにとって何なのか。一方的に教えるだけなら，教師でなくともできる。子どもの状況を見て適切な対応をすることができる専門家として教師が求められているのであり，総合的な学習においてはとくにその種の能力が求められているのである。

(3)については，学習の全体計画を立てるうえで，重要な要素であることを認識させるよい場面である。無限に時間があるわけではない。どんな活動にも，テストのときだけでなく，すべての活動に時間という制約があることを認識させておく必要がある。このことを経験することは非常に意味がある。

(4)については，実際に学習の方法ないし活動のどれが目標達成に効果的なのかについて，経験をとおして学ぶことが重要なのである。これは学習過程をどう構成するかという点とも深くかかわっており，やりやすいものに流れたり，好みで決めたりすることはそう簡単にできないことを知る。自分で全体の流れを，方法を選びながら構成することの大切さを学ぶことが重要なのである。

最後の(5)については，ある意味で(1)と背中合わせにあるものであるが，それ以上に自分の成長を推し量る面から見ても重要である。おとなになるとは，自分で妥当な評価基準を設定し，他人に対して説得的なものを示すことができることを意味する。そのような力を育てるには，それを経験させなければならない。自己評価の基準と方法を適切に決定できるようになれば，「自己教育力」がついたといってよいのである。

3 カリキュラム改善における留意点

子どもからの評価データは何よりも優先されるべきものである。しかし，そのデータについて，教師の偏見や頑迷さが障害になっていることは多くの事例に認められる。

総合的な学習の場合，実はあまりペーパーテストなどの教科の成績のほうは不得意の子どもが，積極的な活動を展開することが多い。そういう子どもに対して，教師が長年の教科中心の評価意識から脱却できず，相変わらず教科の成績のよい子どもを上にみる見方で接するかぎり，子どもたちの活動は活発にならないであろう。

この意味で，教師が子どもからの評価を，固定観念から自由になって，心を白紙の状態にして受けとめなければ，せっかくのデータも生かされない。子どもの姿を，一人ひとり丁寧に，丹念に，常に前向きに受けとめ，認め，励ましてやるのでなければ，自主的な学習はスムーズに展開しない。

教師の子どもに対するとらわれのない視点，偏見の無さ，なにごとも子どもの試みを尊重し，必要なかぎりにおいて助言や忠告を行うという大きな基本的態度の転換がないならば，このような学習におけるカリキュラム評価は無きに等しいものとなろう。少なくとも，この学習においてだけでも教師は意識を大きく変える必要がある。

(安彦忠彦)

Ⅳ　カリキュラム評価

Q135　教師の支援や学校の取り組みについての評価

教師の支援のあり方や学校全体の取り組みについての評価をどう進めるか。

point
1. 教師の指導・支援に対する評価
2. 学校全体の取り組みについての評価
3. 子ども・地域・研究機関との関係

1　教師の指導・支援に対する評価

これは教師の指導方法，指導技術，支援の仕方などを指し，アメリカの場合でいえば，広義のカリキュラムの要素として評価対象になるものである。なぜかといえば，カリキュラムは実施されている状況を含めなければ意味がないという観点からである。計画レベルの印刷物を見ても，それでどういう結果が出るかわからない，というのである。

そこで，日本では従来「授業評価」などと呼ばれた評価研究の中で対象とされた教師の指導活動，主として指導方法，指導技術，指導形態などが評価されることになる。総合的な学習では，総じて子ども主体の学習活動を展開してほしいとの趣旨から，教師の活動は他の教科学習など以上に「指導よりも支援」であるべしとの声が強い。もし，そういう原則に立つのであれば，まず教師の活動を「指導」と「支援」にはっきり分けなければならない。これによってまず教師の活動が評価されよう。

この二つを明瞭に区別するのは難しいと思うが，あえて区別するならば，子どもの学習活動が主たるものと認められ，教師の指導活動は従たるものとして，ほとんど直接教師の用意した一定の内容を教える活動はない，という姿でなければなるまい。「支援のあり方」をそういう原理に乗せておかなければ，個々の活動を区別することは難しい。断片的かつ個別的には子どもに教える活動が見られたとしても，それは上記の原則に乗っているならば「指導」ではなく「支援」であるといってよい。この区別の評価のうえで，「支援のあり方」をどう評価すればよいのか。

「支援」となると，従来のように授業中の教師の表面に見える活動だけが評価の対象になるというわけにはいかない。むしろ，授業に臨む以前の様々な活動が，授業の中でどのような効果をあげているかについても，丁寧に見る必要がある。

例えば，教材の用意，資料の用意，学習に関連する種々のデータや人物・機関の所在や出所に関する資料の用意，個別の子どもの学習計画や活動の把握状況などを，授業中の助言，勧告，激励，注意，指示，説明，発問などとともに評価すべきである。

2　学校全体の取り組みについての評価

総合的な学習は，基本的に学校全体あるいは学年全体といったレベルで行う必要がある。もちろん，学級単位の総合的な学習活動もありうる。しかし，その場合でも，学級を越え出る活動が子どもの中から生まれるのが普通である。この意味で，教師は個人的レベルで総合的な学習のすべてを展開することは難しく，また負担感も大きいので避けたほうがよい。

学校全体での取り組みが望ましいといっても，すべての学年で同じことを計画するわけではないから，教師集団を学年団など複数のグループに分けることが一般に必要である。

問題は，学校全体と学年などの部分との関係の円滑化をどう図るか，という点である。教師の意思統一は必要不可欠であり，もしこの点で不十分さが残るとすれば，決して子どもの学習効果はあがらない。この意味で，全体と部分・個人との間の意思疎通が組織上どのようであるかが，一つの評価の対象となる。

また，その中で校長のリーダーシップがどのように発揮されているかも評価の対象となる。ただし，リーダーシップが強いから評価が高くなるわけではない。子どもの全体の望ましい学習活動に，教師をとおして効果的にそれが働いているかどうか，が問われるのである。具体的には，教師集団に支持と納得を生み，支援的活動がその方向で組み立てられているかが評価されよう。

さらに，教師個々人のこの総合的な学習へのコミットの度合も評価の対象となろう。実際，教師の活動が真剣なもの，熱意あるものになっていないならば，子どもに高い学習効果は生まれない。どのような学習方式も，基本的にはそれを採用する教師の信念・情熱にかかっていることは，プログラム学習が盛んに行われた1960年代に明らかになっている。総合的な学習の場合でも同様であるといってよい。したがって，情熱が冷めていくと効果も下がることが普通であるので，常に教師あるいは子ども自身が，この学習に情熱を込めて取り組めるような仕組み，システム，方針をもっている必要がある。マンネリ化を最も警戒しなければならない。

これらの対象を評価するには，教師集団自身の率直な自己評価・自己反省を行うことが必要である。討論やアンケート，常時意見を集める工夫などで，点検と評価を怠らないという気風が教師集団に備わるとよい。それとともに，地域の学校間で相互に評価しあうということも，積極的に考えられてよい。その場合，同じ学校段階同士のみでなく，上下の学校段階の間でも評価しあうことが望まれる。

3 子ども・地域・研究機関との関係

「教師の支援のあり方」や「学校全体の取り組み」への評価は次のようにする必要がある。

(1) 子どもからの評価

子どもの学習活動の様子が効果的に見えない場合は，それが支援の仕方に原因があるかどうか，よく吟味すべきである。

また，子どもの声を集めることによって，直接支援の善し悪しを知ることもできる。ただし，集め方は工夫しないと子どもが教師の顔色をうかがうだけで信頼できるデータは得られない。一斉にアンケートで聞くなどというのではなく，個別の学習活動の最中に適宜聞くことが妥当であろう。

(2) 同僚教師からの評価

授業研究などの場合，研究授業を行って同僚教師からいろいろ助言や批判をもらうことは有益である。お互いを高めあうという趣旨が浸透していれば問題はない。

(3) 地域の関係者からの評価

例えば，地域の社会教育機関で学習した場合，その機関の関係者から，子どもの様子やその学習プログラムについて教師のかかわり方に何か改善すべき点はないか，率直に意見を聞くことである。なかには素直にほめてくれる方も多く，子どものみならず，教師にとっても大きな励みとなることが多い。

(4) 研究者・研究機関との協力

研究者とは密接な関係をもち，自分たちの学校の取り組みが，全国的に見てどんな特色をもち，また実際の学習効果などについての評価も，第三者として客観的にどうなのかの意見を得るとよい。学会や研究会に参加して，自己吟味を忘れないことである。**(安彦忠彦)**

Ⅳ　カリキュラム評価

Q136　教科等へのフィードバック

> **point**
> 1　総合的な学習と教科等との関係
> 2　教科等への生かし方
> 3　教科等の総合的な学習への生かし方

総合的な学習の評価を教科等にどのようにフィードバックするか。

1　総合的な学習と教科等との関係

元来，総合的な学習と教科等の学習とはねらいの異なる別のものであるから，直接には総合的な学習の評価が教科等にフィードバックしなくとも問題はない。しかし，だからといってお互いに一人ひとりの子どもによって学習されるものである以上，相互にプラスするような関係が生まれるに越したことはない。そこで，改めて総合的な学習と各教科との関係を考えてみよう。筆者は教科とは次のような関係があると類型化してみた。

(1)手段型：各教科は総合的な学習の手段，または道具として用いられる。
(2)横断型：各教科を横断して，一つのトピックなどで括られる素材を与える。
(3)総合型：各教科も総合的な内容と主体的な問題解決学習とする。
(4)分業型：各教科は帰納的な学習，総合的な学習は演繹的な学習に区分する。
(5)並立型：各教科と総合的な学習を同じ帯の中に並立させて学ぶ。

これ以外にもありうるけれども，大きなものとしてはこれぐらいであろう。

また，道徳や特別活動などとの関係は，これらと融合してカリキュラム全体の基礎部分を総合的な学習が育成することもあり，逆にこれらの発展的な部分を育てることもあってよい。これらのどれかでなければならないのではなく，どれであってもよいが，要は子どもの主体的な問題解決能力を育て，学び方・考え方・生き方にかかわる力を育てるものであればよい。

問題は，このような種々の関係をもちうる総合的な学習と教科等とが相互補強の関係，相乗効果を生む関係になるかどうかである。これは，よほど特別な場合以外には自然には起こらないと考えて，意図的・計画的に両者をつなぐ方策を考える必要がある。その一つが評価の部分であるといってよい。

2　教科等への生かし方

総合的な学習の評価を教科等へ生かすには「教科等の学習計画に関係を明記すること」が必要である。つまり，教科等の学習計画の中で，総合的な学習の評価を使う箇所を明記し，使わなければ意味がないという内容のものにしておかなければならない，ということである。これは，その逆も言えることで，教科等の学習の成果を総合的な学習の中で生かす箇所を明記しておき，そこで使わなければならないというようにしなければ，子どもに任せれば自然に生かしてくれるというわけにはいかない。もちろん，両者の学習で非常に近似した活動があれば，それが自然に起こることもあるが，一般的に学習の転移を期待してもそうならないことは周知のことである。

そこで，とくに教科等への生かし方として工夫すべき点は，次のようなところにある。

(1)教科等での学習も，自主的・主体的なものにし，学校での学習全体をまとまりのあるものにし，あまり異質なものが混じらないも

のにするということ，である。ただ，むしろ逆に少し違ったタイプの学習を組み合わせ，メリハリのあるものにするほうがよいともいえるので，これが絶対よいものだと言うつもりはない。生かしやすさの面から考えたものであり，全面的に行うべきだとはいえない。

(2)両者の間で，類似性の高い活動があれば，これを必ず両者に関連づけて学習させるようにする，という工夫もある。先にも述べたように，教科等での学習のある活動（例えば計算）が総合的な学習での活動（生活面での支払いなど）に極めて近似したものであれば，転移は起こりやすいので，よく関連づけておくことである。家庭科や技術科などの活動の中には，総合的な学習での活動と近似したものが多く入っているといってもよい。この逆もある。両者の関係を学習計画の中に明記しておくことが必要である。そのためには学校のカリキュラムの全体計画を子どもも教師も熟知しておかねばならない。まさに教師と子どもとでカリキュラムを作らねばならない状況になった，といえよう。

(3)総合的な学習の成果となる能力を効果的に使う場を，教科等の学習計画の中につくる工夫が必要である。これは，もう一歩踏み込んだもので，無理をすると不自然になり，逆効果になる危険もある。教科等にはそれなりの独自の役割，目標があるので，常に総合的な学習の評価を生かす場が用意できるとはいえない。しかし，総合的な学習の成果を認め，教科等の学習でもそれが生かされるような関係をつくれれば，教科等への子どもの苦手意識もなくなり，子どもも積極的な学習態度に変わる可能性もある。現在は，まだ総合的な学習に積極的な子どもは，必ずしも教科等で積極的とは言えず，むしろ逆であることが多い。この状況を少しでも変えるには，このような工夫が必要だと言いたいのである。

3 教科等の総合的な学習への生かし方

ここで総合的な学習の教科等へのフィードバックが取り上げられているが，現場ではむしろこの反対が問題になっている。つまり，教科等での学習が総合的な学習に生かされていない，ということである。最近の学習心理学の主流では，学習の社会的文脈依存性が強調されているので，このようなことになっていても無理はない，といえるかもしれない。

しかし，どちらかと言えば，総合的な学習は教科等の発展・応用との位置づけをされているのが一般的であることから，このようなことが望ましいとはいえない。そこで，どうしたらよいのか考えておこう。

まず第一に，教科等の学習にもっと「体験と理論との往復運動」を多くする，ということである。現在の，そしてこれからの教科等の学習が，厳選された内容になり，そのためますます骨と皮ばかりの抽象的な内容の学習に終始する危険がある。それはこれまでの歴史的経緯で明らかである。内容が減った分だけ，時間的余裕ができるというなら，体験や実験を多くすべきである。

第二に，教科等の学習に選択的な場面をもっと取り入れるべきである。これにより，子どもは教科等の学習においても，主体的・自主的にならざるを得なくなり，受け身の学習態度を変える基礎となろう。何でも一斉に同じものを与えることに，無理強いをされているように感じる子どもが増えてきている。

第三に，教科等の学習を学級単位ではなく学習集団に分け，もっと個人やグループでの学習を主とし，一斉学習は副とするよう，学習形態を根本から変える必要がある。

(安彦忠彦)

編者略歴

児島邦宏（こじまくにひろ）

1942年熊本県生まれ。東京大学大学院教育学研究科修士課程修了。東京学芸大学教授。第15〜16期中央教育審議会専門委員。前教育課程審議会委員。

主な著書『学校文化を拓く先生』（図書文化），『学校改善に意欲的な学校』（編著，東洋館出版社），『「生きる力」を育てる教育課程』（明治図書出版），『総合的学習』（ぎょうせい），『校長・教頭からのメッセージ事典』（共編著，教育出版），『管理職の条件』（全6巻，共編著，ぎょうせい），『新指導要録の解説と記入の実際』（共編著，教育出版），『小学校「総合的な学習の時間」評価の工夫と実際』（共編著，教育出版）など。

村川雅弘（むらかわ　まさひろ）

1955年兵庫県生まれ。大阪大学大学院人間科学科修了。鳴門教育大学教授。文部科学省教育研究開発企画評価協力者。

主な著書『小学校総合的学習の新展開』（編著，明治図書出版），『総合的な学習・指導案集』（全3巻，共編著，図書文化），『改訂小学校学習指導要領の展開 総合的学習編』（共編著，明治図書出版），『"実践に学ぶ"特色ある学校づくり2「総合的な学習」編』（編著，教育開発研究所），『実践 特色ある学校づくり』（全2巻，図書文化），『「生きる力」を育むポートフォリオ評価』（ぎょうせい）など。

**小学校　ウェビングによる
総合的学習実践ガイド**

2001年8月7日　初版第1刷発行
2010年2月13日　初版第4刷発行

編　者	児島邦宏
	村川雅弘
発行者	小林一光
発行所	教育出版株式会社

〒101-0051　東京都千代田区神田神保町2-10
電話（03）3238—6965　振替 00190-1-107340

©K.Kojima,M.Murakawa 2001
Printed in Japan
落丁・乱丁本はお取替えいたします。

印刷　神谷印刷
製本　上島製本

ISBN978-4-316-34830-8 C3037